MÉMOIRES

TIRÉS DES

ARCHIVES DE LA POLICE

DE PARIS.

MÉMOIRES

TIRÉS DES

ARCHIVES DE LA POLICE

DE PARIS,

POUR SERVIR A L'HISTOIRE DE LA MORALE ET DE LA POLICE,

DEPUIS LOUIS XIV JUSQU'A NOS JOURS.

Par J. Peuchet,

Archiviste de la Police.

TOME V.

PARIS,

BOURMANCÉ, ÉDITEUR,

20, rue des Grands-Augustins.

1838.

CHAPITRE LXVII.

Le général Savary, duc de Rovigo, onzième ministre de la police. — Son despotisme. — Son ordonnance sur les domestiques. — On le surnomme le *Séide-Mouchard*. — Jacques Delille persécuté. — Intervention de Napoléon. — Madame de Staël. — Conspiration du général Mallet. — Le Nègre-Blanc. — Le duc de Rovigo se retire de Napoléon. — Il négocie son pardon auprès des puissances étrangères. — Le prince de Talleyrand fait intervenir Hullin pour rejeter sur Savary la responsabilité de la mort du duc d'Enghien.

'Si je faisais une satire, j'entrerais sans doute dans les détails de la vie privée et militaire du duc de Rovigo. Peu d'hommes ont eu plus de bonheur, peu ont tant prêté au ridicule et à la médisance. Homme rusé, mais d'un médiocre esprit, aussi dévoué par momens à Napoléon que prompt à l'abandonner, il apporta dans l'exercice de ses fonctions un détestable amour-propre et une complète impéritie. Par-là, non seulement il se rendit insupportable à tous, mais de plus il fit haïr son maître; il ne sut pas s'honorer, soit en le suivant dans son premier exil, soit en s'attachant sincèrement à la Restauration. Son ambition maladroite osa tenter un coup de maître; il n'était pas de force à le mener à bien. Il fut abattu par un homme contre lequel il était imprudent de joûter, et il essuya une chute qui lui fut plus amère que les précédentes.

Napoléon était au faîte de sa puissance, et son empire brillait du plus grand éclat. Sa gloire et sa prospérité plaçaient la France au premier rang des puissances de l'Europe. Fouché, prédécesseur de Savary, établit un ordre fixe dans toutes les parties de la grande police et dans les mesures qui en dépendent. Le général Savary put donc facilement continuer de tenir les rênes de l'administration, sans avoir besoin de faire un long et pénible apprentissage. Ce n'est pas là cependant ce que prétend Savary. À l'en croire, transporté à sa nomination dans un monde nouveau, il avait trouvé toute l'organisation intérieure bouleversée, les documens les plus importans étaient disparus et une main subreptice avait traîtreusement enlevé les listes des espions titrés et de bonne compagnie, chargés de l'inspection des salons de Paris. Mais ces assertions peuvent être révoquées en doute et facilement expliquées par l'immense vanité du duc de Rovigo. En admettant même la disparition des listes des espions notables, il n'y aurait eu là qu'un fait familier sans doute aux ministres de ce département. On conçoit bien, en effet, que, dans l'intérêt du service de sa place, un administrateur consente à compromettre vis-à-vis de lui-même quelques amis faciles, mais doit-il se croire pour cela autorisé à reconnaître de telles complaisances par l'inféodation de ses amis au service de ses successeurs ? Nous ne le pensons pas.

Mais, au demeurant, ce qui est incontestable, c'est que Fouché avait mis une régularité admirable dans cette portion du gouvernement. Les rouages de cette savante machine marchaient presque seuls; ils durent naturellement être dérangés par l'intrusion d'un homme tel que Savary. Son ton de mauvaise compagnie, ses manières dures, ses formes acerbes épouvantèrent ou rebutèrent tout d'abord des personnes hocoutumées au ton exquis de Fouché. On se recula, on traça autour du nouveau ministre comme une enceinte de solitude, dans laquelle il ne se trouva pas peu embarrassé, semblable à ces dieux formidables dont la représentation moisit par le respectueux éloignement de leurs adorateurs.

Ce culte de l'abandon qu'on voua au successeur de Fouché n'était certes point une conspiration de bureaux, mais bien une manifestation sérieuse de l'opinion publique. Lorsque Savary fut appelé au ministère de la police, le 3 juin 1810, on se forma une idée toute d'effroi de la manière dont le portefeuille serait administré. La consternation fut instantanée et universelle. Lui-même en a été tellement frappé que dans ses Mémoires, œuvre beaucoup moins véridique que nombre d'autres du même genre, il n'a pas laissé de constater par un aveu formel cette disposition malveillante qu'il rencontra dès son entrée en fonctions.

M. Dubois était encore préfet de police, lorsque le duc de Rovigo remplaça Fouché. Soit que celui-ci prétendît avoir le droit de nommer aux places de cette administration inférieure, soit que ce fût en conséquence d'une convention tacite, le ministre débuta par s'emparer de la nomination des employés supérieurs. Il se fit ainsi dictateur dans son gouvernement, s'arrogeant une action directe et immédiate dans toute l'étendue de son ressort, et il priva ses subordonnés des bénéfices naturels attachés à la clause de leur responsabilité. C'était du despotisme au petit pied. M. Dubois n'osa pas lutter. Sa disgrâce, d'ailleurs, qui suivit de près le changement de ministère, ne lui laissa pas le temps de songer à la résistance. Quant au baron Pasquier qui, dans la même année (le 14 octobre 1810), succéda à M. Dubois, il ne protesta pas davantage contre l'usurpation du ministre.

Savary débuta par des fautes qui signalèrent son incapacité. Une aventure assez piquante qui venait de lui arriver, peu de temps avant sa nomination au ministère de la police, aventure que je raconterai au lecteur, quelques pages plus loin, inspira à Savary la folle idée de charger les maîtres de l'espionnage des domestiques. Il était enjoint à chaque maître ou maîtresse de maison, tant privée que publique, de rendre compte au commissaire de police, par un rapport circonstancié, de ce qu'avait fait durant son service le domestique mâle ou femelle, réclamant ou recevant son congé. Un pareil moyen de police emportait avec soi la nécessité d'une si ignoble délation qu'il demeura sans exécution, comme par le fait il était inexécutable.

On avait bien essayé déjà de faire espionner les maîtres par les valets, idée mauvaise, mais réalisable. Il était réservé au duc de Rovigo de tenter la contre-partie d'une telle manœuvre, idée honteuse et impraticable. On avait dit du premier espionnage qu'il avait été inventé par un maître tombé dans la condition des laquais ; on dit du second qu'il était nécessairement le projet d'un laquais élevé au rang des maîtres. Mais nous l'avons déclaré, et nous le répétons, une répulsion universelle brisa dans les mains inhabiles de Rovigo une arme qui serait devenue funeste à la paix publique.

Des actes de rigueur, un plus grand nombre de prisons d'état ouvertes et remplies de malheureux, un luxe de surveillance vexatoire à l'égard des princes d'Espagne détenus à Valençay, de M. de Polignac et autres détenus politiques ; le redoublement de rigueur, soit avec les Anglais captifs à Verdun, soit envers les prisonniers, une sévérité atroce exercée à l'égard des prêtres, évêques et cardinaux italiens, sujets du pape, et qui ne voulurent pas reconnaître la suprématie de Napoléon ; enfin une surveillance taquine, rogue et malfaisante, et en résultat odieuse à toutes les classes comme à tous les individus, vint affliger Paris dont la bonne humeur ou le mécontentement répondit à cette calamité par un sobriquet. Savary fut nommé le *Séide-mouchard.*

Il pensa même à persécuter Jacques Delille, l'inoffensif abbé, traducteur des Géorgiques et auteur du poëme de l'Imagination. Il fallut pour empêcher cet acte de cruauté que l'empereur lui-même intervînt. « Savary, dit-il, le génie n'est pas du ressort de la police. Dans l'intérêt de ma gloire et dans celui de votre honneur, ne tourmentons point les muses. Laissez mourir en paix et dans ses convictions ce digne vieillard. S'il n'a pas mon affection, il a mon estime. »

Ces paroles sublimes, prononcées devant MM. de Fontanes et de Chaptal, furent répétées par eux en ma présence chez l'archichancelier à un dîner peu nombreux. Ces messieurs nous les rapportèrent comme ayant été dites le matin même, au déjeuner de l'empereur.

C'est pour nous une occasion de regretter que Napoléon n'ait pas toujours montré une si généreuse sollicitude pour la liberté des écrivains de son époque. Mais dans cette occasion sa libéralité de sentimens ne lui coûtait pas cher, à vrai dire, et le grand âge de l'abbé de Delille doit être pris en considération. Si l'abbé, qui n'aimait pas l'empereur, eût eu vingt ans de moins, l'abbé aurait été sans doute abandonné à Savary. Notre observation n'a pour but que de rendre à César ce qui est à César et à la comédie de l'empire ce qui lui appartient.

Mais revenons à notre biographie.

C'est une opinion unanime que le duc de Rovigo ne fut pas le dernier à presser le dénoûment de cette émouvante et si rapide tragédie qui fut la mort du duc d'Enghein. Les Mémoires de l'époque ont également laissé à Savary la responsabilité d'un fait d'un autre genre. Mais ce dernier se recommande surtout par le ridicule : nous voulons parler de la lutte engagée ouvertement entre le ministre de la police et madame de Staël. Cette femme remarquable le mena aussi rudement aux yeux des contemporains qu'il la relança discourtoisement à la connaissance de ses estafiers. Aux lettres si énergiquement belles qu'elle écrivait et où elle plaida sa cause avec une foudroyante éloquence, on lui répondit par la plus basse persécution. Ici, il n'en fut pas comme pour l'abbé Delille qui, de sa vie, n'avait enflé que de champêtres pipeaux; l'empereur intervint encore dans ce démêlé, mais on sait de quelle manière.

Le duc de Rovigo était bien odieux; mais pour achever de le perdre dans l'opinion publique, il fallait qu'une conspiration venant à éclater n'eût d'autre effet que l'incarcération du ministre chargé de la prévoir, de la prévenir et d'incarcérer les conspirateurs. Le lecteur a déjà compris qu'il est ici question de la conspiration du général Mallet. Le duc de Rovigo en a donné l'histoire avec de telles réticences et de si mensongères explications, que les faits dans ses récits sont complétement défigurés.

M. de Mallet, général de brigade, né à Dôle en Franche-Comté, le 28 juin 1754, après avoir fourni une carrière honorable et brillante, était tombé dans la disgrâce impériale, parce qu'il faisait partie du petit groupe d'officiers notoirement dévoués au général Moreau. Marié et père, il n'en conspirait pas moins, ce qui inquiéta la police à laquelle Napoléon l'abandonna. Enfermé dans des prisons d'état, transféré enfin à Paris dans une maison de santé, cet homme, doué d'une de ces intelligences qui bouleversent les empires, possédant ce courage de l'âme qui rend tout possible, et n'est complice envers soi-même d'aucune de ces lâches trahisons par où périssent les projets des hommes vulgaires, Mallet organisa seul et opéra seul (car s'il eut des instrumens, il est permis de nier qu'il eut des complices), seul, disons-nous, Mallet conçut et fit éclore la conspiration la plus habilement préparée et la plus audacieusement exercée que l'histoire tant ancienne que contemporaine connaisse et nous apprenne. Napoléon absent, Paris presque entièrement dégarni de troupes, Mallet pensa qu'à la faveur de son grade de général, il pourrait s'emparer sans coup férir de la capitale de l'empire ; et il le fit. Pendant plusieurs heures, Mallet fut maître de Paris. Un sergent de la garde de la ville dont il fit son secrétaire et son aide-de-camp, un abbé poltron et bavard qu'il utilisa en forme de paravent et ensuite de fascine, enfin deux prisonniers, ses frères d'armes, les officiers généraux Guidal et Lahorie qu'il employa comme des signes officiels reconnus des soldats, mais s'ignorant eux-mêmes, voilà les élémens dont disposa et se servit le général Mallet.

Le 23 octobre 1812, Napoléon étant à combattre les Russes, les élémens et la famine, à quatre cents lieues de Paris, Mallet, qui était alors, ai-je dit, dans une maison de santé, au faubourg Saint-Antoine, se revêt de son uniforme de général, va à l'Hôtel-de-Ville, y annonce la mort de l'empereur et la nécessité de préparer un local où l'on tienne une assemblée qui délibère, sans désemparer, sur le parti à prendre. Il avait préparé les troupes de quelques casernes, qui devaient se rendre sur la place de l'Hôtel-de-Ville, et qui s'y rendirent effectivement. De là Mallet se transporte chez le général Savary, lui déclare qu'il a ordre de l'arrêter, que le gouvernement est changé et qu'il doit conduire le ministre à la prison de la Force. Savary se laisse emmener sans discussion, sans résistance. Ce coup l'a attéré. A la force, il trouve le baron Pasquier, préfet de police, qui avait subi le même sort.

Ce double coup terminé, Mallet court à la place Vendôme, chez le commandant de Paris, le général Hullin ; mais ici la conspiration échoue ; une double porte perd tout, les cris d'une femme changent la face des choses : Hullin était déjà arrêté et avait remis son épée à Mallet, lorsque madame Hullin, suppliante et éplorée, réclame, au nom de son mari, l'exhibition de l'ordre d'arrestation. Mallet répond par un coup de pistolet tiré à bout portant sur le général. Madame Hullin s'enfuit ; un soldat de l'hôtel est dépêché, par une issue de service, pour aller chercher du secours : l'issue était libre, et cet homme put sortir ; il revient avec la garde ; le chef d'état-major Doucet arrête Mallet : la conspiration n'existe plus.

En effet, bientôt les généraux Guidal et Lahorie sont arrêtés également et, accompagnés de Mallet, jetés dans les cachots de la Force, d'où sortirent alors, honteux par delà les oreilles, le duc de Rovigo et le baron Pasquier.

Mallet, Guidal, Lahorie, le colonel Soulier et

des subalternes payèrent de leur vie cette tentative. On n'en a pas connu jusques à aujourd'hui les véritables causes. Les événemens de 1830 ne me permettent pas de compléter ici une révélation que je pourrais faire, mais rien ne sera perdu pour être différé. Il est réservé à une autre plume que la mienne de lever le dernier voile qui recouvre encore le but véritable du coup de main de Mallet. Les documens originaux que j'annexe à ces présens Mémoires, serviront en partie de pièces à ce procès.

On plaisanta beaucoup les deux chefs de la police, à l'occasion de cette mystification; il en résulta que, plus que jamais, on qualifia la police de rouage inutile, puisque, malgré le grand appareil dont elle est entourée, un seul homme détenu pouvait conspirer, préparer la réussite du complot, ouvrir les prisons, pénétrer dans les casernes, entraîner les soldats, surprendre et emprisonner les fonctionnaires les plus éminens; enfin changer, s'il avait eu plus de bonheur, la face de l'empire.. Qui l'avait prévenu? personne! Quelle résistance lui avait été opposée? aucune. Qui fit manquer le dénoûment? le hasard seul, et non la police, malgré son étalage fastueux de force, d'habileté et d'adresse!

Ce qu'il y a de certain, c'est que le duc d'Otrante, quoique absent et invisible, était l'âme de ce coup incroyable. Les détails que je tiens en réserve convaincront le public que tous les mystères des mille et un événemens survenus en France, depuis 1789, sont l'œuvre constante d'un parti infatigable dans son projet de placer la couronne de France sur une tête autre que celles de la descendance directe de Louis XIV. La branche bâtarde avait des chances et plus d'une fois elle fut près de réussir.

Lorsque, à la suite de la catastrophe fatale de Moskow, Napoléon se détermina à rentrer en France pour y chercher des hommes et des secours d'argent, on s'attendait à lui voir témoigner toute la rigueur de son ressentiment contre son ministre Savary et son préfet de police baron Pasquier; il n'en fut pas ainsi: l'un resta dans la charge inférieure d'où la restauration le tira pour le faire monter si haut; et Savary, bien que ridiculisé du sobriquet de duc *de la Force*, n'en demeura pas moins investi de la confiance de son maître, à la surprise extrême des courtisans et du public. Une seule victime paya pour tous dans cette circonstance. Le conseiller d'Etat, préfet de la Seine, comte Frochot, ayant eu la faiblesse d'admettre pour réel le récit de Mallet, et, en conséquence, ayant donné des ordres pour que l'Hôtel-de-Ville fût mis à la disposition du gouvernement provisoire, fut destitué solennellement à la suite d'une séance du conseil d'Etat où la cause fut proposée, plaidée et jugée.

A mesure que les événemens devenaient plus tristes, le duc de Rovigo redoublait de sévérité et de male rage; il tenta, par tous les moyens possibles, de surprendre les conspirateurs : on lui reprochait déjà la participation aux morts de monseigneur le duc d'Enghien, de Pichegru, du colonel Wrigtt, du marquis d'Aché, si atrocement livré par madame de Vaubadon... On lui reprochait également de n'être pas demeuré étranger au massacre des habitans de la ville de Caen, ordonné et présidé par le baron Méchin, alors préfet du Calvados.

Nous ne pouvons oublier encore l'étonnante histoire du nègre-blanc. Cette histoire est tellement burlesque que c'est à ne pas y croire : Savary y crut cependant. Un jour, le ministre de la police est informé qu'un assassin, expédié du Nouveau-Monde, va débarquer en France pour attenter à la vie de l'empereur. Cet homme répond au nom de Gabriel Timothée; c'est un Caffre, vendu au cabinet anglais, à l'ex-roi de Suède, au comte de Lille (Louis XVIII) et à l'empereur de Russie. Ce misérable doit donner la mort à Napoléon en le piquant avec une aiguille empoisonnée, et enfin, cet exécrable nègre, pour déjouer la surveillance de la police, sait, à son gré, se rendre blanc, de nègre qu'il est, et puis redevenir nègre, puis blanc, etc.

Sur-le-champ, et en conformité de cette admirable découverte, tous les préfets, sous-préfets, maires et autres officiers municipaux sont avertis par le ministre des précautions à prendre pour s'emparer du nègre-blanc. Et au lieu de saisir le nègre-blanc, qui était de la famille de l'hippogriffe et des autres chimères, on s'empara d'une foule d'honnêtes gens, atteints et convaincus du port illégal de tête basanée et de crime de promenade. Ne voilà-t-il pas un bel exploit de plus dans la carrière administrative de M. de Rovigo!

Cependant la catastrophe approchait. Savary, dans la nuit du 30 au 31 décembre 1813, vint aux Tuileries présenter à l'empereur une note pour le déterminer à faire arrêter les députés du corps législatif, membres de la fameuse commission de l'adresse. Il voulait qu'on les fît juger, condamner sans désemparer par une Cour spéciale, dont l'arrêt sanglant serait exécuté en deux heures de répit. On prétend qu'il ajouta :

« Sire, il faut que ce soit le tome second du duc d'Enghien. »

« Fou que tu es, lui fut-il répondu; le peu de succès qu'a obtenu le premier tome doit décourager d'y donner une suite. Alors, d'ailleurs, *j'avais fait* un pacte avec la Victoire; maintenant *on nous a battus.* »

Savary, en s'éloignant, ajouta que si Sa Majesté changeait d'avis, elle n'avait qu'à le faire prévenir, et qu'en trois heures la chose serait terminée.

Au départ de Napoléon pour entreprendre cette sublime et si funeste campagne de France, Rovigo reçut les pouvoirs les plus absolus. J'ai eu dans mes mains l'original de cette pièce. Hors l'impératrice et le roi de Rome, mesdames de Montesquiou et de Montebello, tout le reste, hommes et femmes, grands et grandes, même les rois Joseph et Jérôme, le prince archichancelier, le prince architrésorier, les sénateurs, ministres, conseillers d'état, maîtres des requêtes, auditeurs, les députés, les juges, les militaires de tout grade, les fonctionnaires de tout rang pouvaient être arrêtés, jugés et exécutés à la diligence du ministre de la police, s'il acquérait la preuve du flagrant délit d'intelligence avec l'ennemi. Par une restriction bien bizarre, à côté du nom du prince de Bénévent, une note disait : *On n'exécutera rien de décisif envers ce dernier, à part les premières mesures de prudence, sans au préalable en avoir référé à l'empereur dont on n'admettra la réponse que par écrit et marquée du signe que connaîtra le duc de Rovigo :* Nap... Ce terrible Nap. qui accordait un trône ou brisait un diadême.

Les mesures désespérées que Savary mit en jeu pendant les derniers momens où il fit la police, avaient tellement exaspéré l'opinion publique, qu'assurément, soit les Français, soit les alliés, lui eussent fait un assez mauvais parti. Il le comprit. La terreur le gagna, et quoi qu'il en ait dit, c'est uniquement son ascendant qui détermina la fuite, le déshonneur de l'impératrice et la chute du trône impérial.

Anéanti comme un mince débris dans une si grande ruine, quand il vit la cause de son maître perdue, il essaya de la desservir afin de se faire quelques titres auprès du nouveau gouvernement ; en premier acte d'ingratitude, il se recula de Napoléon, et bien que la route de Paris à Fontainebleau fût libre de tout obstacle, bien que Napoléon réclamât avec des cris de désespoir son *fidèle Achate,* son confident, le duc de Rovigo ne parut pas. Au contraire, durant ce lamentable et fatal écroulement de l'empire et de l'empereur, Savary négociait pour obtenir son pardon des puissances étrangères, pour que le nouveau roi lui continuât les bontés de Napoléon.

Les intrigues entamées à Blois où toujours par ce système d'égoïsme, il s'opposa à la ferme résolution des rois Joseph et Jérôme qui voulaient s'enfermer dans la France et continuer la guerre au nom de Napoléon ou de son fils, ces dernières et désespérées tentatives avortèrent par le secours que Savary, ai-je dit, prêta à l'indigne femme d'un grand homme.

Malgré tous ces sacrifices, Savary, tant que dura 1814, ne put se rapprocher de la cour. Le sang du duc d'Enghein, cette fois, l'entachait trop cruellement. Alors, rebuté de ce côté, il fit volte-face, joua le rôle de mécontent et se mit en correspondance avec l'île d'Elbe. Chaque fois qu'il écrivait à Napoléon, il ne manquait pas de lui réclamer son cher portefeuille de la police, et l'empereur gardait sur ce point un silence désespérant. En effet, à son retour, Savary dut se contenter du maigre poste d'inspecteur général de la gendarmerie.

Bien il aurait fait d'écouter le premier conseil que son dépit lui avait inspiré; le refus ici lui eût évité l'exil sans gloire, la proscription sans honneur; car on le vit parcourir l'Europe *en beau fils, en brillant tapageur*. Çà et là, il se battait en duel ou assommait en traître ceux qui avaient le malheur de laisser percer le peu de considération qu'il leur inspirait.

Lorsqu'en 1819, le comte Decazes put accomplir son plan secret de faire rentrer en

France les ennemis acharnés de la famille royale, le duc de Rovigo, non seulement obtint de revenir, mais encore les portes du château lui furent toutes grandes ouvertes; et, au scandale éternel de la cour, on le revit s'offrir sans honte aux regards de S. A. S. le prince de Condé.

Ceci n'était pas assez ; la comtesse du C...., dont l'âge aurait dû tempérer l'étourderie, guidée par un honnête homme, mais qui n'a jamais eu aucune suite dans les idées, le vicomte S... de L... R..., voulant, en conséquence de je ne sais quelle intrigue, évincer le prince de Talleyrand à qui la prudente perspicacité de Louis XVIII allait rendre sa faveur, s'imagina que pour le perdre à jamais dans l'esprit du roi, il s'agissait de le faire passer pour l'auteur de la mort du duc d'Enghien. Or, comme cette accusation est de toute fausseté, non seulement le coup d'épée fut porté dans l'eau, mais encore l'adroit diplomate, relevant le gant, d'accusé se fit accusateur, et ce débat, où le prince fit intervenir Hullin lui-même (1), restitua définitivement à Savary la sanglante responsabilité dont il avait voulu se démettre en faveur d'autrui.

Mais cette fois, comme tant d'autres, Savary

---

(1) Président du tribunal qui condamna à mort le duc d'Enghien.

avait mal choisi son adversaire. Il ne savait pas quel homme était M. de Talleyrand, si tant est que M. de Talleyrand ne fût qu'un homme. L'illustre prince nous pardonnera de parler de lui au passé.

Ce fut le coup de massue qui écrasa le duc de Rovigo. Après s'être vu ministre de la police et grand-aigle de la Légion-d'Honneur, il dut renoncer à ses dernières illusions et se tenir à l'écart. Il n'est pas sorti de cette retraite à l'avénement de Charles X ; mais, après notre glorieuse révolution de 1830, il est accouru, comme tant d'autres, à la grande curée qui leur fut faite et qu'ils n'avaient pas méritée. C'est depuis cette époque qu'il a été promu à la pairie.

Nota. La mort de M. J. Peuchet ne lui a pas permis de connaître la fin du duc Savary Rovigo. Celui-ci, après avoir gouverné en vice-roi l'Algérie, est décédé le 2 juin 1833, laissant des Mémoires justificatifs qui fourniront d'excellentes preuves au procès en condamnation que la postérité lui intentera un jour.

CHAPITRE LXVIII.

5 avril 1814 — 15 mai 1814.

Le comte Anglès, douzième ministre de la police. — Ses mesures pour arrêter les pamphlets. — La censure rétablie. — M. Michaud, nommé censeur. — Ordonnance pour la circulation des journaux. — Affaire du marquis de Maubreuil. — Arrestation de la reine de Westphalie. — On lui enlève ses caisses. — M. de Maubreuil accuse le comte Anglès de l'avoir autorisé à assassiner Napoléon.

Le comte Anglès a passé au ministère de la police avec la rapidité d'un météore. On ne peut consigner ici son apparition ministérielle que pour mémoire, puisque plus attaché à la fortune qu'à la gloire, il consentit à endosser le modeste habit de préfet de police de la Seine après avoir porté le vêtement pompeux de ministre en pied de la police générale.

Napoléon, vaincu par les alliés, perdait sa couronne par les intrigues d'un seul homme qui aurait trafiqué de la couronne de son père, si son père eût porté une couronne. Mais son père, on le sait, ne fut rien moins que couronné. Le 3 avril, le sénat, si lâche, donnait au lion le coup de pied qualifié.... Le gouvernement provisoire, installé de ce même jour et composé de MM. de Talleyrand-Périgord, de d'Alberg, de Montesquiou-Fezensac (l'abbé), de Jaucourt et de Beurnonville, avisa au remplacement du duc de Rovigo par le comte Anglès, qui dut prendre le titre modeste de *commissaire chargé du département de la police générale.*

L'un des premiers soins de M. Anglès, après son installation, fut de solliciter du gouvernement provisoire des mesures répressives pour mettre un terme à la multiplicité des pamphlets qui se répandaient déjà sur tout le territoire. Ces pamphlets s'attaquaient aussi bien aux puissances alliées qu'au gouvernement déchu. Napoléon et les hommes de son règne y étaient encore plus que les rois de l'invasion les objets des plus lâches calomnies.

Le 7 avril 1814, un arrêté du gouvernement provisoire investit M. Anglès de la police et surveillance des placards, affiches et feuilles publiques. Nul de ces imprimés ne pouvait paraître sans avoir obtenu au préalable l'autorisation de la police. Les crieurs et colporteurs étaient, quant au débit des feuilles volantes, soumis à la même autorisation.

C'était en quelque sorte rétablir la censure. Un autre arrêté et du même jour l'établit avec plus de franchise; il y était dit à la suite du préambule :

« M. Michaud, membre de l'Institut, est
« nommé censeur des journaux existans au
« 31 mars 1814, autres que le journal officiel (le
« *Moniteur*, à qui ce privilége était accordé du
« 3 de ce mois, avril). Il exercera cette cen-
« sure sous l'autorité du commissaire provisoire
« au département de la police générale. Les
« réglemens de la librairie et de l'imprimerie
« continueront provisoirement à être exécutés
« et observés dans toute leur teneur dans l'é-
« tendue du royaume sous l'autorité du com-
« missaire chargé provisoirement du portefeuille
« de l'intérieur et de celui chargé du porte-
« feuille de la police générale. »

Ce fut encore sur le rapport de M. Anglès, que le gouvernement provisoire prit, le 8 avril, un arrêté concernant tant la police générale de la France que celle particulière de la ville de Paris.

Par un arrêté du 10 courant, le gouvernement provisoire réunit aux préfectures et sous-préfectures les fonctions de directeurs généraux, de directeurs particuliers, commissaires généraux et commissaires spéciaux de police. C'était centraliser cette portion du pouvoir en diminuant le nombre de ses rouages, mais en même temps on affaiblissait la surveillance. Plus tard il fallut en revenir à la première organisation.

Tout en s'occupant avec sollicitude de la répression des abus de presse, le nouveau pouvoir, dans un excellent esprit et par un équitable retour, protégeait la circulation des journaux dans toute l'étendue de leurs droits et foudroyait les personnes qui auraient tenté d'entraver leur développement. Un arrêté du 9 avril porte :

« Que tout magistrat de quelque rang qu'il
« soit, tout membre d'une autorité civile ou
« militaire, tout administrateur ou tout individu
« quelconque qui se dirait agir au nom du sou-
« verain dont la déchéance a été solennel-
« lement prononcée le 3 courant et se permet-

« trait d'entraver cette circulation des imprimés,
« serait par le fait même destitué de ses fonc-
« tions, arrêté, mis en jugement et poursuivi
« comme prévenu de crime de haute trahison. »

L'exécution de cette mesure n'était pas aisée dans un moment où beaucoup de préfets et de fonctionnaires publics tenaient encore aux intérêts de Napoléon; mais elle était moins difficile que celle présentée par un autre arrêté du même jour ayant pour objet de faire rentrer au trésor royal les fonds enlevés de Paris et de plusieurs caisses publiques des départemens, dans les jours qui ont précédé l'occupation de la capitale par les troupes alliées.

Il était difficile à M. Anglès de répondre au vœu du gouvernement à cet égard. Les personnes intéressées à sauver leurs trésors, c'est-à-dire les membres de la famille Bonaparte, avaient pris les devans, et ce que l'on arrêta dans plusieurs départemens se borna à la rentrée dans les caisses publiques de quelques sommes de peu d'importance.

Ces détails font connaître quelles ont été les occupations ordinaires de M. Anglès dans son ministère provisoire; mais il fut aussi tourmenté par une affaire qui fit beaucoup de bruit, celle du marquis de Maubreuil dont je dois une notice au lecteur, puisqu'elle se rapporte à l'époque de 1814.

Le chevalier de Maubreuil, marquis d'Orveaulx, est un de ces hommes dont la conduite bizarre et énigmatique laisse toujours douter du bien ou du mal qu'on dit d'eux. C'était un gentilhomme breton qui servait dans les armées de l'empereur Napoléon ; il fut attaché au roi de Westphalie. Il paraîtrait que Maubreuil se lassa de son service à la cour du roi Jérôme, et se fit fournisseur des armées ; mais il ne réussit pas dans cette carrière. Après avoir habité quelque temps l'Espagne, il revint à Paris, et s'y trouva à l'époque de l'entrée des Russes. En 1814, il donna des preuves de son antipathie pour le gouvernement déchu, et offrit ses services à la Restauration : on les accepta. Alors il s'offrit à remplir quelque mission d'état. Dans ces momens de réaction, l'ambition et le faux zèle conduisent ordinairement ceux qui, avec le caractère de M. de Maubreuil, se sentent du goût pour les intrigues et les manœuvres de la police.

Le bruit s'était répandu que la reine de Westphalie emportait les diamans de la couronne. On cherchait quelque habile homme qui pût se mettre à la trace des équipages disparus, les découvrir et les faire tomber aux mains du gouvernement.

M. de Maubreuil se présenta, il fut agréé; et le ministre de la police lui délivra en conséquence un ordre ainsi conçu :

Ministère de la Police générale.

« Il est ordonné à toutes les autorités chargées de la police en France, aux commissaires généraux ou spéciaux et autres d'obéir aux ordres que M. de Maubreuil leur donnera, et de faire exécuter à l'instant même tout ce qu'il prescrira, M. de Maubreuil étant chargé d'une mission secrète de la plus haute importance.

« Le ministre provisoire du département de la police.

« *Signé*, comte ANGLÈS. »

Muni de ce pouvoir et d'autres à peu près semblables, d'une autorisation du receveur général des postes, M. de Bourienne, pour avoir des chevaux par préférence à tout autre voyageur, porteur en outre d'un laisser-passer du général russe de Sacken, commandant de la place de Paris, M. de Maubreuil, accompagné d'un chevalier d'Ussies qui a figuré dans cette affaire, se dirige vers Fontainebleau d'où Napoléon venait de partir, en exécution du traité du 11 avril 1814. Sur la route, il rencontra la reine de Westphalie, femme de Jérôme Bonaparte qui, avec un sauf-conduit des princes alliés, se rendait en Allemagne. M. de Maubreuil n'hésita pas, à la faveur des ordres dont il était porteur, d'arrêter la princesse, d'enlever à ses yeux onze caisses remplies d'objets précieux. Il en expédia une portion à Versailles, et envoya l'autre à Paris, à l'adresse de M. de Semallé, commissaire du roi, qui les fit aussitôt transporter dans les bureaux de la secrétairerie d'état.

Sur-le-champ, la princesse expédia à Paris un fondé de procuration pour réclamer les caisses et procéder à leur vérification; mais ce fut en vain qu'on y chercha des diamans d'un grand prix, ainsi qu'une somme en or de 84,000 francs qui devait s'y trouver. M. de Maubreuil fut dès lors arrêté ainsi que son associé d'Ussies qui s'évada quelque temps après, et qui, plus tard, traduit en justice, fut acquitté. M. de Maubreuil ayant été également traduit au tribunal civil de la Seine, le tribunal déclara que cette affaire, en raison de sa nature, n'aurait pas dû sortir des mains de l'autorité supérieure, et il se refusa à la juger.

Napoléon étant revenu au 20 mars 1815, le role de M. de Maubreuil changea; il sortit de prison. Sans doute, on espérait de lui quelque révélation favorable à la cause impériale. Tout à coup le bruit se répandit que le but de la mission secrète de M. de Maubreuil était d'attenter aux jours de Napoléon, et que le vol des diamans n'avait été qu'un accessoire de cette criminelle entreprise. M. de Maubreuil, qu'on avait laissé évader, se retira en Belgique et à Bruxelles, où on l'accusa d'avoir voulu attenter aux jours du roi qui était à Gand.

Divers incidens survinrent dans les poursuites dirigées contre lui; au mois de juin 1816, il fut signalé à la police comme un intrigant dangereux, comme un homme turbulent, et qui, pour se donner quelque importance, ne reculait devant aucune fraude et coupable manœuvre : on l'arrêta. Il fut traduit, en 1817, devant la cour royale de Paris, qui ne le jugea pas. La cour de cassation, saisie à son tour de cette affaire, au lieu de l'éteindre par un arrêt définitif, lui prêta une nouvelle vie, en la renvoyant à un autre tribunal; mais, au milieu de tous ces renvois d'une juridiction à une autre, il trouva le moyen de s'échapper, non sans laisser planer sur l'autorité le soupçon d'avoir favorisé sa fuite. Devant la cour royale, il répéta ce qui avait été déjà dit relativement à la mission que lui avait donnée le gouvernement en 1814. Il prétendit avoir été chargé, non pas de rechercher les diamans de la reine de Westphalie ou ceux de la couronne de France, mais d'assassiner l'empereur, mission qu'il n'avait acceptée, ajoutait-il, que pour sauver Napoléon. Il signala le comte Anglès comme ayant soutenu le système de l'assassinat ; il prétendit se justifier sur le vol des diamans, en disant qu'il avait cru que c'étaient ceux de la couronne qu'on emportait. Depuis, il n'a plus varié dans sa défense et n'a jamais cessé, dans nombre d'écrits qu'il a publiés, de protester de son innocence à l'égard du meurtre projeté de l'empereur; mais il en a accusé de bien illustres personnages.

M. de Maubreuil accusa surtout le comte Anglès d'avoir ourdi la trame, de l'avoir entraîné dans une démarche perfide, long-temps après que le ministre fut appelé à la préfecture de police de la Seine. Cette affaire demeura pour M. Anglès un réveil-matin très désagréable ; et la malice des journaux ne laissa pas de le faire tinter avec persévérance. Quant à Maubreuil, arrêté en dernier lieu, pour avoir souffleté le prince de Talleyrand à Saint-Denis, lors de la cérémonie funèbre de S. M. Louis XVIII, il fut, le 6 mai 1818, condamné, par arrêt de la cour de Douai, à cinq ans de détention. Mais quant à l'inculpation du projet d'assassiner Napoléon, Maubreuil tout à la fois mentait et avait raison. Nous allons expliquer comment. Nous ne nous servirons cependant que de lettres initiales pour désigner les personnages qui, en 1814, conçurent la pensée d'un tel crime.

La promptitude avec laquelle la puissance colossale de Napoléon venait d'être renversée épouvantait les nains qui avaient jeté à bas ce géant. Le sentiment de leur propre faiblesse, la conscience de sa force, la terreur de ce que serait sa vengeance, inspirèrent tant d'effroi à ces hommes sans vertu, que tous ensemble se répétèrent réciproquement le mot affreux de Barrère : *Les morts seuls ne reviennent pas.* En conséquence, on décida que, vu l'urgence, et par frayeur de l'avenir, on se déferait de Napoléon par le poison ou par le fer.

Son ancien ami, qu'il avait comblé de bienfaits, B..., qui aimait l'or comme on aime une jolie femme, et qui ne pardonnait pas à l'empereur quelques mots sévères sur les scandaleuses concussions exercées par quelques généraux; le rusé T...., ennemi d'autant plus passionné de Napoléon que celui-ci l'avait élevé et lui avait souvent pardonné ses intrigues; l'abbé de M...., doucereux personnage, qui, voulant la fin, ne refusait pas les moyens; M. B....., aussi dangereux qu'il était servile; le maréchal ...., si épouvanté de son ingratitude qu'il ne trouvait rien de mieux pour l'expier que de se jeter tête baissée dans le crime; V.... qui s'imaginait qu'à moins d'avoir pris part à deux ou trois meurtres politiques, on ne pouvait compter parmi les hommes d'état; le grand seigneur C..., dont la dépravation égalait la sottise et l'impertinence, et qui demandait quelle importance il pouvait y avoir à se défaire de Napoléon; enfin le ministre A...., si lâchement avide de pouvoir, qu'il se serait fait bourreau, pourvu qu'on lui eût donné en récompense un portefeuille inamovible. Voilà les hommes qui se réunirent pour charger un misérable de l'exécution du plus épouvantable forfait.

Ce conciliabule se compléta par l'adjonction de sept étrangers, un Anglais, un Autrichien, un Espagnol, un Napolitain, un Prussien et un Russe, tous sanctionnaient le crime, et promirent d'en faciliter l'exécution.

— Allons, se dit-on, c'est conclu.

— Oui, reprit T...., hors une petite difficulté.

— Laquelle?

— Presque rien! Qui frappera le coup?

— Mais.... le premier venu.

— Soit.... Comment le nommez-vous?

— Ah !....

Chacun s'ébahit. Cent noms furent proposés, et puis retirés, on ne savait qui prendre. L'embarras donnait de la mauvaise humeur; on se sépara pour chercher.

T...., en rentrant chez lui, trouva R... L...., et lui dit que des gens qu'*il ne connaît pas*, mais qui paieront bien, voudraient trouver un homme de cœur et de tête, un fou hardi propre à tout et qu'on pût désavouer.

R... L... demande si c'est pour servir d'ami du prince... à leurs majestés.

— C'est, mon cher, pour tout faire, l'amour comme la guerre, pour dévaliser un coffre et pour envoyer *ad patres* qui s'y opposerait.

— J'ai votre homme, car il est ruiné et il aime la dépense; il est tombé de haut, et pour remonter au ciel, il est capable de faire la culbute en enfer; vous le connaissez, c'est M...

— Ce misérable!

— Il est bien né; je vous l'amènerai.

— A moi? Pourquoi faire? C'est A.... qui conduit tout; c'est chez A.... qu'il faut le faire aller.

— Volontiers.

— Le plus tôt sera le mieux.

— Sur-le-champ.

— Vous êtes un homme précieux.

— Me recommanderez-vous au roi qui arrive?

— Je vous présenterai.

R... L..., ivre de joie, s'en va dans les tripots, trouve M..., assez fou pour mal faire, assez sage pour ne pas se repentir de faire mal; il lui parle, l'endoctrine. L'autre dit :

— De l'argent à gagner! me voilà, épée ou plume.

— Nous verrons.

On entre chez A.... qui pérore, s'embrouille et finit par où il eût dû commencer.

— Il faut tuer Bonaparte, dit-il.
— Oh! dit M..., a un haut prix, sans doute?
— Son bagage, on vous l'abandonne.
— Grand merci! il me ferait tuer, péril pour meurtre, c'est de la gloire; mais c'est de l'argent qu'il me faut, et encore me le faut-il tout de suite.

A... rêve; puis, reprenant :

— Nous sommes sans un sou; chacun ne voyant plus l'œil du maître a fait des siennes... Les caisses sont vides; mais l'an prochain...

— L'an prochain! vous raillez.... Du comptant; pas d'argent, pas de Suisse.

A... rêve encore; il s'anime, rit au diable; puis il ajoute :

— La reine de Westphalie suit presque la même route que Bonaparte; on suppose qu'elle emporte les diamans de la couronne. Emparez-vous de ce qu'elle possède; tout sera de bonne prise, hors lesdits diamans s'ils se trouvent dans ses bagages. Dans tous les cas, votre part vous vaudra bien un million; vous aurez en outre deux cent mille livres de rente sur le grand-livre, un duché, le grand cordon de Saint-Louis et l'ordre du Saint-Esprit.

M..., transporté : — Je pars... Ah! mes instructions?

A... : — Vous avez carte blanche.

En effet, on multiplie ses pouvoirs; on lui avance 200,000 francs. En une nuit, il en joue et perd la moitié; le lendemain, avec le reste de la somme, il achète des complices, quelque soixante chenapans, truands, grecs, voleurs, escrocs, assassins, et tous chevaliers, marquis, barons, comtes, vicomtes, tous gens de Condé ou Vendéens, un ou deux chouans (les plus honnêtes).

On part, on se rue sur Fontainebleau; mais là on apprend que l'escorte de Napoléon est nombreuse. La peur fait réfléchir. Tout à coup la bonne reine de Westphalie passe. On court à elle. M..., son ancien officier, la vole. Chaque gentilhomme remplit ses poches; puis les drôles se sauvent. On se compte; on est douze. Le moyen d'atteindre Napoléon! D'ailleurs, la cupidité s'allume. M... veut mettre à part sa prise. Il arrive à Paris, va chez A..., lui conte tout. Quand il a fini, A... lui apprend que l'empereur de Russie et le roi de Prusse sont furieux, et veulent venger la reine.

— Sauve-toi, dit-il à M..., je te protégerai.

Mais au contraire, il fait poursuivre M.... Celui-ci va chez T..., qui le fait jeter à la porte; chez M..., qui fait prendre son signalement. On sait le reste; ce qu'on ne sait pas, c'est que les deux grands seigneurs B... et C... partagèrent plus tard le gâteau, lorsqu'on eut tout repris à M.... Pour le reste, voir plus haut.

M. Anglès commençait à organiser le ministère de la police et à s'adjoindre quelques hommes de tête, lorsque, par une ordonnance du 13 mai 1814, les commissaires, chargés des départemens du ministère, furent supprimés, et celui de la police remplacé à l'intérieur par un simple directeur général qui fut le comte Beugnot dont nous parlerons en son lieu. M. Anglès resta jusqu'à la seconde restauration du roi sans fonction active; mais cependant il ne cessa pas d'intriguer. Il fut un des premiers qui devina la haute fortune à laquelle parviendrait Elie Decazes. Dès lors, il s'attacha à celui-ci; ils devinrent inséparables, et à ce point que, pendant sa préfecture de police, le comte Anglès n'a pas cherché peut-être huit à dix fois à jouer un mauvais tour à son ami intime qui, de son côté, mettait beaucoup de délicatesse à cacher l'offre qu'il faisait de la place du comte Anglès au député incertain qu'il voulait gagner.

CHAPITRE LXIX.

25 SEPTEMBRE 1815 — 29 DÉCEMBRE 1818.

Le comte duc Elie Decazes, treizième et dernier ministre de la police. — Quelques mots sur sa famille. — Son mariage avec la fille du premier président de la cour de cassation, puis avec mademoiselle de Saint-Aulaire. — Son royalisme en 1814. — Poursuites contre les bonapartistes. — Sa conduite dans l'affaire de Labédoyère. — Sa conduite *caline* auprès de Louis XVIII. — Il est nommé ministre de la police. — Son projet de *loi d'exception* du 18 octobre 1815. — Affaire de M. de Lavalette. — Sa conduite dans les affaires électorales. — Affaire de Didier. — Arrestation des généraux Canuel et Donadieu, et de MM. de Rieux, de Songis, de Chapdelaine, de Romilly et de Joannis. — Réception de M. Decazes chez Mons.ʳ. — Correspondance secrète de la police à Londres. — Le comte de Beaumont-Brivasac. — M. Hyde-de-Neuville. — M. Decazes, ministre de l'intérieur et président du conseil. — Sa conduite à l'égard des fonctionnaires royalistes. — Nomination de Pairs. — Assassinat du duc de Berry. — M. Decazes à Londres. — Désagrément qu'il y éprouve.

Peu d'hommes, même sous le règne impérial, se sont élevés aux honneurs et à la fortune aussi rapidement que le comte Elie Decazes. Nommé d'abord sous l'empire juge, puis conseiller à la cour royale de Paris, puis secrétaire des commandemens du roi de Hollande, Louis Bonaparte, et ensuite de Madame mère, volontaire royal en 1815, préfet de police, ministre de la police, ministre de l'intérieur, président du conseil, grand-aigle de la Légion-d'Honneur, chevalier du Saint-Esprit et des ordres du roi, duc et pair, ambassadeur en Angleterre, voilà ce que fut tour à tour M. Decazes ; voilà ce que le firent les Bourbons que le comte-duc paya par la plus horrible ingratitude.

....*Quid non mortalia pectora cogis?*
Auri sacra fames!...

Cette vieille raison de l'infamie humaine trouve ici sa place comme en tant d'autres occasions.

Né à Saint-Martin-en-Laye, département de la Gironde, arrondissement de Libourne, en 1780, Elie Decazes se rendit à Paris après avoir fait ses études à Vendôme. Bellâtre, très soigneux de sa figure, tirant parti de sa taille, de ses manières, de son esprit, il épousa, en 1805, quoiqu'il fût sans fortune et d'une famille peu considérée dans son pays, la fille du premier président de la cour de cassation. Il paraît que le mariage était devenu indispensable dans l'intérêt de mademoiselle M...

Cette alliance ouvrit à M. Decazes la carrière de la magistrature et des fonctions lucratives. Plus tard, et sa première femme étant morte, il épousa, par la volonté expresse de Louis XVIII, mademoiselle de Saint-Aulaire, petite-fille par sa mère du prince régnant de Nassau-Saarbruck. Cette nouvelle et si brillante alliance qui jetait tant d'éclat sur l'écusson roturier de M. Decazes, lui aplanit la voie à de plus grands honneurs. Il se trouva possesseur d'une femme considérable par son nom autant que distinguée par sa personne, maître d'une fortune immense, et pouvant ajouter à ses titres celui de duc de Gluckesbourg, en Danemarck, etc.

Avant son élévation, M. Decazes avait été attaché à la famille de Napoléon; mais depuis il n'a guère manifesté de sympathie pour les grandes infortunes de l'empereur. En 1814, il abandonna ses bienfaiteurs, et l'an d'après, au lieu de rester neutre, on le vit volontaire royal, combattre ingratement contre un grand homme qu'il avait encensé et répondre par des sarcasmes aux reproches qu'on lui faisait de sa conduite.

On sait qu'un conseiller à la cour royale de Paris, ayant voulu prouver la valeur et la force du titre impérial, en citant la rapidité de la marche de Cannes à Paris et l'empressement des populations à saluer Napoléon sur son passage, M. Decazes répondit en ricanant « que jusqu'alors il n'avait pas su que la légitimité fût le prix de la course. »

De manières et de figure agréable, mais où l'on retrouvait cependant au fond le type bourgeois et vulgaire des petits maîtres de province, M. Decazes plut au roi qui aimait les beaux gars et qui, au joli d'Avaray, fit succéder le brillant Blacas et à celui-ci le mirliflore Decazes. M. Decazes était donc conseiller à la cour royale et capitaine dans la garde nationale parisienne en 1815. Au 20 mars, il assembla sa compagnie militaire, et lui donna communication de la dernière proclamation du roi à sa sortie de Paris; il exhorta les soldats à rester fidèles au drapeau blanc, jurant qu'on le hacherait en morceaux plutôt que de lui faire prêter serment aux couleurs tricolores. C'est ce qu'il a fait cependant en 1830, et avec lui un trop grand nombre d'autres pour que nous insistions sur un parjure de plus dans la biographie de M. Decazes.

Après le départ du roi, et lorsque la cour fut redevenue impériale, M. Decazes, retiré à Bordeaux, s'occupa à de piètres complots royalistes, comme depuis il s'ingéra de non moins ridicules conspirations prétendues libérales. Dès que l'issue de la bataille de Waterloo lui eut été signalée, il revint à Paris au pas de course; il y trouva le roi qui rentrait aussi. Ce prince, instruit de la conduite de M. Decazes, lui donna une marque d'estime et de confiance en le nommant préfet de police, le lendemain de sa rentrée à Paris, 9 juillet 1815.

La conduite de M. Decazes dans cette place importante, se ressentit de l'époque et des événemens au milieu desquels il se trouvait.

La malheureuse réaction de ce temps multipliait sur tous les points les arrestations, les persécutions, les vengeances; tout cela rendait pénible et dangereux le rôle de préfet de police. M. Decazes, peu accessible à la pitié, ne se ressouvenant pas du temps où il était si dévoué, nous devrions dire si servile, quand il s'agissait des intérêts de l'empereur, mit un acharnement féroce dans ses poursuites contre ceux qu'on désignait comme bonapartistes. Il fut habile et cruel tout à la fois, paya cher la délation et ne laissa guère un seul proscrit en repos. Tous les hommes qui, pendant les Cent-Jours, s'étaient ouvertement déclarés fidèles à la cause de leur ancien maître, furent, sous ce dur régime de la police sanglante de M. Decazes, poursuivis et traqués comme des bêtes fauves. On ne peut trop flétrir cette exagération dans les rigueurs ministérielles, et, pour l'honneur du roi, au nom duquel on les exerçait, on aimerait à penser qu'elles furent dues en partie au zèle brutal d'un homme qui se fût fait bourreau lui-même, s'il eût pensé par là avancer sa fortune.

Ce fut cet homme qui, par ses investigations, parvint à découvrir la retraite du malheureux Labédoyère. J'ai dit ses investigations, je dois dire aussi par quel détestable abus de confiance elles se complétèrent. Le comte Decazes, en promettant son appui et son intervention pour obtenir la grâce de Labédoyère, surprit la crédulité d'une amie de ce malheureux officier. Sa retraite fut trahie. Sur-le-champ le ministre de la police y dépêcha ses limiers. Le colonel fut arrêté. On sait le dénoûment de cette histoire tragique.

J'ai vu dans un rapport de police postérieur à 1820, que si M. Decazes mit tant d'empressement à faire exécuter à Grenoble les vingt-trois condamnés à mort, ce fut dans la crainte qu'on ne découvrît sa participation à la trame ourdie par Didier et le parti orléaniste. Je dirai plus loin tout ce que je peux révéler là-dessus.

Plus il était impitoyable, plus il assumait à son compte d'actes de rigueur, plus au château on se trompait sur le véritable caractère de M. Decazes. Monsieur, avec une confiance fatale, exaltait les bons sentimens du *petit Decazes*, comme il l'appelait au figuré; car, en réalité, la haute taille du préfet de police le rendait plutôt comparable à quelque magnifique chasseur de bonne maison.

Nul donc parmi les purs royalistes ne s'opposa à la fantaisie du roi, *qui faisait aimer Horace* au préfet de police. Celui-ci, chaque jour, amusait, récréait, occupait le roi en lui livrant le secret des familles. C'était un moyen de plaire que ne pouvait négliger un homme du caractère de M. Decazes, qui, le cas échéant, eût réjoui l'oreille du monarque par le récit de sa propre honte, s'il eût cru ajouter ainsi à la faveur dont il jouissait. Sur ses notes traîtresses passaient la cour et la ville, le clergé, les acteurs. Les anecdotes galantes, croustilleuses, qui flétrissaient le saint habit de prêtre, étaient principalement mises sous les yeux de Louis XVIII, charmé de voir à nu une comédie dont les personnages étaient loin de le croire instruit. Bien d'indignes calomnies prenaient place dans ces rapports, et on comprend que c'était pour le ministre l'occasion de servir ses haines personnelles.

Il commença de bonne heure à battre en brèche les amis de Monsieur, aussitôt qu'il eut reconnu que le roi ne les aimait pas. Le respectable abbé de Latil devint son point de mire; puis MM. de Vitrolles, de Montmorency (Mathieu), de Bonald, de Clausel de Coussergue (les trois frères), le cardinal de la Farc furent représentés au roi comme des rebelles prêts à le détrôner, pour mettre la couronne sur la tête de son frère.

Louis XVIII, s'éprenant de plus en plus du petit Decazes, en raison de la gentillesse de celui-ci, de sa jolie figure et surtout de sa latinité qui, rafraîchie par celle de M. Villemain, souvent venait en aide à celle du roi, se détermina à le nommer ministre de la police à la fin de 1815. Enfin, le roi fit plus, car il installa M. Decazes dans la charge intime de favori, et le duc de Blacas, mis à la réforme, dut perdre l'espoir non seulement de reprendre son influence, mais encore de pouvoir, avant long-temps, rentrer en France. De belles ambassades l'indemnisèrent, sans le dédommager.

M. Decazes, parvenu au ministère, s'aperçut que dans des instans aussi orageux, il lui serait impossible de faire la police dans le royaume sans apporter des modifications aux lois sur la liberté individuelle, c'est-à-dire à celle qui obligeait les agens de l'autorité à n'effectuer aucune arrestation sans que les prévenus ne fussent aussitôt rendus à leurs juges naturels, et jugés par ceux-ci en vertu de la jurisprudence du royaume.

En conséquence, il présenta, le 18 octobre 1815, à la chambre des Députés, un projet de loi d'exception tendant à autoriser le ministre de la police et ses agens à arrêter et détenir les individus accusés de délits contre la personne ou l'autorité du roi, la famille royale et la sûreté de l'Etat.

« La loi qu'on vous propose, disait-il à la
« chambre élective, a pour objet de donner à
« l'action de l'autorité chargée de veiller aux in-
« térêts les plus sacrés de la société, la sûreté
« de l'Etat et du trône, toute la force nécessaire
« pour déjouer les trames coupables et prévenir
« les attentats de ces hommes étrangers aux
« remords que le pardon ne peut fléchir, que la
« clémence offerte ne peut ramener, que la jus-
« tice ne peut atteindre, parce que ses formes
« salutaires, mais lentes, la rendent impuissante
« pour prévenir, et trop souvent même pour ré-
« primer, et parce que ces hommes cachés dans
« l'ombre ne dirigent leurs complices, trop sou-
« vent leurs victimes, que par des ressorts ca-
« chés, inconnus à leurs agens mêmes. »

Ce pathos, cet amphigouri où le ton burlesque marche de pair avec l'injurieux mépris du droit commun, avait toutes les chances de rendre son auteur aussi odieux que ridicule si, à l'époque où il fut élaboré, les avis et les sentimens eussent pu s'exprimer librement avec quelque liberté.

Mais la terreur de la réaction régnait partout, dans les familles comme à la chambre. La loi, à laquelle le fragment que nous venons de citer sert de préambule, cette loi, M. Decazes se serait bien gardé de la proposer, s'il n'eût été sûr de la faire passer, fut adoptée séance tenante le 27; portée aux Pairs, ils l'accueillirent le même jour. Le 29, elle fut promulguée : voilà comme ce libéral entendait le libéralisme.

Le parti constitutionnel dans la chambre, l'opinion publique en dehors, mais avec ces ménagemens qui font de la plainte une vaine protestation, se récrièrent unanimement contre cette loi, d'ailleurs, temporaire, puisqu'elle devait cesser d'exister dès l'ouverture de la session suivante, si la loi n'obtenait une nouvelle sanction. C'était le comble de l'arbitraire. Ses effets probables effrayèrent jusqu'au créateur de cette violente mesure. Aussitôt une circulaire cauteleuse aux fonctionnaires du ressort de la police fut lancée, afin de calmer les alarmes; on débuta par des phrases pour mieux finir par des actes.

M. le comte de Lavalette, directeur général des postes impériales, avait été arrêté et traduit devant la cour d'assises de Paris, le 30 novembre 1815, sous l'accusation de coopération à l'attentat du 20 mars dernier, en s'emparant de vive force et ce même jour, dès neuf heures du matin, de ses anciennes fonctions d'où il avait expulsé le comte Ferrand, nommé par Louis XVIII. Un arrêt avait condamné à mort M. de Lavalette, et il était détenu à la conciergerie en attendant l'exécution de l'arrêt; mais la clémence veillait sur lui. Le roi voulut le sauver; il en laissa la gloire à madame de Lavalette qui déploya dans cette circonstance fatale l'énergie et le sang-froid les plus admirables. Elle fut surtout aidée dans son entreprise par trois généreux Anglais qui voulurent leur part dans ce beau dévouement, les sirs Wilson, Hutchinson et Bruce; il faut aussi mentionner M. B.... qui osa jouer son avenir contre la douce satisfaction d'arracher un malheureux au supplice. Les détails de cette célèbre évasion sont trop connus pour que je les relate ici. Je ne rappellerai donc pas ce qui concerne cet événement. Il fut pour M. Decazes un sujet de reproche et presque d'accusation de la part des ultra-royalistes à la séance de la chambre des Députés du 23 décembre (la fuite du condamné étant du 20). On y proposa d'obliger le ministre de la police et celui de la justice (M. Barbé-Marbois) à fournir des documens sur cette évasion, et ultérieurement on agita la question de savoir si l'on ne formerait pas une commission qui, sur les renseignemens donnés, jugerait la conduite des ministres.

Tous les royalistes croyaient le comte Decazes d'intelligence avec la famille Lavalette; mais on était dans l'erreur. J'ignore les dispositions intérieures et secrètes du ministre de la police; mais je puis affirmer que les agens d'un très haut personnage avec lequel le comte Decazes s'était lié étroitement, conjuraient ce ministre sévère de ne détourner le roi d'aucun acte de rigueur, et au contraire de multiplier les vexations contre les libéraux, afin qu'on les attribuât à la famille royale, au clergé, aux nobles, ce qui faciliterait la révolution que l'on méditait. Telle fut la cause principale de tous les jugemens rigoureux qui, d'août 1815 à fin d'août 1816, épouvantèrent la France en consternant les esprits. Ce ne fut pas l'œuvre du cœur des gouvernans, mais le résultat abominable du calcul infernal des comédiens de quinze ans. Un jour viendra où des révélations terribles stigmatiseront les coupables; la pourpre, s'ils la portent, ne leur servira pas de refuge. L'inexorable histoire en les démasquant les flagellera.

Un reproche plus grave tarda peu à peser sur le comte Decazes. Une loi d'amnistie, sévère en certaines dispositions, mais en général libératrice et clémente, avait été promulguée le 12 jan-

vier 1816. Croirait-on, que le jour même, le ministre de la police signa et fit distribuer une circulaire qui détruisait les dispositions bienveillantes de la loi? L'article 5 de cette circulaire portait : « La présente amnistie n'est pas appli-
« cable aux personnes contre lesquelles des pour-
« suites ont été dirigées avant la promulgation
« de la présente loi. Les poursuites seront conti-
« nuées et les jugemens exécutés conformément
« aux lois. »

Cette loi, disait-on, fut promulguée le 12 janvier, par conséquent l'amnistie était acquise à tous les inculpés de l'événement du 20 mars, contre lesquels aucune poursuite n'avait été dirigée. Cependant ce jour-là, M. Decazes disait à ses fonctionnaires : « Vous pouvez continuer,
« avant la promulgation de la loi d'amnistie,
« toutes les poursuites pour délit politique qui
« seraient nécessitées par la gravité des circon-
« stances, des accusations et dans le but surtout
« de faire des exemples. Vous inviterez MM. les
« procureurs du roi à commencer d'office les
« instructions, à mettre enfin les prévenus dans
« la situation particulière voulue par l'article 5
« dont il est question. »

Jamais mesure plus atroce, plus fallacieuse n'avait été provoquée ; jamais ni les hommes de la terreur, ni les ultra-royalistes n'imaginèrent d'enlever, par l'accélération des instructions, le bénéfice de l'amnistie. Tout le sang versé, toutes les larmes qui coulèrent à cette époque furent l'œuvre du comte Decazes, et ressortirent de sa circulaire odieuse. C'est le fonctionnaire qui a fait périr le plus de misérables; c'est lui qui, à l'aide du télégraphe, ordonna la boucherie de Grenoble, dont je parlerai plus tard; lui qui, par ses rapports, maintint la sévérité royale à l'égard de Ney, de Mouton-Duvernet, de Labédoyère, de Chartran et d'autres. Tous ces actes sanglans eurent lieu au temps où, par son influence, il eût pu les empêcher; mais il ne le fit point. Il lui convenait, au contraire, comme nous venons de le dire, de multiplier les supplices. Je ne sais par quelle hallucination les vrais libéraux ont cru en lui; au reste, ils sont aujourd'hui bien détrompés.

A l'époque dont je parle, les accusateurs impartiaux de M. Decazes se demandaient si un ministre qui écrivait une pareille circulaire n'était pas coupable d'avoir violé la loi la plus sacrée, celle de la clémence du roi. N'est-il pas évident, disaient-ils avec grande raison, que si les lois qui ordonnent n'obligent que lorsqu'elles sont connues, une loi qui publie une grâce du prince, a son effet du moment même où cette loi a été sanctionnée, parce que, n'ayant d'autre but que la manifestation de la volonté du prince, son but est atteint aussitôt que la loi est signée de lui. Toute démarche des fonctionnaires pour en prévenir l'effet devient un crime punissable comme une injure envers le prince et une lésion faite à ceux qu'il gracie; un tel acte n'est qu'un coup d'inhumanité et qu'une tentative d'empêcher le souverain de faire usage de la prérogative royale.

Tels étaient les reproches auxquels cette infâme circulaire donna lieu; elle devait perdre à jamais le comte Decazes dans l'opinion publique, et c'est ce qu'elle fit en réalité, quoique des écrivains gagés par le ministre de la police et soldés avec les fonds secrets tentèrent dans un nombre infini de brochures de réhabiliter le comte Decazes, au moins par les intentions qu'ils lui prêtèrent. Le comte Decazes ne fut point seulement un ambitieux passionné, ce fut un exalté dangereux. En effet, il fit plus de mal à la royauté qu'il devait servir, que n'auraient pu lui en faire ses ennemis les plus ouvertement déclarés : il ne cherchait qu'à éloigner de Louis XVIII ses vrais serviteurs.

Rien n'était respecté par M. Decazes de tout ce qui pouvait lui servir à se maintenir dans la faveur du roi et à gagner la bienveillance des royalistes ; on le vit amener dans le château sa plus proche parente, spéculer sur les fantaisies du roi et sur le déshonneur d'un membre de sa famille ; mais si, de ce côté, il vainquit en se livrant de bonne grâce à la honte, du côté des royalistes il échoua. Ceux-ci tardèrent peu à deviner ses intrigues avec les comédiens de quinze ans, et malgré ses avances, ils se méfièrent toujours de lui et le méprisèrent tout bas, à défaut d'autre courage.

Le comte Decazes ne respecta pas plus la loi électorale que la loi d'amnistie ; il ne cessa d'écrire, d'envoyer des agens, de donner des places et des emplois, de l'argent, des décorations, des titres pour effrayer ou corrompre ceux qui lui faisaient obstacle ; il destitua, poursuivit, emprisonna, ruina quiconque osa lui résister. Tour à tour, il séduisit ou menaça les électeurs. Chaque année la loi des élections fut remaniée, toujours dans le but de la rendre moins populaire ; car le ministre de la police haïssait les gens de sa classe avec l'acharnement d'un parvenu. Il tendait à exclure des élections les vrais serviteurs du roi pour les remplacer par des libéraux vendus à la faction d'Orléans, tiers-parti indépendant de la famille de ce nom et qui lui est étranger, bien qu'il travaille pour elle depuis 1789. Il alla, dit-on, jusqu'à inonder les colléges d'électeurs non-censitaires, tandis qu'il en faisait rejeter des multitudes qui remplissaient les conditions voulues par la loi. Mais nous n'appuyons que faiblement sur ces fraudes, malgré leur importance et leur gravité politiques; car, pour ce qui est des illégalités de ce genre, on regarde les plus coupables manœuvres comme des gentillesses, et, dans un collége électoral, on fait, *par raison d'état* et impunément, ce que, dans la vie privée, on n'oserait commettre dans la crainte salutaire du bagne.

Les conspirations réelles ou provoquées par les agens du ministre de la police excitèrent d'autre part de nombreuses et longues récriminations. Ce texte serait inépuisable si on voulait le suivre dans ses détails. Je l'omettrais même entièrement s'il ne tenait pas à l'histoire de la police générale.

L'audacieuse entreprise de Didier, dans le département de l'Isère, dont plus bas je parlerai et dont j'éclaircirai si lumineusement les parties obscures, aurait pu être prévenue, si les hommes appostés sur les lieux comme employés de M. Decazes ne fussent pas devenus eux-mêmes les associés de la conspiration.

On citait, comme preuve de la négligence de la police, un fait avancé par Didier dans la procédure de Lyon (voir ci-après au chapitre LXXIII). Il résulte d'un rapport que, le 20 octobre 1815, un grand nombre des représentans des Cent-Jours s'étaient réunis dans Paris; que, ce jour-là, ils avaient pris une délibération pour demander à l'empereur de Russie un roi constitutionnel *choisi ailleurs que dans la branche aînée de la maison de Bourbon;* que, dans cette réunion, la société s'était constituée sous la dénomination de *Patriotes de 1816*; que la société avait décidé que plusieurs représentans parcourraient les départemens pour préparer les esprits à la révolte et au changement; que le comité directeur résiderait à Paris ou dans les environs; que ce comité ferait naître les occasions favorables à l'insurrection et transmettrait les ordres nécessaires en temps et lieu.

Telle est la première origine assignée à la formation de la société fondée sous le nom de *Patriotes de 1816*. Ce club ne se fût pas institué, disaient les adversaires du ministre de la police, il n'aurait pas exposé l'État à des dangers et entraîné dans le précipice cinquante individus plus ou moins coupables, si M. Decazes et sa police eussent fait leur devoir et non donné leur confiance à des ennemis du gouvernement.

Les conspirateurs Pleignier, Carbonneau, Tolleron, parmi les plus considérables *Patriotes de 1816*, furent à la vérité arrêtés, jugés, condamnés et traînés sur l'échafaud avant l'exécution de leur projet ; mais on s'est plaint que le ministre et M. Anglès, agissant sous ses ordres, aient laissé la trame s'ourdir, afin de lui laisser prendre une consistance criminelle. On les accusa aussi d'avoir employé à ce dessein des agens provocateurs, entre autres un nommé Schllestein, le plus coupable de ceux à qui la police confiait ces infâmes missions. Voici quelques faits :

Il paraît que ce fut une femme nommée Delmas qui, la première, instruisit le préfet de police Anglès de ce qui se préparait en secret. Les membres de la conspiration avaient besoin d'un graveur pour faire des cartes de patriotes : on leur indiqua Tolleron. Tolleron fut conduit à Chaillot, où il vit le modèle des cartes à confectionner. Les patriotes apprirent aussi qu'un nommé Carbonneau, ci-devant secrétaire d'un bureau de police et depuis instituteur, avait une belle écriture, et le choisirent pour écrire les proclamations que Pleignier destinait à être répandues dans les départemens.

Carbonneau consentit à tout ce que l'on exigea de lui. Pleignier désigna une carrière dans laquelle on cacherait l'imprimerie. Carbonneau, Tolleron et Pleignier étaient dans la gêne ; et, quoiqu'ils pussent concevoir de grandes espérances de l'exécution du projet, la vie qu'ils menaient alors était des plus misérables.

Schllestein, employé à la préfecture de police à titre d'agent provocateur, reçut pour mission de se lier avec le plus grand nombre possible de *patriotes*, de leur inspirer du courage, de soutenir leur espoir, et de faire en sorte surtout que la conspiration augmentât en importance.

On voit par les pièces de cette affaire odieuse que la confiance inspirée aux conspirateurs, encore incertains dans leurs vues et impuissans dans leurs moyens, par l'agent de la police à qui ils s'étaient ouverts, les détermina à agir dans le sens qui convenait à M. Decazes. Tolleron commença à graver les cartes, Carbonneau à copier les proclamations, et un imprimeur appelé Chersa, que Schllestein leur avait adjoint, aida à imprimer. Schllestein avait recruté d'ailleurs pour les *patriotes* dans les cabarets et dans les guinguettes. Il persuada à de pauvres diables ignorans et la plupart ne sachant ni lire ni écrire, qu'il s'agissait d'une grande affaire, où pour eux il y aurait une immense fortune à faire.

Pleignier avait été conduit chez M. Decazes. Après lui avoir dit ce qui s'était passé depuis quelques jours, Pleignier donna en outre le signalement de l'individu inconnu, Schllestein, si officieux et si généreux, qu'on avait introduit dans la société. Le ministre, qui recevait du même homme des rapports semblables, maintint Pleignier dans le rôle qu'il jouait et donna de l'argent à l'autre pour suivre l'affaire. Ç'aurait été de l'habileté si ce n'avait été de la scélératesse.

Schllestein proposa en conséquence aux associés l'attaque du château des Tuileries comme une mesure hardie en apparence, et au fond facile dans l'exécution. Il cherchait, disait-il, une main assez habile pour dessiner correctement et selon les règles de l'art un plan du château qu'il avait levé, et où l'on désignerait les endroits faibles. Le perfide avait fait faire à l'avance ce plan par un agent de la police, et il le remit à l'un des associés pour qu'une copie en fût prise. La copie faite, l'original disparut. C'est la copie qui figura dans les pièces du procès.

Cependant Pleignier, traître sans le savoir et croyant parler à un ami, informait M. Decazes des propositions et des projets de Schllestein. Lorsque l'agent provocateur, qui distribuait les cartes des patriotes partout où il pouvait, connut l'heure à laquelle Deruin, officier en retraite, chargé de copier le plan du château, devait en remettre la copie, il le fit arrêter, ainsi que Tolleron, avec la gravure des cartes, et enfin Carbonneau et Pleignier.

Ces individus furent fort étonnés de leur arrestation, après ce qui s'était passé entre eux, la police et M. Decazes; ils n'en furent pas moins détenus au secret comme prévenus de conspiration et de crime de lèse-majesté.

Après une longue détention au dépôt de la préfecture de police, on les mit à la disposition du procureur du roi Jacquinot de Pampelune, ami de M. d'Anglès. M. Jacquinot de Pampelune avait son rôle tout appris et se garda bien de pousser les investigations, dans cette procédure, sur des faits qui eussent compromis la responsabilité du préfet et du ministre de la police.

Dans l'interrogatoire des accusés devant le juge d'instruction, les *patriotes* apprirent, mais trop tard, que cet inconnu, qui les poussait à la révolte, que cet ennemi si acharné du gouvernement était un agent provocateur, misérable à double face, tantôt appelé du nom de Schllestein, tantôt de celui de Duval, et qui certainement devait en porter bien d'autres encore.

Qu'on juge de la surprise et de l'indignation de ces malheureux contre les comtes Decazes et Anglès, qui, leur tendant cet indigne piége, venaient ainsi d'abuser de leur ignorance, de leur misère et de leur bonne foi. Lorsqu'ils furent traduits au tribunal qui les condamna, ils réclamèrent la comparution de l'infâme agent de police. Malgré la réserve et la timidité des tribunaux, lorsqu'il était question, dans une cause, d'interpeller publiquement de semblables agens, le président de la cour d'assises (1), usant de son droit discrétionnaire, manda Schllestein à son audience; mais on ne put le trouver : il avait disparu. La police paralysa ainsi l'action de la justice. M. Decazes enleva un témoin. Schllestein reçut un faux passeport, un faux nom et de bon argent. Puis on l'envoya en Allemagne, où il espionna les exilés français.

Ces manœuvres criminelles qui, douze ans plus tard, ont été reproduites à une époque prétendue de légalité, excitèrent une indignation générale. MM. Decazes et Anglès soutinrent cette clameur avec un front d'airain. Par jugement du 7 juillet 1816, Pleignier, Carbonneau et Tolleron furent condamnés à avoir le poing coupé, la tête tranchée. La déportation et d'autres peines atteignirent les autres accusés.

Jusqu'au dernier jour, les trois principaux condamnés furent empêchés d'exprimer d'au-

---

(1) *C'est la bête de Rose qui m'a acheté du papier trop petit.*
(*Note de l'Auteur.*)

Ici se trouve sur le manuscrit de M. Peuchet cette note singulière : nous la conservons; l'état de souffrance, dans lequel il se trouvait alors, explique suffisamment le mouvement d'impatience que lui causait l'ennui de retourner continuellement ses feuillets : en effet, le papier est plus petit ici que dans le reste du manuscrit.
(*Note des Editeurs.*)

cune manière les sentimens de leur âme ; on les tint au secret; on les affaiblit par des moyens affreux ; on leur ferma tout recours à la clémence royale. Ils furent menés rapidement au supplice; et, pour étouffer la juste et violente explosion de leur rage, on leur dit qu'arrivés sur l'échafaud, on leur révélerait leur commutation de peine ; mais que celui d'entre eux qui ferait du scandale serait abandonné à la rigueur des lois. Ces malheureux, trompés encore, se turent et ne reconnurent ce dernier et si abominable piége que lorsqu'on les y eût fait *trébucher*. Cette expression est malheureusement littérale ; car la fatale bascule emporta leur dernier espoir. Jusqu'à l'heure même où on les liait sur la planche, ils crurent à un pardon qui ne devait pas venir.

Les vrais royalistes ne surent aucun gré, et avec raison, au ministre Decazes de ses services prétendus et de son système de poursuites contre les ennemis du roi, parce qu'un tel système les compromettait et que d'ailleurs ils ne doutaient pas de la complicité du ministre avec les condamnés. Chacun était persuadé que M. Decazes avait agi de la sorte pour se faire valoir auprès de la cour, comme aussi l'on croyait que M. Decazes se serait tourné du côté des conspirateurs, s'ils eussent réussi. En cela l'opinion était d'accord avec la raison. Comment expliquer, en effet, cette longanimité du ministre de la police, si l'on n'y assigne pour cause la duplicité de sa politique. Si, dès sa naissance, le complot eût été étouffé, les conjurés n'eussent été passibles que de peines correctionnelles. Mais alors le sang n'aurait pas coulé, et il fallait en répandre pour faire montre de zèle et de dévouement, dans le cas où la trahison devenait impossible.

D'autres faits, moins répréhensibles peut-être, excitèrent également de vives réclamations contre le ministre de la police. Celui-ci, tourmenté par les ultra-royalistes qui voyaient clair dans ses menées, tenta de récriminer en faisant surgir de leurs rangs une conspiration contre l'autorité royale.

Cette nouvelle ne fut pas d'abord répandue dans Paris : on la sut par la correspondance du journal anglais *le Times*, du 27 juin 1818. On verra plus bas ce que c'était que cette *correspondance privée*, qui fut l'un des grands griefs articulés contre M. Decazes, car il s'en servit d'arme déloyale pour perdre les royalistes en les calomniant. Voici le paragraphe dont j'ai dit un mot plus haut :

« Il court à Paris, depuis deux jours, un bruit
« d'une nature singulière. On parle d'une es-

« pèce de conspiration ultra-royaliste, qui au-
« rait été déjouée dans son principe, si on doit
« s'en rapporter aux rumeurs les plus accré-
« ditées. La faction anti-française qui voudrait,
« à quelque prix que ce fût, retarder l'évacua-
« tion du territoire, aurait permis un complot
« aussi coupable qu'extravagant et d'une exécu-
« tion impossible. »

On lisait également dans la correspondance privée du *Morning-Chronicle*, venue de la même officine et sous la date pareille du 27 juin 1818 :

« Le bruit court à Paris qu'une conspiration a
« été découverte à Saint-Cloud. Les ultra en se-
« raient les auteurs, et son objet aurait été de
« faire descendre le roi du trône et d'y placer
« Monsieur. Le moyen qu'on devait employer
« pour faire éclore ce criminel dessein était la
« séduction de la garde royale et des gardes
« suisses que l'on sait si dévoués à Monsieur. »

Les projets de ces conspirateurs allaient toujours croissant, selon les correspondances privées. Voici ce que disait celle du *Times*, en date de Paris et du 2 juillet suivant :

« Le mercredi 24 juin, au lever du conseil du
« roi, à Saint-Cloud, les ministres devaient être
« arrêtés par un détachement des grenadiers de
« la Roche-Jaquelein et conduits au château de

« Vincennes. Une partie du troisième régiment
« des gardes, commandée par le colonel Ber-
« thier de Sauvigny et une partie du deuxième ré-
« giment suisse devaient être placées en échelons
« sur la route de Saint-Cloud à Vincennes. Au
« moins environ trois mille hommes, composés
« de gardes-du-corps, de Vendéens, de roya-
« listes volontaires, se seraient assemblés à la
« même heure sur la place du Carrousel, où, au
« premier ordre, ils se seraient rendus pour ar-
« rêter les ministres chez divers fonctionnaires
« publics désignés à l'avance.

« Dès que la première partie de ce plan eût
« été exécutée, si le roi (dont le courage et
« la fermeté sont connus) eût refusé son abdi-
« cation, les conspirateurs avaient résolu *d'en
« agir à la Paul*. Le général Canuel devait être
« ministre de la guerre; le général Donnadieu,
« commandant de la division de Paris; M. de
« Châteaubriand, ministre des affaires étran-
« gères; M. de Villèle, ministre de l'intérieur;
« M. de Bruges, ministre de la marine; M. de
« Fitz-James, ministre de la maison du roi, et
« M. de la Bourdonnaie, ministre de la po-
« lice, etc. On dit que Sa Majesté a témoigné
« une vive indignation; en effet, personne ne
« peut concevoir l'excès d'audace et d'insolence
« de ce parti expirant et coupable.

De pareilles révélations produisaient de fâcheux résultats, quoique leur exagération dût nécessairement faire douter de leur sincérité ; à la vérité quelques royalistes, poussés à bout par les mesures funestes à la monarchie que M. Decazes ne cessait de prendre (nous avons dit plus haut dans quel but), tenaient des propos imprudens; mais de la mauvaise humeur à la révolte, la distance est grande. Nul d'entre eux et surtout avec eux n'aurait levé l'étendard de la sédition.

Cependant on disait avoir des preuves, et le 2 juillet, quatre accusés furent arrêtés. Le général Canuel ne le fut que le 25 ; il s'était caché, et le général vicomte Donadieu ne reçut son mandat d'amener que le 3 septembre suivant. M. Canuel fut gardé au secret pendant trente-sept jours, MM. de Rieux, de Songis, de Chapdelaine, de Romilly et de Joannis, également arrêtés, y demeurèrent quarante jours. Traduits devant la cour royale de Paris, ils furent tous acquittés. L'arrêt, rendu le 3 novembre suivant, porte :
« Qu'il n'y a pas lieu d'ordonner un supplément
« d'instruction; qu'il n'y a pas d'urgence à
« annulation contre les sieurs Canuel, Rieux,
« de Songis, de Romilly, de Chauvigny, de Blot,
« Chapdelaine, Joannis, Donadieu, etc., accu-

« sés, sans motifs, de conspiration contre la per-
« sonne du roi et la sûreté de l'Etat. »

Le ministre de la police, instigateur de cette affaire, en fut pour sa honte. On y reconnut sa main, son influence et son ambition qui, pour gouverner le roi et perdre la monarchie, ne balançait pas à sacrifier les amis réels des Bourbons. Seulement alors, et dans un pareil jeu, la chance était énorme contre M. Decazes. Enhardi par l'importance que lui avait donnée l'affaire Pleignier, il se croyait en mesure de tout oser. Mais, cette fois, il ne pouvait employer les moyens qui déjà lui avaient réussi (le bâillon et la corruption des victimes elles-mêmes). M. Decazes fut publiquement bafoué; il n'eut pas même, dans cet échec, l'honneur d'une haine qu'il avait bien acquise. Ceux qu'il avait voulu perdre lui pardonnèrent pour l'honneur de la maison du roi dont le ministre de la police faisait partie.

Le ministère était alors ainsi composé : *affaires étrangères*, duc de Richelieu; *garde des sceaux*, baron Pasquier; *intérieur*, M. Lainé; *marine*, M. Molé; *guerre*, Gouvion-Saint-Cyr; *finances*, M. Corvetto; *police*, M. Decazes. Le roi obligea ces messieurs à se rendre en corps chez Monsieur. Le 6 juillet, ils trouvèrent ce prince non

abattu comme l'espérait M. Decazes, mais tranquille et sévère comme il convenait dans la circonstance. Il parla avec fermeté, et, regardant fixement le ministre de la police, dit « qu'il n'y
« avait en place que des jacobins et des bona-
« partistes, que l'on repoussait les royalistes,
« que tout montrait la monarchie courant à sa
« ruine, sous la conduite d'un homme pervers
« qui ne craindrait pas de la vendre à un parti
« ambitieux. »

La dignité froide du prince, l'air altier de ses gardes-du-corps qui n'eussent pas demandé mieux que de jeter par les fenêtres l'ennemi de leur maître, déterminèrent les membres du conseil à quitter au plus vite le château, tant ils eurent peur qu'on ne les en laissât pas sortir. M. Decazes eut une telle frayeur qu'il fallut renouveler l'intérieur de sa voiture, et qu'il dut lui-même changer de linge en rentrant à l'hôtel Mazarin; il était blanc comme un suaire, et ses dents ne cessaient de claquer. Monsieur rit beaucoup quand l'épouvante de M. Decazes lui fut racontée.

Dès ce moment, le ministre de la police ou plutôt le parti anti-royal qui se servait de lui, conspira de plus belle contre Monsieur. Cette fois il ne s'agissait de rien moins que d'obliger Monsieur à sortir du royaume et à renoncer à ses droits au trône en faveur du duc d'Angoulême, dès que l'évacuation des troupes étrangères aurait eu lieu en vertu du traité de Paris. Cette pensée sacrilége fut développée, on la transmit en secret aux quatre grandes puissances, on la leur montra sous le beau côté ; enfin on circonvenait déjà le roi. Une dame, nommée P... qu'il avait en concurrence avec madame du C..., devait porter la parole.

M. Decazes cependant était regardé comme l'âme et le moteur de ces intrigues. Il s'agissait pour lui et pour les siens de maintenir le roi dans son aveuglement, et surtout de ne pas laisser détruire le gouvernement prétendu représentatif, où l'élasticité des moyens de corruption est laissée à la discrétion de gens assez habiles pour être toujours dans le droit, sans cesser jamais d'être dans l'injuste. A mesure donc que le peuple est mieux représenté, il est plus obéré, puisqu'au moyen de cette machine constitutionnelle, ses agens sont ses commensaux ; et Dieu sait quelle part de substance ils dévorent! En 1789, le peuple payait le tiers moins d'impôts qu'il n'en paie depuis 1830.

Le rédacteur en chef de la correspondance secrète était le comte de Beaumont-Brivasac, petit-fils d'un président à mortier au Parlement de Bordeaux. Employé dès l'empire par le duc de Rovigo en qualité de commissaire général de police, d'abord à Barcelone, puis à Gênes, MM. Beugnot et Dandré le placèrent successivement à Aix et à Lyon, lorsqu'en 1814, ils furent directeurs généraux de la police. Ce personnage était assez adroit et rusé, mais d'ailleurs misérable écrivain. Les lettres qu'il rédigeait sur des notes écrites au revers de cartes à jouer sont aussi plates qu'ignobles. M. de Brivasac habitait Londres, et surveillait par lui-même l'impression de la *Correspondance secrète* dans le *Times* et le *Morning-Chronicle* qui recevaient chacun une indemnité de cent mille francs (j'ai vu les reçus) pour laisser salir leurs feuilles de ces calomnies.

Le ministre en outre tenait à Londres son neveu, personnage insignifiant et envoyé là sans doute pour surveiller la conduite du sieur de Brivasac. C'était à Paris, et presque toujours par le ministre lui-même, qu'étaient élaborés les matériaux de la correspondance. Un agent sûr, voyageant par la diligence ou la poste, selon le degré d'importance du paquet, portait les missives à Calais et les remettait à M. Maurice-d'Escalonne, fils d'un conseiller au Parlement de Toulouse ; celui-ci était à Calais commissaire spécial de police. Ce M. Maurice expédiait ensuite les dépêches à Londres et à l'adresse de Brivasac.

Un certain Trigant de la Tour reçut aussi du comte Decazes la mission de se rendre à Londres pour y négocier avec le docteur Stoddart, propriétaire et rédacteur principal d'un journal intitulé le *New-Times*. Ce docteur était de savoir médiocre, lourd, royaliste, tout voué au parti ultra et par conséquent dans un sens et un goût opposés à M. Decazes; aussi l'émissaire, venu avec tant de pompe, ne put obtenir que la *correspondance privée* souillât le *New-Times*. Elle dut continuer à déshonorer les deux infâmes journaux qui avaient mis à prix d'or leur loyauté. M. de Brivasac resta investi de ce travail odieux, et continua de demeurer à Londres, où il était en relation avec un nommé Goldsmith, espèce d'agent de police secrète de Bonaparte. Tout à l'heure je parlerai de ce dernier qui avait fondé à Londres un mauvais journal sous le nom de l'*Anti-Gallican Monitor*. M. Decazes, toujours à la recherche des fripons, des gens sans aveu, voulut avoir à ses gages le *Folliculaire*, ce qui ne fut pas difficile au moyen de quelques louis : on en greva d'autant les frais de la police secrète.

Cette correspondance privée, dans laquelle il se trouvait une macédoine de faits vrais et faux, rapports incertains et incomplets, d'anecdotes apocryphes, de récits tronqués, de mots dénaturés, le tout dicté par l'esprit de parti, avait pour principaux agens à Paris les nommés Lingay, Lagarde, Mirbel, Lourdoix, Benaben, etc., et en général les affidés de M. Decazes qui rétribuait généreusement ce genre de service. Un des individus qui en ressentirent principalement le bénéfice fut le marquis d'A....gon : on ne sait où passèrent les énormes sommes qu'il reçut de M. Decazes.

Brivasac, outre ses attributions pour l'insertion de *la correspondance privée* dans les journaux anglais, entretenait une correspondance politique, de Londres, où il se trouvait, avec M. Decazes sur la politique et les bruits courant dans la capitale de l'empire britannique. Il avait soin d'y insérer les turpitudes des princes de la maison royale d'Angleterre et des grands seigneurs. Le ministre montrait ces lettres à Louis XVIII qui s'en divertissait beaucoup, car il connaissait à fond presque tous les héros et héroïnes de ces aventures scandaleuses. M Decazes se servait toujours de cette voie pour envenimer contre son auguste et vertueux frère l'esprit de Sa Majesté.

Ce fut par M. de Brivasac que le roi apprit l'horrible calomnie répandue sur l'ange terrestre, MADAME, duchesse d'Angoulême. Le ministre se servait aussi de cette correspondance pour favoriser la cause à laquelle il s'était dévoué et pour maintenir les bonapartistes dans leur espoir, bien assuré qu'au moment venu, s'ils se voyaient dans l'impossibilité de faire régner Bonaparte, il leur resterait le duc d'Orléans à défaut de Monsieur et de ses fils. Voici à ce sujet ce que je peux raconter :

M. le marquis d'Osmond, ambassadeur de France à la cour d'Angleterre, disaient les royalistes, d'ailleurs très bien instruits, rendait compte des manœuvres mises en jeu à Londres pour faire partir de la Delaware (fleuve des Etats-Unis d'Amérique) une expédition de bonapartistes que l'on dirigerait sur Sainte-Hélène, afin d'enlever Napoléon. M. de Brivasac donnait connaissance à son chef des mêmes faits, et il avait ordre d'expédier ses dépêches de manière à ce qu'elles parvinssent au ministre de la police vingt-quatre heures avant celles de M. d'Osmond au ministre des affaires étrangères.

Aussitôt que la correspondance de M. Decazes était arrivée, il la refaisait à sa guise, et allait chez le roi pour lui apprendre que les bonapartistes, intriguant au-delà des mers, loin d'être redoutables, n'étaient que ses propres agens; que ses espions provocateurs qui, sans se remuer, bien qu'ils parussent agir dans le sens de Napoléon, ne servaient qu'à ruiner et à lasser les bonapartistes confians et crédules.

Que se passait-il réellement? Le voici, et je le rapporte sur des actes authentiques, en ce moment sous mes yeux, dont j'extrais ces révélations importantes.

En 1818, un officier français, nommé Latapie, exilé de France, avait fait construire avec les fonds d'un comité bonapartiste et sur la Delaware, des navires dont les mâts se démontaient et se couchaient facilement sur les ponts et dans lesquels il avait embarqué des canons à fond de cale, de manière que ces bâtimens d'une forme nouvelle pouvaient arriver sans être aperçus dans les eaux de Sainte-Hélène.

Diverses intrigues, des achats d'armes et de navires oisifs dans nos ports, des essais de mécaniques extraordinaires pour faire franchir à un homme une distance énorme sans péril, avaient eu lieu jusque dans les tours de Notre-Dame et du haut de celle de Saint-Jacques de Paris. Ces manœuvres étaient signalées au roi par le duc de Richelieu et M. Lainé, le premier ministre des affaires étrangères, le second de l'intérieur; mais Louis XVIII, prévenu par M. Decazes, répondait à ce que la prudence lui révélait: *Je sais tout, il n'y a rien de dangereux.*

Les choses en vinrent au point qu'un envoyé de M. Decazes dans les Pays-Bas, ayant mis la main sur un mémoire dont un officier français et banni, le sieur Verniolles, était porteur, y vit un plan pour faire insurger l'île de Sainte-Hélène contre Hudson Lowe. Cet homme, heureux de sa découverte, l'envoya au ministre de la police qui lui fit répondre de ne plus remettre les pieds en France, sous peine d'y mourir vieux dans un cachot. On lui promettait, au contraire, dans le cas où sa docilité répondrait aux ordres qui lui étaient transmis, de lui servir une rente de six mille francs. Ce misérable, depuis la chute de M. Decazes, est venu se plaindre à Paris.

L'entreprise d'insurrection paraissait plus que téméraire, je veux dire ridicule, et cependant le succès en était probable, si l'on devait s'en rap-rapporter au mémoire, en raison de diverses causes secondes qui toutes réunies concouraient à sa réussite. Dès que M. Decazes eut médité sur cette pièce importante, la peur le saisit. En supposant en effet que son agent eût commis quelque indiscrétion relative à l'existence et à la découverte de ce document, la justification de la police n'était pas facile dans cette conjoncture; M. Decazes, quoique très à regret, se résolut à présenter au roi ledit mémoire.

Un autre eût dit la vérité; M. Decazes ne pouvait aborder franchement quoi que ce fût. Voici la fable qu'il conta au roi : Il dit que ce factum sortait de ses bureaux, où, sur son ordre, on l'avait composé, et qu'il l'avait envoyé à Bruxelles pour y déterminer fixement la catégorie des bonapartistes tranquilles et celle des incorrigibles de ce parti.

Louis XVIII, encore cette fois, fut dupe de la fourberie de son favori; et, en résultat, si l'enlèvement de Napoléon ne fut pas effectué, le roi n'en fut redevable qu'à la présence de M. Hyde de Neuville aux États-Unis.

Il était notre ambassadeur auprès des Anglo-Américains, et sans le concours des mesures prudentes et fermes que prit le ministère anglais, le projet eût pu être entrepris avec sécurité. M. Decazes eût tenu seul le secret de cette expédition; elle eût été tentée, et, selon toute apparence, avec succès.

M. Decazes voulait-il donc le retour de Napoléon? Non, mais il voulait, se servant du nom de l'empereur comme d'un moyen, effrayer sur ce retour les puissances européennes et les faire consentir au remplacement de la branche aînée de Bourbon par la branche cadette, seul moyen de rendre impossible, en le rendant inefficace, le retour de Bonaparte.

Tandis que ces choses se tramaient, M. Decazes, qui devait compter comme son premier bienfaiteur le duc de Richelieu, employait son habileté et toutes les ressources que la police lui fournissait à perdre le chef du conseil dans l'esprit du roi. Enfin il y parvint; le duc de Richelieu, indigné de ces trames souterraines, se refusa plus long-temps à lutter contre la trahison. Il quitta le ministère qui fut recomposé. M. Decazes fut alors nommé au ministère de l'intérieur et bientôt devint président du conseil.

Dès son entrée à l'intérieur, il se hâta de destituer les fonctionnaires royalistes. Il les remplaça par des hommes ou bonapartistes ou orléanistes. Il prit pour secrétaire général le protestant Guizot qui fit une guerre à mort à tout fonctionnaire connu par sa piété royaliste. Au renouvellement des maires, on rappela des vieux jacobins à la tête des communes; les régicides relaps, dont le crime second était sans excuse, rentrèrent tout aussitôt que le comte de Serres eut dit qu'ils ne rentreraient jamais.

Il est impossible de ne pas voir dans le concours de tous ces faits la signification la plus complète des secrètes intentions, aujourd'hui réalisées, de M. Decazes. Comme il n'avait plus de bienfaits à recevoir du roi, de qui la générosité envers son favori avait dépassé toutes bornes, le comte Decazes spéculait sur une trahison future qu'il se rendait facile en s'entourant de traîtres de son espèce.

On rouvrit la chambre des Pairs à tous ceux qui, au scandale de l'Europe, ayant reçu en 1814 leur titre de pair de Louis XVIII, avaient consenti à siéger pendant les Cent-Jours dans les rangs de la pairie usurpatrice. On appela de tous côtés les comédiens de quinze ans dans la chambre des Députés. On vit dans toutes les charges des républicains, des bonapartistes, des orléanistes, des doctrinaires, des indifférens, mais pas de royalistes.

Afin de mortifier Monsieur, le comte Decazes acheta du prince de Talleyrand, qui, par avarice, se prêta à cette petite infamie, les mémoires orduriers du dernier duc de Lauzun, misérable qui, après avoir vécu dans la débauche, l'inceste et l'adultère, trahit lâchement son Dieu, son roi, fit massacrer les Vendéens et enfin fut puni par la république du crime qu'il avait commis en la servant. M. Decazes espérait augmenter encore son importance par le scandale de cette publication, mais son espoir fut trompé, et il ne lui en revint que du blâme, du déshonneur et de la honte.

Mais sa puissance s'affermissait, cet autre Aman ne présageait sa chute que de celle du ciel. Les flatteurs l'encensaient en manière d'idole; il ne ressentait qu'avec plus d'amertume la supériorité vertueuse des royalistes. La renommée de M. de Villèle lui était surtout insupportable ; celui-ci devenait son cauchemar de toutes les heures. M. Decazes pressentant les capacités d'un tel ennemi, n'attendait pas qu'elles éclatassent pour leur faire la guerre. Déjà, à l'instigation du ministre, M. de Villèle avait été écarté de la mairie de Toulouse; en un mot, M. Decazes cherchait par tous les moyens à perdre M. de Villèle, lorsqu'un événement affreux vint, par sa terrible et écrasante responsabilité, ajouter à tous les chefs d'accusation qui pesaient sur le comte-duc et le contraindre à disparaître. Car, suivant l'expression sublime de M. Clausel de Coussergues : *le pied lui glissa dans le sang.*

Mais avant d'arriver à l'affreuse catastrophe qui signala la chute du ministre de l'intérieur, montrons-le ennemi de la liberté individuelle par la loi du 29 octobre 1815. Cette loi soumettait chaque citoyen à la rigueur de lettres de cachet que trois ministres signeraient. Ajoutons qu'il fut aussi l'exécuteur de celle du 18 janvier 1816, destinée à tuer radicalement la presse et qui fit peser sur la France une odieuse tyrannie en y établissant le beau idéal de la censure.

Le 15 février 1820, jour de déplorable mémoire, pendant l'ivresse et la folie du lundi gras, S. A. R. monseigneur le duc de Berry, à la sortie de l'Opéra, vers onze heures du soir, fut traîtreusement assassiné par le nommé Louvel. Un voile noir a couvert les préliminaires de ce crime; les instigateurs ne sont pas connus..... Eh bien! je les connais, et un jour je les ferai connaitre.

Tous les documens relatifs à cette malheureuse affaire ont passé sous mes yeux; je les avais réunis dans une case séparée, lorsqu'en 1830, les bureaux de la préfecture de police furent pillés, ce fut cette case qu'on dépouilla la première. Tout ce qui se rattachait à l'affaire Louvel disparut donc. La première qui, à la révolution de 1830 a été dévalisée, c'est celle-là, tout a disparu, tout, hors ce que, par hasard, j'en avais détourné moi-même et mis à l'écart. *Que les coupables tremblent, ils seront démasqués!*

Le fils de France, qui seul pouvait fournir des rejetons à cette souche auguste, avait été tellement abandonné par la police que l'instinct des royalistes les porta sur-le-champ à accuser M. Decazes du meurtre de ce prince infortuné. Des papiers, dont Louvel était muni, disparurent dès que les comtes Anglès et Decazes eurent approché le meurtrier.

Accusé par l'éloquent Clausel de Coussergues, défendu par les phrases du comte de Saint-Aulaire, M. Decazes perdit son procès devant la France dont le cri universel le chassa du ministère. En vain, pour s'y cramponner, le lendemain du crime, il porta aux chambres assemblées un projet de loi dont les diverses dispositions faisaient descendre les Français au rang des esclaves; mais que lui importait leur liberté, c'était le pouvoir et la fortune qu'il tenait à conserver. Ce sacrifice odieux, si indignement égoïste, ne fit que le déconsidérer complétement. MONSIEUR déclara au roi *que, comme père, il ne pourrait plus revoir M. Decazes.* Madame la duchesse d'Angoulême témoigna la même répugnance comme sœur, et la voix de la France entière parla au roi plus haut encore.

Il fallut céder à cette manifestation de l'esprit public; le favori, torturé de désespoir et de rage, à défaut de remords, se retira comblé des faveurs de son maître. Duc et pair, on lui promit de plus l'ordre du Saint-Esprit à la première promotion et ensuite l'ambassade d'Angleterre. Mais tout cela ne le pouvait consoler de l'irrémissible perte de son omnipotence. J'oubliais parmi les grâces royales le titre de ministre d'Etat et, en 1823, le don d'une somme de neuf cent mille francs qui fut accordée à M. Decazes pour payer ses dettes contractées, disait-il, pendant son ministère. On sait, en outre, que Louis XVIII prodigua ses grâces et ses dons à madame Prinsteau, sœur du duc Decazes.

La police, sous ce ministre, ne se releva pas du mépris où elle était tombée pendant les dernières années de l'empire. On lui a reproché et avec raison d'avoir fait un usage criminel d'agens provocateurs, et d'avoir prodigué de sots moyens pour produire des événemens singuliers, tel que la prétendue tentative d'assassinat sur la personne de Wellington et les conspirations des sociétés secrètes si ridiculement imaginées. Les tribunaux furent saisis de plusieurs affaires où l'intervention flagrante des hommes de la police fut reconnue et prouvée comme dans celle de Milliar. Cet ancien officier de l'armée impériale revenait du *Champ-d'Asile* (1); il était mécontent, et par conséquent rien n'était plus facile que de lui tendre un piége où il était

---

(1) Ce *Champ-d'Asile* fut une des cent mystifications libérales dont le comité-directeur se servit pour escroquer de l'argent aux dupes. Je fus du nombre. On toucha cinq ou six cent mille francs : on en donna trente ou quarante mille aux commis-voyageurs chargés de la perception de cet impôt levé sur la crédulité publique : le reste alla grossir la boîte à Perrette.

(*Note de l'Auteur.*)

impossible que ce malheureux homme ne tombât pas.

Deux agens, Clignard et Vauverlin, furent employés sans succès, car la police ne recueillit que de la honte et du mépris de cette odieuse manœuvre. On connaît encore les pluies d'argent, les premiers piqueurs et cette série de contes de l'autre monde dont on amusa la badauderie parisienne. Ce fut sous le ministère de M. Decazes, mais non par ses soins, que fut instituée la *Société royale pour l'amélioration des prisons*. Il en présenta le plan au roi dans un rapport du 9 avril 1819.

Le duc Decazes se rendit à Londres; il n'y eut que du désagrément. La société de la cour n'admet que la noblesse pure; elle a horreur des parvenus. D'ailleurs, on savait le ministre en disgrâce; il en résulta des avanies sourdes, des passe-droits affligeans, des plaisanteries sur les grandes manières de Son Excellence; bref, il y déconsidéra la France.

Rappelé plus tard, lorsqu'un système, entièrement opposé au sien, eut prévalu, ne pouvant gagner les bonnes grâces de Charles X, il se rapprocha du duc d'Orléans et du parti libéral pour lequel il travailla. Aussi, dès la révolution de 1830, il a fait volte-face. Je présume qu'à la longue, il sera récompensé par le roi des Français des services qu'il n'a cessé de lui rendre.

Qu'on ne m'accuse pas de sévérité dans la biographie de M. Decazes. Loin d'avoir outré les choses, j'ai été indulgent ; il le sait bien, et je suis persuadé qu'il ne me mettra pas en demeure de lui prouver comment j'aurais pu l'être beaucoup moins.

CHAPITRE LXX.

Anecdotes diverses. — Les tablettes de M. Pasquier. — Le duc d'Orléans rentre en France. — Est remis en possession de ses apanages. — Courtise MM. Lafayette et Benjamin Constant. — Mot du général Dubourg. — Louis XVIII en famille. — La crémaillère chez une altesse. — Un triumvirat dans une cassette. — Madame et l'hospitalière. — Comment on devient régicide. — Remords et pardon.

Avant de présenter la succession des directeurs généraux de police qui remplacèrent les ministres investis de ce portefeuille, avant aussi de faire la biographie des préfets de police postérieurs à M. Anglès, je crois devoir offrir au lecteur, afin de varier la matière, une série d'anecdotes propres à le distraire et à l'intéresser. Elles se rattachent toutes à mon sujet; elles présenteront des révélations très importantes. Je mettrai au rebut certains faits trop connus : j'en dirai les causes. Je m'attacherai surtout à en relever la véracité par tous les moyens qui sont au pouvoir de l'historien. J'aurai, je pense, ainsi rempli l'attente du lecteur.

La Restauration imprima une physionomie nouvelle à la police française. Jamais pareil changement d'aspect n'eut lieu et plus rapidement. En un clin-d'œil, les suspects, les prisonniers changèrent de rôle avec ceux qui les tenaient aux fers ou en surveillance, et ceux-là à leur tour supportèrent instantanément la rigueur des lois qu'ils avaient si étroitement fait exécuter. Cependant, il faut le dire, la Restauration, à sa première venue, se montra généreuse, se contentant de rompre les chaînes que portaient ses amis, sans d'abord peser sur ceux qui lui étaient contraires.

Néanmoins la commotion fut terrible; trop de personnes se trouvaient compromises pour qu'il en fût autrement. Mais dans cette crise on doit surtout rendre justice à M. Pasquier. Se méfiant du parti vainqueur, il employa les dernières heures de son administration à faire disparaître des dossiers tous les noms des agens secrets flétris du titre d'espion, et qui se rattachaient à des personnes appelées par le coup des circonstances à faire partie de la nouvelle cour.

Ce travail pénible et consciencieux valut au baron Pasquier la faveur dont il a joui pendant le règne de Louis XVIII. Ce monarque, à son arrivée, ayant accordé une audience secrète au préfet de police impérial, cet administrateur habile, tirant de dessous son habit un petit volume doré sur tranche magnifiquement relié, le lui offrit, en lui disant que « le roi trouverait dans ces tablettes les noms, qualités, demeures, et les renseignemens relatifs à tous les hommes et femmes de tous rangs, depuis 1790 jusqu'à ce jour, qui avaient eu des relations avec la police; qu'il prévenait le roi que, par amour de la paix et par haine du scandale, il avait détruit toute autre preuve de cette affinité; que le roi seul serait dépositaire de ce document précieux dont il ne s'était pas réservé une copie. »

Sa Majesté sentit le prix d'un tel cadeau dans la circonstance actuelle; il comprit combien il devait être intéressé, à l'heure des récompenses, à savoir de point en point qui au fond avait été fidèle, qui avait souvent trahi. On croit que c'est de cet arsenal que sortirent certaines répugnances de ce monarque; on peut dire que si, comme renseignement politique, ce livre était précieux, il était aussi bien désespérant pour l'homme à qui toutes déloyautés étant connues, pas un ami peut-être ne restait, si tant est que les rois aient des amis, et si d'ailleurs le livre était exempt de mensonge : nous devons le croire pour l'honneur de M. Pasquier, qui probablement ne s'était pas inscrit lui-même dans la légende.

De là naquirent les tribulations de F... B..., du comte de B... B..., du chevalier de F..., du chevalier d'A..., du Nismois F..., du comte de F..., et d'une multitude d'autres qui ont jeté les hauts cris, se sont plaints amèrement, ont même fait des procès au roi, sans pour cela se raccommoder ni avec Sa Majesté, ni avec l'opinion publique.

D'une autre part, M. P.... avait conservé au fond de certain dossier une douzaine de noms, moitié de vieux courtisans, moitié de dames de l'ancien régime. Les uns et les autres, soit par frayeur au temps de la Convention et du Directoire, ou par entraînement à l'époque napoléonienne, s'étaient déterminés à raconter à la police parisienne ce que leur confiait le grand comité royaliste, ou ce qui leur venait directement d'Hartwell. Assurément ceux-là, appelés par leur position sociale à jouer un grand rôle à la nouvelle cour, en eussent tous été repoussés à jamais si le roi eût su qu'ils l'avaient trahi. Ils étaient mal à leur aise; ils avaient déjà fait parler à Savary, qui avait répondu évasivement, car il n'avait rien trouvé dans les cartons. Mais combien leur joie fut grande, lorsque M. P..., dans une entrevue, leur déclara que le gouvernement nouveau ignorait leurs espiègleries; que le roi non plus n'en avait aucune connaissance, et que lui seul, M. P..., possédait leurs correspondances; que son intention n'était aucunement de s'en servir pour les compromettre; qu'il les gardait néanmoins, mais dans le seul but de les stimuler à le servir. Ces messieurs, charmés de cet éclaircissement, cessèrent de trembler; et l'on a vu par quelle élévation rapide M. P... fut récompensé de son adresse et de sa discrétion.

M. P... employait vis-à-vis de ses amis un moyen de vaudeville, qui, pour être d'une vulgarité désespérante, n'en est pas moins souverainement héroïque. Nous ne le recommandons à personne, mais nous le signalons à tout le monde.

Lorsque les Bourbons rentrèrent en France, ils avaient oublié le duc d'Orléans; mais ce prince, qui ne s'oublie pas lui-même, partit, comme on sait, à la première nouvelle qui lui arriva, débarqua à Marseille, emprunta un habit de général de division, pour passer une revue des troupes, qu'il ordonna, puis fut en faire autant à Lyon, se faisant rendre à chaque lieu les honneurs qui lui étaient dus. Il arriva ainsi à Meaux ou à Melun. Là, il s'arrêta et signala sa présence par une lettre qu'il écrivit à Louis XVIII.

Le roi se divertit beaucoup de son inadvertance, et il accorda sur-le-champ au prince la faveur de revenir à la cour; en même temps, il le remit en possession de tous ses apanages : chose qu'il aurait pu ne pas faire, car la nation ayant payé, d'une part, les dettes d'Egalité, et, de l'autre, détruit les apanages, le prince, loyalement, n'avait rien à réclamer.

Ce fut donc la nation qui dota de nouveau M. le duc d'Orléans, et Sa Majesté qui permit à la nation de le faire. Ce ne devait pas être la dernière dotation que la nation avait à faire à la famille d'Orléans.

Le duc d'Orléans s'était logé cette fois à l'hôtel Grange-Batelière, où ses anciens amis allèrent le voir; il leur confia qu'il ne faisait que toucher barre à Paris, qu'il allait en toute hâte en Angleterre solliciter du prince-régent la déchéance de Murat et la restauration à Naples des Bourbons de Sicile.

La première audience que Son Altesse Sérénissime obtint de Louis XVIII fut très courte. Un mot, que le prince dit touchant le passé, fut étouffé par un geste amical; un accueil pareil eut lieu chez les autres princes, lorsque le duc d'Orléans les vit. Il fut moins heureux chez madame la duchesse d'Angoulême, qui démentait, par sa vive rougeur et l'éclat de ses yeux, les paroles bienveillantes que sa bonté prêtait à sa bouche.

Le prince-régent ne laissa pas ignorer au duc d'Orléans que Murat resterait roi de Naples. Les puissances européennes voulaient maintenir les traités. Vainement Son Altesse Sérénissime essaya de changer ces dispositions en déblatérant contre la famille de Bonaparte. Ce fut impossible; le duc d'Orléans dut s'en revenir à Paris sans avoir réussi. Alors il s'en dédommagea en songeant à ses affaires. Le prince est le premier qui ait inquiété les propriétaires des biens nationaux. Il commença par attaquer le sieur Julien, propriétaire de la salle du Théâtre-Français. On sait comment se termina cette affaire, où, sans plus s'embarrasser du principe révolutionnaire, le duc d'Orléans ne vit que son droit et le maintint dans toute sa rigueur.

Le marquis de Lafayette, étant chez lui, reçut la visite de M. Peyre, homme d'esprit, de conduite parfaite, et depuis long-temps attaché à la maison d'Orléans. M. Peyre exprima au marquis combien Son Altesse Sérénissime serait charmée de le voir; il ajouta que les opinions du duc n'avaient pas changé, et assura M. de Lafayette qu'il retrouvait le duc d'Orléans ce qu'il avait laissé en 1792 le duc de Chartres.

M. de Lafayette, charmé de recevoir cette assurance, s'en alla conter à M. Laffitte ce qui venait de lui être dit.

—Eh! monsieur, je peux vous rendre la pareille; M. de P... est venu, de la part du même prince, me témoigner son désir de bien vivre avec moi. Cette faveur m'honore, et je brûle de prouver à Son Altesse Royale ma reconnaissance de son bon procédé.

A peu de jours de là, ces deux messieurs, avec Benjamin Constant, M. Guizot, alors appelé le *petit Guizot*, bien qu'il fût déjà secrétaire de l'abbé de Montesquiou-Fezensac, ministre de l'intérieur, plusieurs généraux, parmi les bonapartistes, se trouvaient réunis chez le duc d'Orléans. Ils eurent la satisfaction d'entendre le maître du logis exprimer ses regrets de n'avoir pu servir au temps des faits brillans de notre dernière histoire militaire. Le général Dubourg, à qui le propos revint, s'écria :

—Morbleu! si j'eusse été là, je lui aurais demandé pourquoi, en Espagne, il avait tant sollicité pour porter les armes contre la France. Puis, il donna des détails sur cette partie, d'ailleurs si honorable, de la vie militaire de M. le duc d'Orléans.

Ce propos aurait dû se perdre; il y a des gens qui ne perdent rien. M. de Cal.... le rapporta tout chaud à qui il intéressait. Aussi lorsque le général Dubourg, en 1830, avec sa franchise austère digne des temps antiques, eut donné une leçon sage aux personnages en visite à l'Hôtel-de-Ville, le souvenir du premier propos aggrava l'amertume du second.

Louis XVIII avait sa police particulière, dont M. le vicomte Félix de Vandenesse (1) était un des chefs secrets. Celui-là venait souvent au Palais-Royal en 1814; il était vu avec plaisir, le prince ne le soupçonnant pas si avant dans les confidences royales; ce fut par son rapport que Sa Majesté eut la première connaissance des intimités de son auguste neveu. Ceci lui mit martel en tête; et le même jour, après le dîner, la famille réunie (elle se composait alors de Mon-

---

(1) C'est le même personnage que M. de Balzac a cru devoir prendre pour faire le héros de son roman intitulé : *le Lys dans la Vallée*. Ce romancier mêle ainsi agréablement la fiction à l'histoire. M. de Vandenesse était un espion, M. de Balzac en a fait un Werther à la glace.

sieur, des deux princes ses fils et de S. A. Madame duchesse d'Angoulême) Louis XVIII se mit à dire :

— Il se passe des choses qui me déplaisent ; M. le duc d'Orléans donne à dîner ; il a pendu hier la crémaillère, et devinez les convives ?

Les interpellés passèrent en revue l'ancienne cour, à chaque nom un geste négatif du roi rendait le cas plus difficile.

— Eh bien ! dit en riant amèrement le vieux monarque, *vous jetez*, n'est-ce pas, *votre langue aux chiens ?*

— Oui, sire.

— Notre cousin rentre comme il est parti. Il en est encore au marquis de Lafayette.

— Lafayette ! s'écria Madame, il aurait dîné chez le duc d'Orléans !

— Et à la première place, flanqué à la gauche du protestant Guizot et à la droite du sieur Laffitte, dont la seule religion connue est l'argent ; les autres convives étaient les généraux Excelmans, Vandamme, Valence, de Pully, et pour compléter si belle compagnie le Suisse Benjamin Constant. Ce dernier encore passe, ajouta le roi, il s'est fait honnête homme, et il hait sincèrement Buonaparte. Mais que va-t-il faire dans cette galère ?

Il fut résolu que le roi avertirait le prince du méchant effet produit par ce premier choix de convives. En effet, le lendemain le duc d'Orléans étant monté au château, et le roi sachant qu'on ne l'interromprait point, se voyant seul avec le visiteur, lui dit :

— Mon cousin, lorsque vous êtes venu me trouver à Mittau quelle promesse m'avez-vous engagée?

— Eh! sire, celle de prouver à jamais ma reconnaissance à Votre Majesté du pardon généreux qu'elle m'a accordé.

— Pensez-vous que je voie avec plaisir la scission que dès votre entrée en France vous semblez établir entre mon palais et votre maison, entre ma cour et votre société? D'où vient qu'on rencontre chez vous des hommes qu'on ne verra jamais chez les autres princes et que les noms les moins purs des excès révolutionnaires soient ceux-là précisément auxquels vous réservez toutes vos gracieusetés? Quoi! parmi vos compagnons d'infortune et les nôtres n'avez-vous pu trouver mieux, pour remplir votre salle à manger, que le marquis de Lafayette, les comtes Excelmans et Vandamme, le petit Guizot et le banquier Laffitte? Mon cousin, je crains que vous ne preniez une mauvaise route. J'ai fait pour vous ce que mon cœur plutôt que ma raison me conseillait de faire, je vous ai rendu ce que peut-être je n'aurais pas dû vous rendre. Mais de par Dieu! mon cousin, ne me contraignez pas à regretter de vous avoir laissé rentrer en France. On m'a plaint d'y avoir consenti, j'avais votre promesse, et j'ai foi en la parole de ceux de notre maison.

Le duc se récria que lui aussi demeurerait éternellement fidèle, qu'aucune pensée présomptueuse ne le ferait dévier; il alla jusqu'à dire qu'avant de forligner il se ferait écarteler. Il s'engagea solennellement à ne recevoir que bonne compagnie. Mais, dès le lendemain, il continua le même train de vie.

Vers le mois de janvier 1817, une jeune fille, dans un état d'agitation extrême, vint à la préfecture de police; elle demanda à parler à un chef de bureau, et on l'adressa à M. B..., à qui elle confia qu'un jeune homme, qu'autrefois elle voyait beaucoup et qui avait cessé de venir chez elle, lui avait confié une cassette contenant des papiers qu'elle croyait devoir être politiques; elle demanda une somme absurde, cent mille francs pour livrer cette cassette. On lui promit cet argent, mais elle n'était pas à trois cents pas de l'hôtel de la préfecture de police que, la devançant, des limiers fouillaient son domicile. Les recherches furent vaines, on ne trouva rien, la rusée personne ayant mis sans doute les documens en lieu de sûreté. La chose contée plus haut, on querella le préfet de police de ce manque de bonne foi, et on lui ordonna de traiter avec la demoiselle. Celle-ci, furieuse du premier tour et méfiante à bon droit, se tint opiniâtrément à sa première proposition.

A cette époque, le gouvernement royal, mu par les anciennes maximes, faisait litière d'argent quand il s'agissait d'acheter un secret, un manuscrit ou toute autre pièce se rattachant à une personne de la famille de Louis XVIII. Aussi, comme on éprouvait un vif désir de posséder la cassette mystérieuse, quatre-vingt mille francs furent offerts à la demoiselle; elle réduisit ses prétentions à cette modeste somme. Les quatre-vingt mille francs lui furent comptés, et elle livra la cassette.

Les papiers renfermés dans le coffre en bois de rose furent curieusement et soigneusement vérifiés. Ils se composaient d'une multitude de lettres provenant de la correspondance de trois hommes fort considérables et de leurs affidés. Déja l'affaire de Didier manquée l'année dernière avait épouvanté le trio conspirateur. On avait choisi pour dépositaire des archives de la conspiration un jeune homme dont on connaissait la belle âme et qu'entraînait un amour ardent de la république. Simple commis, pour la forme, chez M. L....., il était réellement le secrétaire intime des triumvirs.

La France devait être gouvernée par trois consuls; l'un, et c'était le plus illustre des trois, aurait la présidence avec l'administration intérieure, les relations étrangères ; le second, M. de Lafayette, en commandant toutes les gardes nationales et les armées, opposerait un contrepoids suffisant à toute autre ambition ; enfin, M. L......., le troisième, aurait le maniement des finances, le commerce, l'industrie, les colonies, les ponts-et-chaussées, et puis venaient une foule de nominations secondaires.

Ne voit-on pas clairement aujourd'hui comment, de longue main, des faits actuellement en partie réalisés, vivaient dans le coupable espoir des traîtres qui, comme il arrive toujours, ne devaient trahir leur souverain que pour se trahir entre eux? Que sont devenus les second et troisième consuls? l'un est mort, l'autre est quasi ruiné. Le premier consul est dictateur.

Dès ce moment commença la même marche qu'il fallut suivre jusqu'à 1830, dans chaque conspiration ourdie par le parti libéral, car toutes ne doivent pas lui être attribuées. On a toujours trouvé, en remontant à la source, la trinité que je viens de signaler; non que peut-être ces trois personnes fussent elles-mêmes coupables directement, mais parce que leurs amis et leurs alentours nombreux espéraient qu'elles les mettraient à la tête du mouvement à l'heure où il n'y aurait plus à reculer. C'est ce que nous avons vu en 1830. Certainement le duc d'Orléans ne voulait pas la couronne. Sa fidélité la lui montrait odieuse; mais enfin, à la vue de l'anarchie sanglante prête à nous envahir, Curtius nouveau, ce grand prince n'a point hésité à se jeter dans le gouffre béant de la royauté, dont il avait eu soin pourtant de matelasser confortablement la rugueuse paroi. C'est ainsi qu'il a apaisé les dieux infernaux, c'est ainsi qu'il s'est commodément installé au fond de l'abîme devenu par son industrie le plus agréable lieu de ce monde.

Ce qu'il y a de certain, c'est que je tiens de deux ministres de la Restauration qu'à toutes les époques des conspirations connues ou gardées secrètes, lorsqu'on cherchait à creuser jusqu'au tuf, on finissait par arriver aux amis les plus chauds, aux serviteurs les mieux dévoués, aux créatures accomplies du duc d'Orléans, du marquis de Lafayette et du banquier Laffitte, grand'croix de l'ordre de Charles III.

Cette famille royale, que l'on poursuivait déjà

avec une véhémence véritablement endiablée, avait d'abord essayé de plaire à tout le monde. On lui en voulut de sa rigueur en 1816, il me semble que 1815 l'excusait assez. Voyez si lors des événemens du cloître Saint-Merry, on a eu pitié des vainqueurs des trois journées ; certes le sang a coulé et par ruisseaux, et aussi noble sans doute que celui versé en 1815 et l'année suivante. Mais je ne veux pas faire de la politique, elle serait de telle sorte que le lecteur courrait risque de ne pouvoir lire ce volume.

Madame la Dauphine a poussé la charité aussi loin qu'il est possible de le faire ; on ne tarirait jamais si on s'attachait à raconter les actes sans nombre de sa bienfaisance si active. En voici un trait peu connu, et qui se rattache également à une de ses dames du palais.

Mademoiselle Pauline de Laroche-Aymond était née pour ainsi dire à côté et en même temps que Madame Royale. Sa mère, étant dame du palais de la reine, lui avait facilité une intimité qui rendit mademoiselle de Laroche-Aymond le désolé témoin des lamentables et terribles journées du 20 juin et 10 août 1792. Séparée à ce moment horrible de son auguste amie, mademoiselle de Laroche-Aymond ne cessa de la pleurer ; plus tard, elle épousa le comte de Goyon, officier aux gardes-françaises, qui, pour la même malheureuse et sainte cause, avait combattu au 10 août dans ce château tant pollué par l'usurpation. Le comte de Goyon émigra, revint. Napoléon le connut, l'apprécia. Nommé auditeur au conseil d'état, préfet tour à tour de l'Aveyron et de la Méditerranée, il rentra en France en 1814, et continua sa brillante carrière. C'est un homme de la vieille roche, noble par ses vertus, non moins que par sa haute naissance. Excellent administrateur, financier habile, sa probité est à la hauteur de son esprit. Ferme, sévère, humain, loyal, il est rentré en 1830 dans la vie privée. Il y a des cœurs qui ne savent pas capituler avec leur conscience.

Sa femme, mademoiselle Pauline de Laroche-Aymond, bonne, douce, pieuse, bienveillante, possédait toutes les qualités de l'épouse et de la mère. En 1814, madame la duchesse d'Angoulême, charmée de la revoir, ne voulut plus se séparer d'elle et se l'attacha en qualité de dame du palais, fonction que la comtesse de Goyon a remplie jusqu'au jour de sa mort, trop promptement arrivée pour sa famille, ses amis nombreux et les pauvres.

La comtesse de Goyon était donc de service, lorsqu'une sœur de la charité, née à Toulouse, mademoiselle H..., vint la trouver et lui apprit que, dans une maison de la rue de la Vannerie, demeuraient une femme et un homme, non seulement des plus pauvres, mais des plus attaqués tous les deux par une maladie qui ne laissait aucun espoir. Ces deux êtres offraient le contraste des sentimens les plus opposés; autant, dans leur commune misère, le mari semblait résigné sous la main de Dieu, dont il attendait sa délivrance, autant la femme, par ses imprécations et ses cris de douleur, semblait repousser l'espoir que le ciel place dans les cœurs souffrans et abandonnés. Avant qu'on les lui eût offerts, elle s'était écriée qu'elle ne voulait point des secours de la religion : elle paraissait à demi folle.

—Cela sans doute est fort déplorable, repartit madame de Goyon, qui, voyant la bonne sainte fille prendre haleine, s'imaginait qu'elle avait fini ; mais que puis-je y faire ?

—Oh! rien assurément, madame la comtesse; mais voilà une créature en danger de perdre son âme; et le mari croit que si S. A. R. madame la duchesse d'Angoulême consentait à venir l'exhorter, elle la ramènerait au giron de l'église et à de saines idées. Ce pauvre homme! lui aussi, quoique singulièrement patient dans son affliction, semble cacher quelque remords secret qui le ronge, et il paraît craindre, autant que le désirer, un acte de condescendance de Son Altesse Royale.

Je sens combien ce que je viens solliciter est extraordinaire, à quel point s'y opposent les règles de l'étiquette; mais il s'agissait du salut d'une âme chrétienne, je n'ai pas hésité, je suis venue, et non sans grande espérance de réussir; je sais que la princesse est si parfaite.

Ce fut la connaissance approfondie de la mansuétude, de la piété si ferme, si vive, si vraie, si au-dessus des faiblesses humaines de Son Altesse Royale, qui détermina la comtesse de Goyon-Dubois à produire une telle requête à sa noble maîtresse, et enfin à lui présenter la vénérable fille de saint Vincent de Paule. Madame la dauphine (aujourd'hui) aime les sœurs de la charité; elle sent pour elles ce respect, cette affection profonde que les religieuses de cet ordre inspirent à toute âme bien née et mue de sentimens d'honneur. Elle sait que rien n'est comparable à leur pureté angélique, à leur dévouement surnaturel, à leur abaissement sublime, à ce sacrifice de leur jeunesse et souvent de leur beauté, qui, pour une femme, est le triomphe le plus éclatant de l'amour de Dieu sur l'amour du monde. Aucune de ces saintes filles ne s'adresse jamais en vain à MADAME.

Madame la dauphine ne résista pas au plaisir de recevoir une sœur de la charité. Celle-ci, belle et modeste, présenta sa requête, après s'être humiliée, malgré les efforts de la princesse.

Un courtisan, à l'air de la physionomie de Son Altesse Royale, aurait deviné que la chose ne lui était pas agréable ; mais la mère des pauvres ne voyait dans cette occurrence que du bien à faire, et elle insista sur le péril qu'il y avait à laisser perdre deux âmes. La princesse se mit à réfléchir, puis, après un assez long débat avec elle-même, répondit que dès lors que sa présence pourrait seule déterminer cette femme malheureuse à rentrer au giron de l'église, elle se ferait un cas de conscience de ne pas céder à cette considération ; qu'en conséquence elle allait partir sur-le-champ, et que la sœur de saint Vincent la conduirait.

D'après la volonté intimée de Son Altesse Royale une voiture sans armoiries, des gens sans livrée parurent au bas du perron ; la duchesse d'Angoulême, la comtesse de Goyon et la sœur hospitalière partirent ensemble, et le cocher ayant reçu le mot, prenant par les quais, arriva dans la modeste rue de la Vannerie, et s'arrêta devant le numéro qu'on lui avait désigné. Ces dames étant descendues de voiture, la princesse et madame de Goyon, sous la conduite de l'humble fille de saint Vincent, s'aventurèrent dans une allée noire, étroite, humide, exhalant de toutes parts de fétides émanations ; au bout de cette allée, montait un escalier à vis, étroit, glissant, éclairé par le faux jour d'une cour prétendue, véritable entonnoir de six pieds carrés et élevé de sept étages. Ces dames franchirent les degrés ; au troisième on s'arrêta, et l'introductrice ayant sonné, on vint ouvrir. La personne qui se présenta était une fille d'environ quinze ans, pâle, faible, mince, et a demi voûtée, comme arrêtée par la misère dans le développement de son chétif individu; ses yeux grands mais battus, ses joues blanches mais sans fraîcheur, ses traits assez beaux mais flétris, attestaient la dévastation opérée sur ce jeune visage par les privations de toute espèce et particulièrement par la faim. Les vêtemens en non moins mauvais état que le corps qu'ils recouvraient achevaient d'apprendre l'histoire de cette jeune fille et de ses parens; au demeurant, l'air mélancoliquement résigné de cette pauvre enfant appelait la pitié avec tant d'instance qu'il n'y avait point place pour le dégoût.

La jeune Radegonde, ignorant quelle haute dame venait en son logis et reconnaissant la sœur, salua les trois dames avec surprise et non sans chagrin. — Ah! ma sœur, dit-elle à voix basse, ma pauvre aïeule est bien malade; je crains qu'elle ne puisse pas recevoir la compagnie que vous lui amenez.

— Vous verrez, mon enfant, qu'elle ne nous

repoussera pas, repartit l'hospitalière. Ouvrez-nous la chambre de votre grand-père, où ces dames se reposeront en attendant que je vienne les chercher.

— Mon grand-père est près de ma grand'mère, dit Radegonde, en poussant la porte d'une chambre à une seule fenêtre donnant sur la cour. Le lit qu'on y voyait était un vrai grabat, le reste des meubles à l'avenant. Mais ce qui frappa l'auguste princesse, ce fut la vue de deux grands portraits au crayon, l'un de Louis XVI le martyr, l'autre de l'infortunée Marie-Antoinette ; un double crêpe noir les recouvrait, et au-dessus, dans un cartel, on lisait ces mots écrits en encre rouge : *objets éternels de remords et de désespoir*.

Madame tourna la tête, ses yeux se remplirent de larmes; elle se mit à prier. La comtesse de Goyon fit comme elle, et la jeune fille les imita en s'agenouillant devant les deux portraits. Cependant un bruit sourd se fit entendre dans l'autre chambre, il s'éleva des cris, des sanglots frappèrent l'oreille de la princesse. Bientôt elle vit ouvrir avec vivacité une porte, des pas précipités retentirent dans le corridor, puis dans l'escalier. — C'est mon père qui s'en va, dit la jeune fille. Elle voulait dire son aïeul.

Peu après, l'hospitalière parut, son visage était bouleversé ; elle marchait à peine ; et, venant auprès de Son Altesse Royale, elle se mit à ses genoux, et, d'une voix éteinte par l'émotion :

— Ah! madame, s'écria-t-elle, où vous ai-je amenée? Que ne l'ai-je su plus tôt? Ah! madame, me pardonnerez-vous?...... Mais vous êtes un ange sur la terre, et vous tiendrez à honneur de ravir au démon l'âme dont il va s'emparer si mes paroles ouïes, vous fuyez cette fatale maison.

— Y a-t-il, ma sœur, péril pour Madame? demanda vivement la comtesse de Goyon.

— Péril pour la vie, non certes, mais douleur pour l'âme. Et, se jetant de nouveau aux pieds de Madame : Je proteste à Son Altesse, dit la sœur, que j'étais dans l'ignorance de ce qui l'attendait ici.

La princesse alors se levant et avec une majesté digne de Marie-Thérèse, son aïeule auguste, et le courage surnaturel de sa sainte mère, s'adressant à la fille de saint Vincent de Paule :

— Ma sœur, dit-elle, où il y a des larmes à étancher même au prix d'une nouvelle blessure à mon cœur, ma place est marquée; ne perdons pas de temps, je veux voir cette femme; conduisez-moi vers elle. Vous, ma chère Pauline, attendez-moi ici.

— Moi vous quitter, madame, dans un lieu pareil!

— Ce que Dieu garde est bien gardé, dit la princesse avec un mélancolique sourire ; mais suivez-nous, puisque vous craignez de demeurer seule.

La jeune fille les laissa passer par le corridor ; puis, elle-même prenant une autre issue, s'élança, ouvrit rapidement une porte masquée, traversa un petit cabinet éclairé du côté de la rue et se trouva la première dans la chambre de son aïeule mourante à qui elle annonça les dames venues avec l'hospitalière. Cette vieille femme tenait entre ses mains et pressait sur son cœur un crucifix que par un mouvement rapide elle avança de toute la longueur de son bras, comme pour arrêter celle qui venait la visiter. Tout son corps frissonna, ses traits bleuirent, sa physionomie prit une expression hideuse ; et, tandis que le groupe charitable s'approchait, elle se mit à crier :

— Arrière le juge ! arrière l'accusateur suprême ! arrière la vengeance divine ! Oui, je suis la vraie coupable... Arrière Satan ! C'est toi ! je te reconnais... Me viens-tu prendre ?.. Oh ! le sang ! le sang !.... Il y a du sang sur le mur, sur le pavé, sur mon lit, sur mes mains.... Seigneur, mon Dieu, tu m'abandonnes ! Ah ! je suis damnée !

La précipitation mise par cette vieille femme à parler lui coupa la voix ; les mots expirèrent sur ses lèvres; ses yeux se remplirent de larmes, et le bras qui tenait en l'air le signe sacré de la rédemption retomba lentement sur les couvertures; on n'entendit après ce paroxisme que des gémissemens et des sanglots.

— Madame, dit l'hospitalière à la moribonde, vous avez désiré si ardemment la présence de la bienfaitrice des malheureux, qu'à ma prière elle est venue; elle est près de vous : la voilà.

— Oui, la voilà, répondit la mourante; elle vient me faire subir mon dernier supplice, elle vient me lire ma sentence de réprobation.

— Elle vient, dit la voix angélique de Son Altesse Royale, vous apporter des consolations, car elle aussi A TOUT VU, TOUT SU, TOUT OUBLIÉ...

— C'est elle.... Oh! oui, c'est elle.... Elle qui est venue chez le pauvre; que dis-je? chez l'assassin.

A ce mot la princesse se recula par un mouvement involontaire. Ce mouvement n'échappa point à la vieille qui poursuivant : — Où croyez-vous être venue, dit-elle, reine des angoisses et des hautes amertumes? chez des serviteurs fidèles de votre maison royale, chez des gens purs de vie et de sentimens, gens de piété, d'amour et de foi? Détrompez-vous, nous sommes de ceux qu'on a dû vous apprendre à maudire, de ceux dont les mains sacriléges ont renversé le trône et l'autel. Ici respire une bouche qui a fait couler le sang innocent; ici vous parle la voix d'un démon femelle qui a conseillé cet exécrable meurtre.... Madame, vous qui avez tant pardonné à tous, mais qui jusqu'à cette heure n'avez pas eu vos regards souillés par la présence d'un régicide, pourrez-vous sans horreur et sans désir de vengeance entendre qui s'accuse de l'être? pourrez-vous être miséricordieuse à ceux qui furent les meurtriers de votre parenté?

— Mon Dieu, mon Dieu, dit MADAME intérieurement, écarte de moi ce calice; je ne pourrai jamais l'épuiser; je ne suis pas comme ton fils de nature divine.

Mais la sainte se ressouvenant que le Dieu était mort pour expier les péchés des hommes, eut honte de sa propre faiblesse; et, d'une voix qui se fit à peine entendre, dit ces admirables paroles : — Madame, je me rappelle la croix du Sauveur; et ce qu'il a fait à l'avance pour moi, je sais que je dois le faire pour les autres.

— Radegonde, dit la malade, prie cette pieuse fille et cette autre dame de se retirer à l'extrémité de la chambre; avance un fauteuil pour celle qui doit m'entendre; et toi-même, mon enfant, retire-toi.

Radegonde, l'hospitalière et la comtesse s'écartèrent de quelques pas; MADAME s'assit, rabattit son voile, et dans une profonde anxiété s'apprêta à entendre ce qu'elle savait d'avance devoir briser son cœur.

« Madame, lui fut-il dit nettement quoique très-bas, mon mari était un homme faible. En 1789, il se serait fait royaliste; mais moi, femme de chambre de la comtesse de Genlis, je détestais la cour et le contraignis à se tourner du côté des démocrates; ma maîtresse le fit connaître à Pétion; celui-ci le recommanda à Marat, et Marat nous fit pensionner par le duc d'Orléans. Dès ce moment notre carrière fut tracée, notre âme acquise à la comtesse. Je me liai avec Théroigne de Méricourt, Rose Lacombe. Une époque arriva où nous marchâmes à Versailles pour en arracher votre famille. Successivement je pris part à tous les actes révolutionnaires; j'y conduisis mon mari; ma conduite au 10 août et plus tard lui valurent la place de juré au tribunal révolutionnaire de la Seine... Vous tressaillez, madame; armez-vous de courage.... Allons jusqu'au bout.

« A mon instigation, mon mari se montra impitoyable; la mort de Marat nous fit rugir comme des tigres auxquels on déroberait leur progéniture. Mon mari se jeta dans de plus abominables excès, et jamais n'innocenta un ci-devant. J'étais heureuse, car j'étais insensée.

« Un soir, il rentre ; sa figure est bouleversée, il a chaud et froid tour à tour ; il ne peut manger, il peut parler à peine. Le lendemain était le 10 octobre, et ce n'était qu'avec terreur qu'il songeait à ce lendemain et aux redoutables fonctions qui l'attendaient au tribunal. Moi, cependant, comme une enragée, je passai la nuit à le séduire, j'employai toutes les ressources qu'une femme jeune et belle sait trouver dans la passion qu'elle inspire à son mari. Je le fanatisai, je l'épouvantai, j'allai jusqu'à le menacer de la dénonciation s'il faiblissait ; enfin, folle que je fus, je le pris à bras-le-corps, je le jetai hors de sa chambre, le traînai dans la rue, le conduisis au tribunal. Là... »

— Silence ! malheureuse femme, lui fut-il dit avec une résignation sublime. Dieu qui m'aime ne m'a fait grâce d'aucune épreuve : voici la plus amère. Je vous pardonne pourtant. Oui, Dieu sait que le pardon est dans mon âme comme il l'a mis dans celle de la martyre. Mais je ne peux vous voir plus long-temps. Oh ! qui me tirera de cette maison odieuse ?... Pauline !

La comtesse accourut, et Son Altesse Royale tomba dans ses bras à demi évanouie. Cependant un geste impérieux annonça qu'il fallait partir. L'hospitalière et la dame du palais reconduisirent Madame. En passant devant la chambre où elles étaient d'abord entrées, elles y aperçurent un homme humblement couché sur la pierre froide et les bras étendus en croix : un mouvement convulsif, que contracta son corps, annonça que la vie n'avait point encore quitté ce corps coupable.

Le même soir, des secours abondans furent apportés dans cette demeure ; il y avait déjà un cadavre : celui de la vieille femme, morte trois heures après la visite de la sainte, et réconciliée avec Dieu, par le ministère du curé de la paroisse. Le mari, faible et repentant depuis longues années, expira deux mois plus tard. La jeune fille, à qui on offrit une dot, ne voulut d'autre époux que Jésus-Christ, et elle entra dans un des couvens de Carmélites, le plus rigoureux qu'elle put trouver, dans une province isolée.

CHAPITRE LXXI.

Prévoyance de M. Decazes. — Historique de la maison de Villèle. — Villèle de la Pastourie; Villèle de Caraman; Villèle de Mourvilles. — Les coulisses d'un théâtre de société. — Les verdets à l'index. — Le chevalier Léopold de Rigaud. — Le comte Raymond et les quatorze voleurs. — M. de Montbel vaudevilliste. — Esprit public du Toulousain.

Dès que M. Decazes eut conquis la faveur du roi, par un instinct que les conséquences justifièrent de tout point, il vit dans M. de Villèle le plus dangereux de ses ennemis. Aussi, M. Decazes se hâta-t-il d'envoyer à Toulouse un homme qui lui était vendu, je ne sais pourquoi, et qu'il récompensa, en 1819, par la pairie, des services nombreux qu'il lui avait rendus. Quant au public, on lui donna facilement le change sur la cause de cette élévation. Du quartier-général que lui avait assigné M. Decazes, cet homme, M. d'A..., poussa loin ses investigations, se procura des renseignemens nombreux, et put livrer à la police tous les secrets de la noblesse du Languedoc. Voici le premier rapport qui fut adressé en double au comte Anglès (par erreur sans doute). M. Anglès en fit passer un à son supérieur et retint l'autre pour nos archives. C'est ainsi que j'ai pu le copier. On ne retrouva plus l'original aux archives : il a disparu à la suite des trois journées de 1830, avec nombre d'autres pièces de cette importance.

« Il y a, aux environs de Toulouse, dans l'ancien comté de Lauraguais, trois familles du nom de Villèle ; l'une, dite *Villèle de la Pastourie* ; l'autre, *Villèle de Caraman* ; la dernière, *Villèle de Mourvilles*. Ces trois maisons, bien que portant le même nom, n'ont entre elles aucune parenté.

La première renie la seconde ; la seconde ne veut pas de la troisième, et celle-ci demande recognition à ces deux-là, qui en disent fi, ou, plus exactement, qui, naguère encore, en disaient fi, car il semble que le moment soit venu pour elles de se réunir aux de Mourvilles, et voici pourquoi :

La première maison de Villèle, celle de la Pastourie, est une des plus anciennes et des plus illustres de la province du Languedoc. On lui croit une origine espagnole. Il est prouvé que Arnaud de Villèle, *Hidalgo* et *Ricco Hombres* d'Aragon, après s'être distingué par de beaux faits d'armes à la bataille célèbre de *Las Navas de Tolosa*, en 1212, passa les Pyrénées, l'année d'après, à la tête de cent hommes d'armes, sous la conduite de son roi, don Pierre d'Aragon. Ce monarque, ayant été tué en 1215, à la journée fameuse et fatale de Maret, Arnaud de Villèle, grâce à l'amitié des comtes de Toulouse, Raymond VI et VII, resta dans le Languedoc, où il lui fut donné, pour chef-lieu, la ville de Montgiscard, dans l'évêché de Toulouse. Dès ce moment, cette famille se multiplia et jouit d'un grand éclat, partagé par les branches espagnoles d'une origine commune où l'on trouve la Grandesse et toutes les illustrations en usage au-delà des Pyrénées.

Les Villèle français s'allièrent d'abord aux familles de la haute noblesse; mais, peu à peu, ils déchurent enfin; et, à l'époque de la révolution, en 1789, de grand nombre de seigneuries, ils ne possédaient que le mince fief de la Pastourie. La descendance était bornée au chef de la famille, vieillard vénérable, aimé, estimé, revenu de Fontenoy le jour où, à Saint-Félix, on célébrait son service funèbre. Il était très jeune alors. Dans un âge assez avancé, il se maria à mademoiselle Betoudont; il eut deux fils et deux filles. Aucun de ces garçons ne prit femme; l'un fut militaire, l'autre entra dans le commerce. Les deux filles épousèrent deux bourgeois de Saint-Félix, MM. Delgeac et Bertrand; voilà comment finit de nos jours cette race antique, qui possédait, en 1800, dans ses archives, seize contrats de mariage et seize testamens en ligne directe et sans mésalliance. Moi et nombre d'habitans du Midi, avons entendu le vieux Villèle repousser opiniâtrément tous ceux du même nom, qui voulaient se rattacher à lui, disant dans ses heures de gaieté : « Si ces messieurs nous appartiennent, c'est qu'apparemment mes pères trouvèrent leurs mères jolies et le leur prouvèrent en fraudant le contrat. » Ce bon vieillard était très gai. Madame de Rasac, chez qui on jouait la comédie de société, ne le pouvant décider à permettre que sa jeune et gracieuse femme s'enrôlât dans la troupe, lui montra le théâtre ouvert à tous les yeux, et lui fit observer que les loges d'actrices ne pouvaient être suspectes. Il examine tout, fait quelques réflexions sur le danger en général de ces sortes de passe-temps de la bonne société ; puis, revenant à la maîtresse du lieu :

— Oui, madame, dit-il, c'est bien, fort bien, très décent; mais, mordieu! ces coulisses sont bien profondes, et le diable a tant de malice, et un malheur est sitôt fait !

Ce vieillard, prudent mari, témoignait par-là que s'il avait fait une folie en prenant une femme plus jeune que lui, il n'était pas assez fou cependant pour prêter de lui-même le collet à l'occasion.

La seconde maison de Villèle, celle de Caraman, descend d'un Thomas de Villèle, annobli par le capitoulat, en 1609. Elle a joui de bonne heure d'une haute considération due à des vertus positives, à des qualités supérieures ; elle est représentée aujourd'hui par trois mâles : le comte de Villèle, qui a plusieurs enfans des deux sexes, le chevalier de Villèle, l'abbé de Villèle (1). On

---

(1) Guillaume-Aubin de Villèle, né au diocèse de Toulouse, le 12 février 1770, fut sacré évêque de Soissons le 24 septembre 1820. Il est passé à l'archevêché de Bourges en 1823. Il est pair de France, etc. (*Note des Editeurs.*)

aime dans le pays de Toulouse cette famille très dignement apparentée; mais, elle aussi, (et combien de fois le comte et le chevalier me l'ont-ils dit !) s'est refusée constamment à reconnaître la dernière branche du même nom (1).

La branche des Villèle Mourvilles, dont est chef aujourd'hui M. Joseph de Villèle, maire de Toulouse et membre de la chambre des Députés, ne paraît aucunement appartenir aux deux autres. On la fait descendre d'un chaufournier de la montagne Noire, d'un marchand, d'un charbonnier. Que sais-je? Il paraît que son vrai nom est Blanc, que son second fut Campolhiac ou Camboyé, et qu'enfin un mariage lui a fait prendre, il y a peu d'années, le nom qu'elle porte aujourd'hui. Au reste, je dirai avec franchise que maintenant ces Villèle sont dépositaires des archives de MM. de la Pastourie.

Le père de M. Joseph de Villèle existe (2): c'est un vieillard fort estimé, et, à juste titre. Il est très adonné aux expériences d'agriculture,

---

(1) D'après des documens que je regarde comme complets, je ne doute pas de l'identité d'origine des Villèle de la Pastourie avec ceux de Caraman. (*Note des Éditeurs.*)

(2) Le vénérable vieillard est décédé le 5 novembre 1822. Je ne pense pas non plus que le fait de la disjonction de cette branche avec les autres, soit aussi certain que l'avance l'auteur du rapport. (*Note des Éditeurs.*)

et jouit d'autant de considération qu'il peut en désirer.

Son fils, M. Joseph de Villèle, né à Toulouse en 1773, entra, non dans la marine militaire, mais dans la marine marchande (1); il alla dans l'Inde, où le crédit du marquis de Saint-Félix, qui, en 1791, commandait une station navale, l'employa pour le service du roi. Il fit le commerce de facteur avec succès; il se fixa à l'île Bourou il eut à souffrir des vexations des jacobins. Ce fut alors que, dans cette circonstance, il prit momentanément une allure et affecta des sentimens peu conformes à ses habitudes et à sa manière de penser : il se refusa à livrer M. de Saint-Félix dont il connaissait la retraite.

A Bourbon, il devint régisseur des biens de M. Desbassyns, l'un des plus riches habitans de cette contrée. Plus tard, pour le récompenser de l'excellence de sa gestion, M. Desbassyns lui donna sa fille en mariage; car, à toutes les époques, M. de Villèle s'est distingué par la conduite la plus honorable. Nommé à l'assemblée coloniale, il y manifesta de très grands talens; il aurait pu prendre place parmi les colons notables; mais l'amour de la patrie, ou

---

(1) Ceci encore est-il bien prouvé ?

(*Note des Éditeurs.*)

quelque autre cause, le ramena en France où il revint en 1807.

Il habita la commune de Mourvilles, fit peu de bruit dans le pays, passa inaperçu, jouissant convenablement d'une fortune que la voix publique évaluait de quinze à vingt mille livres de rente; mais, dès le commencement de 1813, il prit part aux ligues que les royalistes ourdissaient en grand secret. Il devint suspect, et la police de Toulouse eut ordre de le surveiller.

Dès le 31 mars 1814, il se mit à la tête des bourbonistes exagérés, et, dans le mois suivant, il publia sa fameuse brochure où, déclarant la Charte une entrave pernicieuse pour le pouvoir royal, il n'admettait de moyen de gouvernement que le régime de l'absolutisme et du bon plaisir (1). Dès lors, les exagérés le mirent à leur tête; il n'affichait aucune prétention. Les grandes familles ne le craignant pas pour concurrent l'épaulèrent, et on le nomma maire de Toulouse.

---

(1) La haute sagesse de M. de Villèle lui avait fait pressentir les embarras que susciterait au roi la forme de gouvernement qu'il allait établir. M. de Villèle eût préféré notre ancienne constitution améliorée. Les événemens ont trop prouvé qu'il avait bien vu. La France n'oubliera jamais ce prudent, ce modeste, cet intègre premier ministre, si simple avec tant de pouvoir. Plût à Dieu que M. de Villèle gouvernât encore, le télégraphe n'aurait pas enrichi tant de parvenus ! (*Note des Éditeurs.*)

Sa faiblesse au moment de l'assassinat du général Ramel a terni cette époque de son histoire; loin de l'en punir, son parti l'a élu membre de la chambre des Députés : il en est un des chefs, un des meneurs par excellence. C'est un homme d'autant plus dangereux qu'il affecte le désintéressement. Je crois que le ministère ferait bien de le gagner; mais je crains que maintenant il ne veuille être admis au partage du pouvoir, en raison du crédit qu'il a conquis sur ses amis.

Je crois qu'il convient d'éclairer les démarches de cet homme. Un triumvirat vient menacer l'autorité du roi : MM. de Corbières, de Villèle et Lainé se réunissent en conciliabules fréquens et secrets chez M. Barthe de la Bastide, riche bourgeois de Narbonne et royaliste exagéré. C'est là que s'organisent les mesures de résistance, là que l'on règle les démarches, les actes et jusqu'aux paroles. C'est dans ce petit club que se fait à l'avance l'opinion des journaux. Ne pouvant l'anéantir, M. de Villèle consent à se servir de la presse. Celle de son parti est sous sa direction absolue; aussi la soigne-t-il avec amour.

Il y a un échange journalier de rapports intimes entre ce cabinet occulte et le pavillon Marsan. Il serait bon que le roi se convainquît que le péril vient beaucoup plus des royalistes exagérés que des constitutionnels, des amis de la charte, que, je ne sais trop pourquoi, on s'obstine à nommer libéraux. Ces derniers en effet peuvent être considérés comme des niais usant leurs forces à défendre une vieille masure. Cette charte est la plus étonnante mystification de l'histoire moderne. Enfin je regarde M. Joseph de Villèle comme un personnage auquel il faut opposer une résistance soutenue et dont surtout il convient d'éclairer tous les mouvemens.

Il sera difficile d'arriver à lui; et, quoique, comme tous les hommes, il soit corruptible, je ne sais trop au juste de quel côté et par quelle arme on peut entamer son écorce. Elle est rude au toucher, peu sympathique aux tendresses des femmes. M. de Villèle ne joue jamais. Je ne présume pas que sa piété, s'il en a, aille jusqu'à la bigoterie. Je crains que, faisant étalage des idées mesquines de la province, il ne repousse sèchement toute proposition d'augmentation de fortune; cependant il est ambitieux, et ceci suffira peut-être à le réduire. Si on me juge digne d'être auprès de lui l'intermédiaire de Sa Majesté, il est certain que je m'acquitterai de ma mission, sinon avec succès, du moins avec zèle et avec le vif désir que j'apporte en toute chose de faire triompher la volonté sacrée du roi....»

A ce rapport était rattachée comme appendice une note ainsi conçue :

« Parmi les hommes d'exécution que les royalistes de Toulouse ne cesseront de mettre en avant, je signalerai en première ligne le chevalier Léopold de Rigaud, qui a fait tant parler de lui dans les Cent-Jours; celui qui punit de mort les détenteurs des armes des fédérés. C'est une bien faible tête, mais c'est un bras intrépide et un cœur chaud (1).

Il y a le comte de Raymond, marié à une demoiselle de Voisin d'Alleau, sorte de géant aux forces herculéennes; celui-là encore est un homme d'exécution, mais il manque totalement d'esprit. Il est brave, plein de probité, est zélé royaliste et commande les verdets, dissous seulement en apparence. Il s'est défait, en plate campagne, de deux gendarmes qui le poursuivaient. Surpris une nuit, nu dans son lit et endormi, par quatorze voleurs, il a pu sauter sur ses armes, tomber sur les assaillans, les mettre en fuite, et, aidé de ses domestiques, poursuivre les bandits pendant deux heures dans la

---

(1) Le père du chevalier de Rigaud était conseiller au Parlement de Toulouse; il périt à Paris le 20 avril 1794. C'est une noble et vieille race. Le frère aîné du chevalier de Rigaud a laissé plusieurs enfans de son mariage avec une demoiselle de l'illustre maison des Sévérac.

campagne couverte de neige. Dans cette affaire, il a, d'un seul coup de sabre, partagé de l'occiput au gosier la tête d'un des brigands; un autre a eu les deux jarrets coupés jusqu'à la rotule.

M. de S... G.... est le troisième : jeune, hardi, téméraire, fertile en imaginations, il possède ce qui manque à MM. de Rigaud et de Raymond. Il a été un des plus ardens acteurs dans le meurtre du général Ramel. Innocenté par un jugement, il brave la colère des constitutionnels : c'est des trois le plus dangereux, parce qu'il ne manque pas de moyens, et je crains l'usage qu'il en peut faire. Il est marié nouvellement avec une jeune personne fort belle, fille du marquis de Campistron Maniban, ex-président à mortier au Parlement de Toulouse. Lui-même est bien né; et, si on pouvait le ramener à des idées moins exagérées, ce serait une bonne acquisition. Malheureusement tous ces verdets ont un intérêt si pressant à couvrir leurs intentions du prétexte des haines politiques, qu'à moins de leur faire un pont d'or, il sera difficile de les arracher à leur atroce mais lucratif métier.

Il ne faut pas confondre le comte de Raymond avec MM. de Saint-Raymond, anciens bourgeois de Toulouse, également ultra-royalistes et qui, eux aussi, ont joué un rôle aux funestes journées de 1815. Ceux-ci, égaux à leur homonyme par la hauteur de la taille, lui cèdent du côté de la naissance, mais le dépassent en celui de l'intelligence ; ce sont aussi des gens à surveiller.

J'en dirai autant de Moulins de Bourg de Montgeny, gentilhomme et maire de la commune du Pin. Le royalisme est incréé dans cette âme active, chaleureuse et fanatique de piété et d'amour des Bourbons. Il a lutté en 1815 contre les fédérés avec un courage intrépide ; c'est chez lui que tous les ultra de cette portion du diocèse de Toulouse se rassemblent. J'insiste, dans l'intérêt de la tranquillité publique, pour qu'on tâche de changer les dispositions de cet honnête gentilhomme qui, par ses vertus et son exemple, entretient dans le pays un système d'irritation contre le gouvernement.

Je signalerai en outre le fils d'un conseiller au Parlement de Toulouse, M. Isidore baron de Montbel, marié à la fille du président d'Aspe et de mademoiselle de Grammont. Celui-ci, jeune encore, compte parmi les royalistes les plus exaltés ; ami, et je crois parent de M. de Villèle, il marche dans la ligne que lui trace ce dernier. Sa mémoire est prodigieuse. Il est doué d'une facilité extrême à concevoir un projet et à le mettre en œuvre. Son éducation est parfaite ; il est bon musicien et dessine avec goût. C'est lui qui compose en grande partie les vaudevilles et chansons politiques qui déplaisent tant aux libéraux. M. de Montbel sera plus tard le séide de M. de Villèle. Peut-être, en le nommant avocat général à la cour royale de Toulouse, l'obligerait-on à se taire. Sauf à ne pas réussir, il serait bon d'essayer ce moyen (1).

Le marquis Amand de Saint-Félix Mauremont, fils d'un chef d'escadre, est aussi l'un des agens les plus actifs de M. de Villèle, qui déjà cherche à lui obtenir une préfecture. Si M. de Mauremont est promu à cette fonction administrative, le ministère devra ou marcher dans la voie de M. de Villèle, ou compter le nouveau fonctionnaire comme un ennemi. M. de Saint-Félix Mauremont a de l'esprit, des connaissances, une instruction profonde; mais lui et sa femme, fille de très bonne maison (Nohaillan), font assaut d'exagération royaliste (2).

Parmi les gens de distinction qu'il faut surveiller dans l'intérêt de la chose publique, je n'omettrai pas M. de Reine-Rayssac, MM. de

---

(1) La noble conduite tenue par M. Isidore Baron, comte de Montbel, ministre sous Charles X, répond à ces odieuses calomnies : son désintéressement est connu.
(*Note des Editeurs.*)

(2) Ce gentilhomme, plein de vertus et de savoir, a été tour à tour préfet du Lot et de la Vienne. Il vit retiré dans ses terres en homme d'honneur et de foi. (*Note des Editeurs.*)

Madron, de Nicol, de Ségoufielle, de Caïsa, celui-ci principalement. Il y a encore le petit de Pegnyerolles. Ce Pegnyerolles aurait bien quelque chance de se rendre sérieusement important et considérable dans son parti, car il est immensément riche; mais ses ridicules ruinent d'avance l'influence que lui donnerait son argent. D'ailleurs ce n'est pas un homme de qualité : sa famille est très nouvelle, bien qu'entrée au Parlement. Je dois mentionner aussi MM. de Cassan, gens d'honneur et de poids; M. de Marlac; MM. de Sers, de Serres, d'Avigard, les Lafrage, les d'Olive-Quinquiry. On peut nommer ceux-ci une famille de héros, tant leur intrépidité est admirable. Je compléterai cette catégorie en y ajoutant M. de Chaloet, seul reste d'une maison illustre qui meurt avec lui; M. de Laffite-Pelport, qui a l'honneur d'une alliance avec la maison royale; MM. de Lamothe, et surtout parmi ceux-ci M. Honest de Lamothe, qui a déployé en 1815 une activité incroyable pour la cause royale. On ne les a pas récompensés non plus que MM. de Begué, de Giron, de Frayssines. Les MM. Bastoulh, famille nouvelle, mais les plus distinguées par le mérite, cherchent partout des ennemis au ministère, les places qu'ils occupent leur donnent une haute influence; ceux-là ne doivent pas être perdus de vue.

Je ne signalerai pas les aboyeurs de bas étage, tel par exemple que l'avocat Caubet; je crois que l'ultracisme de celui-ci ne tiendra pas contre une fonction rétribuée, et qu'en définitive il sera toujours pour qui le paiera. Le conseiller Latour Mauriac, chargé de ridicule, donne de l'argent pour solder les compagnies secrètes; la marquise de Drues a fait de même.

Toulouse compte dans la bourgeoisie un grand nombre d'ultra, capables de tout tenter pour déterminer le triomphe de leur parti. Il y a jusqu'à de simples ouvriers dont le dévouement est admirable, ou serait, si, en résultat, il ne tendait pas à compromettre la patrie. Je ne m'occuperai pas d'eux cette fois, je crois en avoir assez dit pour la première; plus tard, j'épuiserai à fond ce sujet. »

CHAPITRE LXXII.

Tactique politique de M. Decazes. — Paul Didier. — Il assiste à l'assemblée de Vizille. — Est protégé par Portalis. — Une rétractation par une brochure. — Fouché, nouveau Janus. — Plan d'une conspiration pseudonyme. — Paulette, vierge et martyre. — Didier fuit en Savoie. — Dernières tentatives. — Défaite des insurgés. — Le général Donnadieu à Grenoble. — Mort de Didier.

Dès la fin de 1815, et aussitôt que M. Decazes eut été appelé au ministère des finances, il commença d'exercer sur Louis XVIII son système de fascination. Ce fut par la peur qu'il s'empara de la confiance de son maître et dompta en quelque sorte l'esprit du roi. Cet empire absolu du favori s'écroula, comme on l'a vu, sous la réprobation universelle. Le sang de monseigneur le duc de Berry força M. Decazes à changer de manteau. Le plan du nouveau ministre fut simple : rendre odieux MONSIEUR (le comte d'Artois), représenter d'une part les vrais royalistes comme des conspirateurs tendant à provoquer l'abdication de Sa Majesté au profit de son auguste frère, et, de l'autre, ériger les républicains et les orléanistes cachés sous le nom de constitutionnels en seuls et vrais amis de Louis XVIII et de la Charte.

Cette trame coupable a tout compromis, a tout perdu ; M. Decazes n'a jamais éclairé Sa Majesté sur les doubles menées des jacobins et des orléanistes ; jamais il n'a voulu attirer l'attention du roi sur le foyer d'intrigues qui s'allumait au Palais-Royal, non que j'entende que S. A. R. Monseigneur le duc d'Orléans, aujourd'hui roi des Français, se soit aucunement mêlé à ce tripotage, mais parce que je sais que son nom et sa maison servirent de signe de ralliement et de rendez-vous aux coupables. Je suis convaincu, et il m'est prouvé que ses fidèles se cachaient de lui, et qu'au moment où le succès a couronné leur travail, il en a ressenti plus de douleur que de joie.

Ainsi, je le répète, ce ne sera pas lui que je mettrai en cause, lui que j'accuserai dans mes révélations précieuses ; car il est entièrement étranger à tout ce qu'on a tenté sous son nom ; mais je crois pouvoir sans crime écrire ce que tant de séides nous répètent chaque jour, dans les salons et même dans les lieux publics.

Qui n'a pas entendu parler de Didier, de cet âme de feu dans un corps de fer, de cet homme taillé sur les patrons antiques, et si peu en rapport avec son époque et surtout ses concitoyens? Je vais le montrer sous un autre jour qu'il n'a été vu jusqu'à ce moment, et je ferai prévaloir mon opinion, au moyen des documens nombreux et certains qui l'instituent et la dégagent de tous les mensonges dont en vain on la voudrait entacher. Voici des faits inconnus et vrais.

Paul Didier naquit à Upie, département de la Drôme, en 1758. Né dans la classe bourgeoise, mais au-dessus de sa position par la grandeur de son caractère, il étudia le droit, fut reçu avocat, plaida avec succès, et jeta dès ce moment par son énergique éloquence et le déploiement de sa haute capacité, les fondemens de cette influence qui depuis lui fit croire qu'il pourrait lutter contre le pouvoir royal.

Dès 1788, et pendant le ministère déplorable de Brienne, Paul Didier se signala parmi les agitateurs de la province. L'an d'après, il assista à la célèbre assemblée de Vizille, regardée par beaucoup comme le berceau de la révolution française, et cela non sans quelque raison ; il fut l'un des signataires des mesures anti-constitutionnelles qui furent adoptées à cette époque.

Ami de Mounier, de Barnave, Didier partagea tout ensemble leurs illusions et leur désappointement. Détrompé comme eux par le spectacle des désastres que lui-même avait appelés sur la patrie, il revint ainsi que ces deux hommes d'état à de plus saines idées. Poursuivi par les jacobins qui voulaient uniquement des complices, il fut contraint d'émigrer en 1793, ne reparut à Grenoble qu'après le 9 thermidor, mais alors pour poursuivre sans relâche et sans pitié les sans-culottes, ses ennemis : Didier ne savait rien faire à demi.

Il fut, à cette époque, investi des pouvoirs de commissaire royal; il correspondit un instant avec le cabinet ambulant de Louis XVIII; mais ces bons sentimens durèrent peu : la mobilité de son caractère se tourna vers le soleil levant. Après le 18 brumaire, il multiplia ses voyages à Paris. Portalis alors le protégeait; mais cependant cette protection était stérile. Didier, impatient de cette condition mixte, et dans l'espoir d'obtenir peut-être par des révélations l'importance qu'on semblait dénier à sa personne, s'adressa sans intermédiaire à Bonaparte. Celui-ci fut satisfait apparemment, car, après une audience accordée à Didier, l'ancien avocat reçut sa nomination de professeur à l'école de droit de Grenoble. Ceci eut lieu après qu'en 1802 il eut mis au jour une brochure qui fit beaucoup de bruit. Elle était intitulée *Retour à la religion*. Des personnes qui se croient bien instruites prétendent que le ministère de la police donna le plan et paya la forme de l'ouvrage.

Pourquoi Didier fut-il destitué à l'époque de la création de l'Université impériale? On n'en a jamais connu la cause. Les mêmes documens que j'ai cités plus haut veulent qu'à cette époque il reçut, pour la première fois, la visite d'un agent de la faction dite d'Orléans, qui, lié avec Didier, dès son premier voyage à Paris, l'engagea à travailler dans les intérêts du ci-devant duc de Chartres, devenu duc d'Orléans à la mort de son père.

La police impériale eut vent de cette intrigue. Paul Didier fut dénoncé, et, sans vouloir trop l'inquiéter, on se contenta de lui enlever ses fonctions. Rentré dans la vie privée avec peu de ressources pécuniaires, il chercha la fortune en s'associant à des travaux de mines et de dessèchement d'étangs qui ne lui réussirent pas

Il empira sa position, et en 1814, il se préparait à faire un voyage à Palerme, espérant que le duc d'Orléans lui tiendrait une partie des promesses que l'on avait faites en se servant de son nom.

Mais les événemens changèrent la face des choses. Didier, à la nouvelle de la chute de l'empereur, accourut à Paris, se targuant de sa destitution, s'en faisant un titre, exaltant son royalisme et en même temps se rapprochant de MM. L..., V..., L..., O... D..., B... et autres qui, dès cette époque, reconstituèrent le parti dit orléaniste. Didier, que la charge de maître des requêtes qu'on lui accorda et la promesse de la première place vacante à la cour de cassation ne satisfit point, passa, vers la fin de l'année, dans les rangs naissans des libéraux. Je l'ai entendu se plaindre souvent du gouvernement royal et prétendre qu'on ne faisait rien pour lui; mais depuis que j'ai pu lire dans les archives de la police, l'audace de ses plaintes m'a bien étonné.

Aux Cent-Jours, il afficha le bonapartisme exagéré; c'était un leurre. Ce nouveau masque lui procura la préfecture des Basses-Alpes. Didier, cependant, s'était rapproché de Fouché, chef alors des orléanistes. Fouché, qui voulait donner la couronne au duc d'Orléans, chargea celui-là d'aller en traiter avec les alliés à Vienne, avant l'entrée en campagne. Mais une barrière infranchissable retint ce messager en deçà des frontières de la France qu'il ne put passer.

On sait avec quelle rapidité le malheureux Napoléon alla du golfe Juan à Waterloo et de là à Rochefort. La promptitude de sa chute déjoua toute combinaison. Fouché, pris au dépourvu, n'eut que le temps de se retourner vers Louis XVIII. Aussi parla-t-il comme un dévoué serviteur du roi, lorsque Didier vint prendre ses ordres.

— Dieu s'en mêle, dit le jacobin émérite; pourquoi lutter plus long-temps? Nul de nous n'a le bras assez fort pour retarder d'un instant le rétablissement de l'ancienne dynastie. Pour moi, je me rallie sincèrement; j'y suis cette fois bien décidé.

Didier, surpris de ce changement de scène, ne répondit pas, et Fouché poursuivit, quoiqu'en ayant l'air de rire :

— Or çà, mon cher, prenez-y garde, ne m'obligez pas à tirer sur mes vieux amis. Ne complotez pas; tenez-vous tranquille. Je vous ferai donner quelque fiche de consolation. D'ailleurs, nous n'avons pas les destinées entre les mains; et si, de même qu'aujourd'hui le ciel se déclare pour l'*un*, plus tard il s'éclaircissait pour l'*autre*...

eh bien! nous verrions : dans tous les cas, attendez mes avis.

Didier se témoigna vaincu par cette logique, et laissa Fouché persuadé de sa docilité à toute épreuve. Cependant il courut chez M. V... auquel il conta ce qui venait de se passer.

— Ah! le vieux renard, s'écria le lourd personnage; il nous..... plante là. Eh bien! tâchons de nous passer de lui.

Didier, à cette époque, proposa au comité orléaniste, composé de D..., de V..., de L..., de L... d'O..., de R... et de G..., un plan qui devait nécessairement enfanter une nouvelle révolution. Il s'agissait de prêter la main aux imprudences des royalistes et d'alarmer les acquéreurs des biens nationaux, puis de soulever les restes de l'armée de la Loire au nom de Napoléon. Comme il était sérieusement impossible que celui-ci reparût, on parviendrait facilement à déterminer les officiers, compromis dans cette tentative et sans espoir de grâce, à se tourner vers S. A. S. le duc d'Orléans. Les républicains, ne pouvant reconstituer leur forme chérie de gouvernement, consentiraient à reconnaître l'autorité du fils d'un des leurs; et les propriétaires des domaines d'église, des biens d'émigrés et de condamnés, ne seraient pas les derniers à se tourner vers un prince qui leur offrirait une garantie positive.

Tout ce plan, plus détaillé et que je donne en extrait d'après l'original que je tiens en mes mains, obtint l'assentiment des chefs. Dans ces entrefaites, le cabinet de Londres, s'apercevant que le roi de France penchait vers une alliance plus intime avec la Russie, imagina une autre fois de troubler la paix dont nous commencions à jouir. Un agent mystérieux vint à Paris et insinua que la Grande-Bretagne ne s'opposerait pas à un changement dans l'ordre de succession au trône; que l'Angleterre combattrait sans doute une restauration bonapartiste, mais n'interviendrait pas si la maison d'Orléans remplaçait celle des Bourbons.

Cette ouverture, dont on a profité quinze ans plus tard, et dont la sincérité a reçu une éclatante manifestation, donna du courage aux orléanistes. Il fut décidé que l'on tenterait un coup de main; mais pour l'entreprendre avec succès, il fallait, dès ce début, occuper une ville importante, une place de guerre dont la conservation fût un gage de sûreté.

Dans cette occurrence, Paul Didier se mit en avant; et, ayant reçu les lettres-patentes de sa nomination à la charge de chancelier du royaume, dans le cas où la tentative réussirait, un diplôme de duc et pair héréditaire, une concession de deux cent mille francs de rente en biens-fonds, de deux cent autres mille en rentes à cinq pour cent, avec promesse d'un traitement annuel de deux cent mille francs, et enfin le grand-cordon de la Légion-d'Honneur, partit muni d'une très forte somme en or et en billets de banque pour aller préparer les voies.

Les conspirateurs n'auraient pas été fâchés de reculer jusqu'en 1817 l'ouverture de leurs opérations, parce qu'à cette époque il y aurait eu moins de troupes étrangères en France; mais aussitôt que le comité-chef eut connaissance du mariage prochain de S. A. R. monseigneur le duc de Berry, il ne balança plus, comprenant combien il était important d'empêcher la conclusion de cet hymen. En conséquence, M... et P.... les émissaires accoutumés, reçurent ordre de presser Didier. En effet, ils lui intimèrent une telle hâte que beaucoup de ses démarches furent entachées d'imprévoyance, résultat inévitable de cette conduite d'affaires.

Il fallait, par un coup de main hardi, s'emparer de Grenoble, dominer l'esprit des soldats, entraîner la population et pour cela feindre un nouveau débarquement de Bonaparte qui, cette fois, serait supposé à Brest. Le Dauphiné soulevé, on marcherait rapidement sur Lyon, et là, dans cette seconde ville du royaume, on convoquerait les états-généraux. Ceux-ci créeraient un gouvernement provisoire composé du général Gérard, du duc de Choiseul, du duc d'Otrante, de Dupont de l'Eure et de Didier. On continuerait la guerre si la révolution n'était pas spontanée, et après la première bataille gagnée, le duc d'Orléans serait déclaré lieutenant-général du royaume, et le marquis de Lafayette commandant de toutes les gardes nationales. Les fonds étaient faits en partie pour payer les premiers frais : c'étaient les banquiers Q..., D... et L... qui les fourniraient sur des mandats signés de Didier et d'O.... Chaque lieutenant-général en activité qui passerait au parti recevrait une dotation de trente mille livres de rente, le titre de duc, le grand-cordon de la Légion-d'Honneur. On ferait marquis avec un majorat de douze mille francs et la plaque de grand-officier de la Légion, tout maréchal-de-camp *dont la défection serait utile.* Le titre de comte, douze mille francs de pension et pareillement la croix de commandeur seraient acquis à tout colonel qui passerait au nouveau gouvernement, en entraînant son régiment. Des récompenses inférieures étaient réservées aux moindres grades; enfin cette révolution, tramée par des hommes d'affaires qui connaissaient la valeur de l'or, aurait coûté une somme énorme à la France.

Des renseignemens trompeurs, parvenus à Didier, dans la semaine même où eut lieu l'exécution du maréchal Ney, 16 décembre 1815, lui firent espérer de pouvoir plus facilement s'emparer de Lyon que de Grenoble. Il se transporta donc à Lyon en janvier 1816, et faillit en effet s'en rendre maître. Un incident bizarre dévoila la conjuration.

Parmi les nombreuses ouvrières en soie que Lyon renferme, il y avait alors une pauvre orpheline, douce, candide, jolie et pieuse extraordinairement. La dévotion de cette créature angélique lui avait fait repousser les offres de séduction d'une foule de jeunes élégans ou de vieillards riches et corrupteurs. Les ouvriers, ses égaux, n'étaient pas mieux reçus dans leurs avances galantes, et l'insensibilité de la jolie Lyonnaise la faisait désigner sous le double sobriquet de Paulette, *vierge et martyre*.

Cependant l'heure de la défaite de ce chaste cœur sonna. Un pauvre canut, maigre, pâle, souffreteux et visiblement attaqué de la poitrine, vint se loger dans une chambre voisine de celle habitée par Paulette. L'air languissant, les formes réservées du jeune homme, l'intérêt qu'inspire une vie près de s'éteindre, lorsqu'à peine elle commence, émurent la *vierge et martyre*. Elle s'attacha à celui qui la regardait avec des yeux si tendres, sans que ses propos ou ses actes alarmassent sa pudeur; elle se mit ostensiblement à soigner le pauvre malade; ces deux enfans se firent la mutuelle promesse de s'épouser. Infortunés qui ne voyaient pas la mort!

André, de jour en jour, devenait plus amoureux de Paulette; il était au nombre des insensés que Didier avait gagnés, et dont il devait se servir pour opérer un mouvement. Un soir qu'il s'était endormi, tandis que la jeune vierge travaillait près de lui, on frappa à la porte; Paulette craignant d'être aperçue par des étrangers chez son amant, se jeta si prestement dans un étroit cabinet voisin, qu'André en se réveillant put se croire seul. On entra; c'était Didier. —Pour dérouter, dit-il à André, les limiers de la police, c'est chez vous que j'ai donné rendez-vous à un envoyé du comité de Paris.

Didier et André causèrent librement et familièrement, comme gens que nul ne peut entendre. Le personnage attendu arriva, et Paulette ouït dans toute son étendue le plan d'une conspiration qui allait replonger la France dans les horreurs dont l'heureux retour de Louis XVIII, en juillet passé, l'avait si miraculeusement préservée. Peut-être le fait politique aurait laissé

Paulette indifférente, mais le Parisien, en digne fils de la grande ville, étala tant d'impiété, manifesta une telle haine des prêtres, insista tant pour que le calvinisme devînt la religion dominante en France, que la pauvre fille, détestant cet infâme complot, jura devant Dieu de le révéler.

Elle se tint tranquille, laissa partir les étrangers; et, lorsque la respiration plus égale de son amant lui eut appris qu'il s'était rendormi, elle quitta doucement son asile, gagna la porte, sortit, et, parvenue dans sa chambre, tomba à genoux, promettant à Dieu dont elle se reconnaissait l'instrument visible, de ne pas laisser arriver à bien cet attentat sacrilége. Le lendemain elle courut à l'église de sa paroisse, se présenta au tribunal de la pénitence, et là, avant sa confession, déclara au prêtre tout ce qu'elle savait.

Dans sa simplicité, Paulette avait cru qu'en sévissant contre les coupables on lui laisserait son amant. Cruellement détrompée lorsqu'elle le vit enlever et conduire en prison, elle se livra à un désespoir si violent que huit jours plus tard elle était morte. André lui survécut peu, le chagrin de l'avoir perdue hâta sa fin, déterminée d'ailleurs par les progrès rapides de la pulmonie.

Didier aurait été arrêté, si le gendarme chargé de le surveiller n'eût pas été lui-même de la conspiration; mais, comme cet homme était lui-même au nombre des conjurés, il dépêcha sa maîtresse qui prévint Didier de son péril. Celui-ci, toujours prêt à la fuite, sortit de Lyon pédestrement, courut à l'extrémité du faubourg de la Guillotière, du côté de la campagne, et là trouva un cheval harnaché qui le conduisit à la frontière de la Savoie. On ne rencontra point Didier, quand on vint le saisir.

Ayant ainsi manqué le coup qui devait le rendre maître de Lyon, et qui éclata néanmoins sans succès le 21 janvier 1816, Didier se replia sur le Dauphiné et spécialement sur le département de l'Isère. Le préfet de ce département était le comte de Montlivaut, depuis préfet du Calvados, royaliste à toute épreuve, incapable de pactiser avec la révolte et l'usurpation. On devait croire qu'il leur ferait bonne guerre. Du reste, homme de sens, de cœur, administrateur intègre, on ne lui reprochait aucune odieuse concussion.

Le général Donnadieu, protestant, et néanmoins Bourbonnien de pied en cap, n'était pas non plus de ceux que l'on pouvait séduire. On lui a reproché justement peut-être un immense désir de se mettre en vue à tout prix, même au moyen d'une sévérité outrée. Mais il a plus parlé qu'agi. Il n'en est pas de même du duc Decazes; celui-ci doit savoir quel est le véritable instigateur de l'épouvantable boucherie dont Grenoble fut le théâtre, nul n'aurait osé parler au général Donnadieu en faveur de la conspiration ; dès quelle lui fut connue, il l'écrasa. C'était là son devoir ; il le fit et ne s'embarrassa point des interprétations qu'on tirerait de sa conduite.

Donnadieu et Decazes, voilà donc les deux hommes que Didier avait à combattre : il ne les craignait pas ; tranquille dans sa retraite, il employait l'argent qu'on lui envoyait de Paris, et qu'il recevait par l'intermédiaire d'un banquier de Lyon et d'un de Grenoble, à faire des approvisionnemens d'armes, de munitions de guerre et de bouche, à acheter des bateaux qui le rendraient maître du Rhône, à enrôler dans les montagnes du Dauphiné et du Vivarais d'anciens militaires grognards de l'empire, impatiens de combattre, car ces mains qui ont si long-temps porté le fusil dédaignent la charrue et les travaux rustiques de la campagne.

C'était par de telles mesures qu'il répondait à l'impatience de ses amis de Paris ; mais tant de démarches ne pouvaient long-temps demeurer secrètes ; un bruit sourd, dès le mois de janvier 1816, se répandit dans le Dauphiné. Cette inconsistante rumeur reposait sur des on dit les plus contradictoires ; aussi la proclamation de M. de Montlivaut, du 21 janvier, fut-elle une de ces pièces d'apparat dont l'autorité couvre son ignorance. Au reste, le préfet, en cas de tentative coupable, pouvait compter sur la garde nationale tant à pied qu'à cheval. Organisé par un royalisme éclairé et intelligent, ce corps ne renfermait que des hommes dévoués à la maison régnante. Les deux légions de troupe de ligne, celle de l'Isère et de l'Hérault, le régiment des dragons de la Seine, la gendarmerie étaient animés également des meilleures dispositions pour la cause de S. M. Louis XVIII. Certes, ce n'était pas sur l'appui ou la neutralité de ces forces que les rebelles devaient compter; mais la demi-solde, les militaires de l'ancienne armée, les montagnards, le vieux levain de la république, le *caput mortuum* des Grenoblois présentaient des chances que Didier s'empressa de saisir.

Peu satisfait de son ouvrage, il courut au-dehors chercher des secours et rançonner la famille Bonaparte. Il sut persuader à quelques membres de cette famille qu'il ne travaillait que pour la cause napoléonienne; il alla soit à Parme, soit à Milan, soit à Lausanne, où il se mit en rapport avec le général comte d'Erlon, celui-là aussi rangé sous les bannières de l'orléanisme, quoiqu'en apparence ne songeant qu'à Napoléon II. D'Erlon, peu auparavant, était venu à Grenoble, lorsqu'on avait cru à la possibilité du soulèvement de Lyon. Là, caché chez un ancien député, le sieur Perrin, il se préparait à se mettre à la tête des troupes insurgées ; mais la ruine momentanée du complot lui avait fait prendre la fuite, et, à Lausanne, il promit de nouveau à Didier d'accourir au premier signal.

A mesure que le moment décisif approchait, Didier parlait moins de Bonaparte et prononçait plus souvent le nom du duc d'Orléans. Un de ses complices, M. Dussert, auquel il vanta par trop ce prince, lui répliqua : — Ne me vantez donc pas cet homme ! Bourbon pour Bourbon, autant vaut conserver celui qui règne. S'il s'agit de la famille d'Egalité, je me retire ; je ne veux pas d'un ci-devant à demi italianisé.

Sur ces entrefaites, Didier répandit dans tout le Dauphiné et les départemens voisins une proclamation propre à égarer les esprits ; il la fit suivre d'un journal allemand qui contenait une protestation menteuse de l'empereur d'Autriche, en faveur de Napoléon II, son petit-fils. Enfin, deux derniers émissaires partis de Paris apportèrent dans leur voiture deux cent mille francs en or que Didier distribua avec une générosité digne d'une meilleure cause.

Il n'est point dans mon intention de poursuivre le récit de faits trop connus. Je n'ai cherché qu'à fournir de nouveaux documens à ceux qui écriront cet épisode de notre histoire moderne. Je dirai seulement que la levée de boucliers eut lieu le 4 et le 5 mai 1816; que les insurgés, reçus vigoureusement par des troupes dévouées, furent battus sur tous les points, et que la conspiration fut pleinement déjouée. Certains chefs furent tués; Didier prit la fuite. Je reviendrai bientôt à lui.

Je ne peux concevoir comment on a laissé ce complot parvenir à sa maturité, lorsque je vois les archives de la simple préfecture de police regorger de renseignemens précis sur les conspirateurs, de dénonciations venues de cent endroits pour dévoiler ce qui se tramait dans le Dauphiné. Je sais que les lumières parvinrent de toutes parts au comte Decazes, et que le ministre ferma constamment les yeux. Avant 1830, cette conduite me paraissait inexplicable; depuis, j'ai eu le mot de l'énigme. M. Decazes eût pu prévenir de longue main ce coup d'éclat, et ménager le sang français qui coula. Il savait tout, ou, s'il n'a rien su, il faut que, par une fatalité singulière, ce qui était à la connaissance de l'universalité de la police se soit arrêté à la porte de l'hôtel du ministre.

Parmi les premières victimes de cette tentative d'une si coupable ambition, on regretta MM. Guillot fils, jeunes gens de haute espérance, dont le puîné, ex-élève de l'école Polytechnique, était officier d'artillerie. Leur père, notaire à La Mure, vécut pour les pleurer. Les regrets s'attachèrent également à l'ex-officier Joannini, homme de tête et d'exécution, brave et ferme, digne de mourir moins misérablement.

Didier qui, un sabre à la main, avait essayé, sous le feu de la mousqueterie, de rallier les insurgés, voyant leur pleine déroute, tenta de se sauver, et après une suite d'aventures et d'alertes incroyables, il toucha le territoire piémontais. Mais, reconnu et arrêté par les carabiniers du roi de Sardaigne, il fut livré à la justice prévôtale du roi de France.

Le grand-prévôt de l'Isère était le colonel baron de Plantu, homme spirituel, doux, agréable, philosophe et nullement à la hauteur des circonstances. Je l'ai beaucoup connu, et je sais combien son cœur saigna et quelle fut sa douleur dans ces fatales journées.

Sans compter les cadavres ramassés sur le champ de bataille, les deux premières victimes qui périrent juridiquement et que fit immoler ce coup insensé d'une faction infatigable furent Drevel, ex-soldat de la garde impériale, et Buisson, marchand épicier, domicilié à La Mure, comme son compagnon d'infortune. Leur supplice eut l'air d'un martyre, tant ils montrèrent de courage et de dévouement.

Un tribunal militaire, composé de MM. Vautré, colonel de la légion de l'Isère, *président;* Desclaix-Deymard, chef de bataillon; Guéronnet, capitaine; Marry, capitaine; Macth, lieutenant; Benoit, sous-lieutenant; Paquel, sergent-major; Charpenay, capitaine, *faisant fonction de procureur du roi;* Boudier, capitaine, *rapporteur;* Bernard, *greffier;* jugea sans désemparer trente accusés, dont vingt-un furent condamnés à la peine de mort : cinq néanmoins devaient être recommandés à la clémence royale. Plus tard, deux obtinrent un sursis et quatorze durent tomber sous le glaive de la loi. Le 10 mai, ce jugement fut exécuté.... Que le sang de ces hommes retombe sur les instigateurs premiers de leur faute !

Cette sanglante exécution épouvanta tout Grenoble, qui du moins espérait en être quitte avec cette fatale décimation, lorsque le 14 mai, le général Donnadieu reçut une dépêche télégraphique contre-signée Decazes, ainsi conçue :

LE MINISTRE DE LA POLICE GÉNÉRALE AU GÉNÉRAL DONNADIEU.

Je vous annonce, par ordre du roi, qu'il ne faut accorder de grâce qu'à ceux qui ont révélé des choses importantes. Les vingt-un condamnés a mort doivent être exécutés ainsi que David.

L'arrêté du 9, relatif aux receleurs (la maison rasée) *ne peut pas être exécuté à la lettre. On promet 20,000 francs à ceux qui livreront Didier.*

Parmi ces nouvelles victimes, il y avait un enfant de *seize ans*.

Le général Donnadieu flétrit à jamais cette dépêche du ministre, par la réponse qu'il y fit. Voici la lettre qu'il écrivit :

« Grenoble, le 15 mai 1816.

« Monseigneur, aujourd'hui à quatre heures,
« les sept des vingt-un malheureux condamnés à
« mort le 9, dont l'exécution avait été suspendue
« jusqu'à ce jour, ont subi leur jugement. De-
« main matin le nommé David, dont l'exécution
« avait été également suspendue, sera exécuté.

« Monseigneur, autant ces jugements produi-
« sent un effet salutaire lorsqu'ils suivent avec la
« rapidité de la foudre le crime qui les a appe-
« lés, autant ils peuvent produire un effet con-
« traire dans l'esprit des hommes, alors que le
« calme est rétabli et que l'idée du crime s'efface
« pour faire place à la commisération. C'est
« pour répondre, monseigneur, à des ordres
« aujourd'hui reçus de LL. EE. les ministres de

« la justice et de la police générale, provoquant
« les mesures les plus sévères d'exécution envers
« tous ces misérables, que j'ai l'honneur d'adres-
« ser ces réflexions à Votre Excellence.

« Ces ordres, adressés au procureur-général et
« aux premières autorités, pouvant être mal in-
« terprétés dans les intérêts de Sa Majesté, je
« crois extrêmement nécessaire et utile à son
« auguste service que des interprétations justes
« soient données pour que les châtimens à
« exercer à l'avenir ne tombent absolument que
« sur les têtes des principaux chefs ; qu'enfin un
« zèle mal dirigé et qui n'est exalté souvent qu'a-
« lors que le péril a cessé, ne fasse pas imaginer
« que c'est en faisant couler des ruisseaux de
« sang qu'on peut servir une cause aussi juste et
« qui ne peut être étayée que sur des principes
« de bonté et non sur une cruauté inutile. »

Didier, ramené devant ses juges, essaya sans succès de se défendre; condamné à mort, il fut exécuté le 10 juin 1816.

Dès ce moment sa famille, qui se trouvait réduite au dernier degré du malheur, reçut des secours d'une main inconnue. La révolution de 1830 est venue en partie lever le voile qui pesait sur ce mystère. La constante faveur dont M. Didier fils n'a cessé de jouir et qu'il mérite à tous égards d'ailleurs, les fonctions importantes qu'on lui a confiées successivement jusqu'à l'heure de sa mort, témoignent d'une manière éclatante quelle cause son père a suivie.

Tels sont les faits importans que je signale; ce ne seront pas les derniers : il me reste à suivre les événemens politiques qui se sont succédé, pendant que M. Decazes a tenu dans les mains les rênes du gouvernement.

CHAPITRE LXXIII.

Une lettre supposée. — Rapport sur les élections. — Le comte d'Artois prophète. — Une duchesse et un inconnu. — Stratégie d'une femme de quarante ans. — Le duc de Choiseul à l'Opéra. — Marianne et Manette. — L'histoire de tous. — Peu de barbe et beaucoup d'audace. — Un caprice de grand seigneur. — Une petite maison. — La vérité entre deux draps. — Cassandre à Lesbos.

A mesure que grandissait la faveur du ministre de la police générale, les vrais royalistes qui devinaient son pacte secret avec un parti opposé à celui de la famille royale, tentaient de le combattre et d'amener sa chute. Mais, comme M. Decazes disposait des sommes énormes qu'il prétendait nécessaires à maintenir la tranquillité publique, il s'en servait pour augmenter le nombre de ses partisans et pour engager le roi dans une voie de méfiance et de terreurs croissantes.

Ce fut sans doute un des ressorts mis en jeu par des agens secondaires qui produisit la lettre suivante, dont l'original fut placé entre les mains du roi. Cette lettre lui causa tant de peur qu'il fut aisé de lui arracher l'ordonnance fatale du 5 septembre 1816. C'est cette funeste mesure, on peut le dire, qui fut, pour la famille des Bourbons, la première pierre d'achoppement dans le chemin qui les conduisit à leur perte. Je n'ai pas trouvé dans la copie, déposée à nos archives, l'adresse qui devait être sur l'original de cette lettre. Je présume que le but de cette suppression a été de rendre impossible une recherche d'authenticité d'écriture. C'eût été un moyen facile de découvrir la fourberie, car aucun royaliste, instruit comme le suppose la lecture de cette épître, n'aurait été crédule et gobe-mouche à ce point. Le lecteur en jugera. Voici ce que dit ce chef-d'œuvre :

« Paris, ce 12 août 1816.

« Mon cher ami,

« Mes lettres sont rares, parce que je veux
« avoir de quoi les remplir. Aujourd'hui que j'ai
« fait ample moisson, tu seras content de ma
« prolixité.

« D'abord j'ai vu Henri (*Monsieur, comte
« d'Artois*); il m'a excellemment reçu, s'est
« plaint à moi que les choses allassent si mal, et
« m'a dit que si son oncle (*Louis XVIII*) ne
« s'en reposait pas exclusivement sur lui du soin
« de conduire les affaires de la maison (*du
« royaume*), tout irait à la diable.

« En le quittant, je me suis rendu chez son
« intime ami, le bon abbé (*monseigneur de La-
« til*). Celui-ci a été plus rond, plus franc. Il m'a
« dit (et je crois que je te répète mot à mot ses
« phrases, car cette conversation a été si im-
« portante qu'elle est demeurée gravée dans ma
« mémoire) : — Eh bien ! mon cher marquis, où
« en sommes-nous ? — Au moment de prendre
« les armes, pour peu qu'on nous l'ordonne. —
« Vous êtes donc prêts ? — La Bretagne, la
« Vendée, le Poitou, l'Angoumois, la Saintonge,
« la Guienne, le Languedoc et la Provence,

« ainsi que les provinces du centre et celles du
« nord, n'attendent que le signal pour se lever.
« La noblesse comprend que l'oncle (*le roi*) la
« mène à sa perte, et n'a plus d'espérance
« qu'en M. Henri (*le comte d'Artois*). Celui-là
« seul rétablira toutes choses comme elles l'é-
« taient dans l'ancien temps; mais nous devons
« en ceci paraître lui forcer la main. Il faut que,
« de toutes parts, on engage l'oncle (*le roi*) à se
« retirer dans un château, où il mènera douce
« et joyeuse vie. Il n'a pas de postérité. Le soin
« de la maison regarde son neveu (*son frère*).
« Mais pour que celui-ci soit tranquille, il faut
« avant tout se débarrasser du jeune intendant
« (*Decazes*). Ce brigandeau-là maintient la raison
« du commerce (*la Charte*) sur le pied qu'il plaît
« à l'oncle (*le roi*). Nous avons pour nous déjà
« tous les gardes-chasses de première classe (*les
« gardes-du-corps*). Les arrangemens sont pris
« avec les douze lieutenans (*les maréchaux*). Le
« reste suivra le mouvement. Quant à ces mes-
« sieurs (*la chambre introuvable*), ils vont bien.
« Ils iront mieux lorsqu'ils ne craindront pas de
« déplaire à l'oncle (*au roi*); mais, je le répète,
« pressez-vous, car il se brasse d'étranges choses
« contre nous.

« Là-dessus, j'ai quitté l'abbé. Il faut donc en-
« core, ami, et cela sans perdre un moment,

« que tu donnes l'alerte dans nos campagnes,
« que les gars se préparent à lever la couleur
« chérie : le plus tôt sera le mieux. Adieu. Tout
« à toi. »

Je suis persuadé que cinquante lettres pareilles furent mises sous les yeux du roi. La politique d'une telle conduite était de faire croire à Sa Majesté qu'un complot se tramait, qui avait pour but son abdication. M. Decazes savait bien que jamais la chambre de 1815 ne le laisserait s'emparer des rênes du pouvoir; aussi se crut-il heureux quand, ayant obtenu le coup d'état du 7 septembre, il put se procurer une majorité réellement hostile à la famille royale. Voici un rapport qui lui fut fait à ce sujet.

« Monseigneur, les élections sont closes, et les résultats tels que la sagesse du roi pouvait les désirer. La majorité lui est acquise : c'est hors de doute. Voici une statistique résumée de l'opération. Vingt nominations ont manqué par suite de la discorde qui, dans divers colléges, a éclaté entre les électeurs. Deux élections sont doubles. Cent soixante-quatorze députés de la dernière chambre ont été réélus. On en compte soixante nouveaux, parmi lesquels il y a quarante-six présidens de colléges. Au nombre des ultra furieux que le bon sens des électeurs est parvenu à écarter, il faut signaler le *prince* de la Trémoille, les *marquis* de Boisgelin, de Forbin-des-Issarts, de Beausset, de la Maisonfort, de Frotté; les *comtes* de Blangy, de Blosseville, de Bernis, Duplessis-de-Grénédan, de Juigné, de Montbel, de Polignac, de Sesmaisons, de Vogné, de Masquillé; le *vicomte* de Larochefoucauld; MM. de Vitrolles, Raymond-de-Trest, Roger-de-Damas, de Grosbois, Chifflet, de la Pasture, Conan-de-Saint-Luc, Lahorie, Dubouchage, Pardessus, Palamède de Macheco, Feuillant, de Lorgeril, de Bettizy, Boveau-d'Hancarderie, Puysaie, Coupigny, Monttran, Bertier-de-Sauvigny.

« Les nouveaux élus se recommandent en général par des vues sages. Cependant, parmi eux, se retrouvent quelques exagérés. Je les signalerai en écrivant leurs noms en caractères italiques. Voici ces nouvelles nominations : Anglès père, le comte d'Ambrugeac, d'Augier, d'Arlincourt, d'Auguste, de Bondy, de Bellecise, Barrairon, Boursier, comte de *Boisclairvaux*, Breton, Legouen, Bezarry, Camille-Jordan, Courvoisier, comte de Coursarvel, *Cassagnolle*, Cleria, chevalier Chabrol, Dupaty, *Dupavillon*, Druel-des-Veaux, Despatif, Durand, Doublet, Eynouf, duc d'Estissac, la Frogne, Frasconville, Lezay-Marnesia, Laffitte, Jacquinot-de-Pampelune, Macarti, Maine-de-Biran, Moreau, Moisen,

Menager, Montaignac, Morisset, Mortarieu, Panure, Ponsard, Roussus, *Ravez*, Rubol, Seyras, Soillier, duc de Trevise, Wilch, marquis de *Villefranche*.

« J'ai vu un grand nombre des nouveaux députés; tous m'ont paru animés du désir d'aider le roi à sortir d'une position difficile. Ils ne m'ont pas laissé ignorer que leur concours tiendrait aux bonnes intentions du ministère. Cette franchise m'a fait voir combien il serait facile de s'entendre avec eux.... »

A la suite de ce rapport était un état des demandes que les membres du vote ministériel faisaient dans leur intérêt particulier. Ceci est très curieux, sans doute; mais il y a des bornes à certaines révélations. En les dépassant, je serais accusé d'être amant du scandale, je me tairai donc sur ce point. Ce fut à cette époque ou à peu près que M. le comte d'Artois eut avec le ministre de la police la conversation que je trouve relatée dans une lettre sans signature, adressée au comte Anglès. Les détails curieux qu'elle contient ne doivent pas être enlevés à l'histoire contemporaine.

« Je vous écris à la hâte, afin que vous sachiez
« exactement ce qui se passe. Ce matin, le comte
« (M. Decazes) s'est rendu chez Monsieur pour
« lui faire sa cour. La réception a été froide,

« presque désobligeante. C'était d'autant plus
« mortifiant pour le comte qu'il se trouvait là
« beaucoup de monde. Cependant, et comme
« sans doute la chose avait été réglée à l'avance,
« le gros des courtisans s'est retiré, et les sei-
« gneurs du service d'honneur se sont reculés
« vers la porte, hors de la portée de la voix.
« Alors Monsieur a marché vers une fenêtre où
« le comte l'a suivi, et là seul avec lui :

« — Eh bien ! monsieur, a dit Son Altesse
« Royale, trouvez-vous bien de travailler à dé-
« molir le trône que la Providence vient de réé-
« difier ?

« Le comte, frappé au vif par cette attaque
« brusque, mais non surpris, car sa mauvaise
« conscience l'a préparé à tout entendre, le
« comte a répondu respectueusement.

« — Oh ! nous savons que les phrases ne vous
« coûtent point, a repris le prince, il n'est pas
« moins vrai que les affaires vont mal, que l'on
« destitue chaque jour les vrais royalistes pour
« mettre à leur place des hommes équivoques.
« On met en question les droits de la couronne.
« On va plus loin, on les lui refuse tous pour en
« gratifier le principe populaire. On excite les
« gens de lettres et les journalistes à écrire contre
« la religion ; on discrédite le clergé, et tout

« cela au profit de la république et du protes-
« tantisme.

« — Si Monsieur veut me permettre de lui ré-
« pondre avec sincérité, je me flatte de le con-
« vaincre qu'on a mal interprété les intentions
« et les actes du conseil que, d'ailleurs, je ne
« préside pas.

« — Parlez, monsieur ; je ne veux condamner
« qu'en connaissance de cause.

« — Eh bien! j'oserai dire au prince que la
« France actuelle n'est pas celle de 1780; elle
« s'est faite, à tort ou à raison, une éducation
« nouvelle. La majorité des citoyens veut une
« monarchie pondérée par une forme de gou-
« vernement qui rende impossible le retour des
« anciens abus. Qui se flatterait de reconstruire
« ce qui était en janvier 1789, concevrait une
« espérance vaine. La sagesse du roi a compris
« cette exigence irrésistible, et s'y est con-
« formée....

« — Bonaparte a bien donné une constitution
« à sa guise.

« — Aussi, il est tombé.

« — Monsieur le comte...

« — Monsieur m'a permis d'être sincère, je
« lui dis la vérité; toutes les mesures que le con-
« seil propose, que le roi adopte et sanctionne

« de sa volonté libre ont pour but unique la con-
« solidation du trône des enfans de Saint-Louis.

« — Je crois que vous vous trompez.

— C'est le roi qui se trompe, car c'est lui qui
« décide.

« — Je n'ai pas le droit de juger le roi, mais je
« persiste à craindre pour l'avenir. Je souhaite-
« rais que ses ministres prissent conseil des amis
« sincères de la monarchie, et non de ceux qui
« l'ont combattue, qui la flattent pour la perdre,
« et qui, selon moi, jouent la comédie. S'ils fei-
« gnent le royalisme, ce n'est pas moi qu'ils
« trompent. Ils ne sont pas plus royalistes, à
« mon sens, que ne sont libéraux certains
« hommes prétendus tels dont tant de niais sont
« dupes. Je souhaite que le roi voie clair dans les
« embûches de tout genre qu'on dresse autour
« de lui; il n'est pas trop tard pour le détromper.
« J'aurais été heureux, monsieur le comte, de
« vous amener à mon opinion.

« — La mienne est celle du roi, et je n'en
« aurai jamais d'autres.

« — Vous engagez donc votre conscience pour
« l'avenir, monsieur? dit le prince avec un cer-
« tain sourire que le comte eut l'air de ne pas
« comprendre. Au fait, un conseiller du roi ne
« peut mieux et plus prudemment agir.....
« Adieu, monsieur.

« Sorti de cette audience, le ministre m'a
« tout rapporté, et moi aussitôt je vous tiens ma
« promesse. On dira ce qu'on voudra, mais il
« me semble que Monsieur est un excellent prince.

« J'ai l'honneur d'être, etc. »

J'entretiendrai maintenant le lecteur d'un fait d'une toute autre nature. Il s'agit d'une aventure galante. Celle que je vais vous rapporter a pour héroïne une duchesse du nouveau régime. Ce qui lui arriva fit assez de bruit pour que la police, ayant à ménager l'honneur d'une couronne ducale, s'employât activement à dénaturer le fond et la forme de l'histoire.

Le cœur humain est faible, celui des femmes surtout. Il n'a de force et d'énergie que pour aplanir les chemins qui mènent jusqu'à lui ; en général, il se laisse conquérir avec une facilité dont on cherchera long-temps la cause, bien que l'effet soit invariablement le même.

Madame la duchesse d'Alb.., femme d'un des plus illustres généraux de Napoléon, rencontrait depuis quelque temps au bois de Boulogne, au boulevart de Gand, au théâtre Italien, aux Tuileries, enfin dans tous les lieux publics où elle se rendait, un jeune homme d'une beauté remarquable et de la tournure la plus distinguée : la grâce de ses manières, le charme de son sourire, sa mise simple, quoique prodigieusement élégante, avaient fait pressentir à la duchesse un homme d'un monde parfait. Le regard d'une femme qu'un caprice entraîne souvent dans des liaisons où elle déroge sciemment, en raison de quelque riche encolure ou de tout autre précieux avantage, ce regard qui déshabille de pied en cap un futur amant, avait rassuré la duchesse sur le mérite de l'homme qui devait être le sien.

Elle avait précieusement recueilli les amoureuses œillades du jeune homme, et jugeait, chaque jour, en maîtresse femme, de l'effet produit sur son adorateur par l'adroite coquetterie qu'elle employait pour l'enamourer chaque jour davantage. Mais elle seule jouissait de ce triomphe, car la discrétion du bel inconnu semblait égaler sa tendre impatience. Ce qui amena surtout la duchesse à la secrète capitulation de sa rigueur hautement prônée chez les hommes de quarante ans, c'est qu'elle-même allait bientôt atteindre cet âge. Quarante ans, pour une femme qui fut belle et qui l'est encore, c'est comme l'heure de la faillite pour un commerçant. Demain peut-être, il faudra déposer son bilan, demain peut-être, avec le dernier lacet, tomberont des vanités qui sont des charmes aujourd'hui. La duchesse prit rapidement son parti; dans son cœur, elle se promit d'être le plus promptement possible assiégée, escaladée, conquise ; sa bienveillance pour son adorable ennemi se trahit par un redoublement de toilette et par des manœuvres galantes de la plus haute science et de l'école la plus exquise.

Cependant, jusque-là, elle n'avait pas osé s'informer du nom du jeune homme. D'ailleurs à qui s'adresser? Un soir, elle était à l'Opéra, et le duc de Choiseul l'accompagnait. Dans un entr'acte, elle vit le duc échanger un salut avec un jeune homme placé au balcon. La duchesse sentit son cœur tressaillir, le jeune homme du balcon était son inconnu ; elle s'arma de courage, et, avec le ton de la plus parfaite indifférence :

— Quel est ce monsieur? dit-elle. Il vient de vous saluer, il a vraiment fort bon air !

— Eh ! mon Dieu, répondit le vieux duc encore jaloux des succès de la jeunesse, n'avez-vous jamais rencontré le comte de R..., c'est un homme de qualité et de mérite, qui le sait et qui s'en prévaut.

Ce nom rassura la duchesse sur un point capital de sa future intrigue ; elle minauda encore quelque peu, et pendant le reste de la soirée fut d'une gaieté parfaite. Sa joie augmenta lorsque le comte de R..., ayant saisi au passage un regard du duc de Choiseul, en profita pour renouveler son salut. M. de Choiseul tressuait de plaisir. La duchesse... éteignait le feu de son regard sous son éventail; elle se sentait heureuse comme elle ne se croyait plus capable de l'être. Il était clair que M. de Choiseul était un prétexte à saluts. Bientôt le jeune élégant quitta sa stalle. La duchesse regardait sur la scène où elle ne voyait plus rien.

Au bout de quatre minutes, l'ouvreuse de loges vint humblement avertir le duc de Choiseul qu'un *beau monsieur* désirait lui dire un mot.

— Je gage que c'est l'ambassadeur d'Autriche, dit le duc. Oh! il ne me laisse pas respirer, à moins que ce ne soit le prince Caffra... Pardonnez-moi, madame.

— Allez, monsieur le duc, mais revenez-nous, dussiez-vous rencontrer mademoiselle S... au lieu du prince Caffra.

Cette demoiselle était une jolie danseuse, quelque peu chanteuse; on la disait la protégée du duc. M. de Choiseul sortit l'air radieux, mais bientôt il reparut la mine renfrognée.

— Madame la duchesse, dit-il, voici le comte Léon de R..., qui souhaite l'honneur de vous être présenté.

O vieux duc! comme tu parus charmant et aimable, comme on admira ta tournure antique, et comme on prêta de la légèreté à ta lourdeur !

— Monsieur, dit la duchesse avec une admirable dignité, votre recommandation est puissante ; d'ailleurs le seul nom de M. le comte est un titre.

Alors le comte est introduit, les complimens naissent, s'échangent, se prolongent, et la duchesse engage MM. de Choiseul et de R... à dîner pour le lendemain, afin, dit-elle, qu'à son tour elle puisse présenter M. de R... à son mari.

— Hélas ! madame, dit le jeune homme, je ne puis profiter de cette faveur, car je pars demain pour un long voyage ; mais à mon retour...

La duchesse reçut cette excuse sans s'émouvoir. Avant de s'être entendus pour mentir, deux amans sont d'accord sur leurs mensonges. Le regard du jeune homme démentait son propos.

On se sépara ; la nuit fut délicieuse. « Il n'a refusé, se disait la duchesse, que parce qu'il a mieux à faire ; attendons. » Et elle s'endormit.

Le lendemain, au moment du déjeuner, le duc entre. Il est suivi par une paysanne jolie à croquer sous ses coiffes à barbes relevées ; elle est gauche, timide, embarrassée ; elle marche mal, on voit que les parquets, les dalles de marbre, les tapis lui sont nouveaux ; elle n'a pas regardé la duchesse ; on dirait qu'elle se cache, et pourtant un coup d'œil a révélé le mystère, c'est le comte de R...

— Madame, dit le duc, j'ai, vous le savez, un frère de lait à V... A ma sollicitation, il a été nommé percepteur de sa commune et de deux autres avoisinantes : mon collègue des finances ne me refuse rien. Or, ce frère de lait, pour me témoigner sa reconnaissance, envoie auprès de vous sa fille que voici. Il espère en votre agrément, et de cette enfant veut faire votre femme de chambre. Cette jeune personne arrive d'autant plus à propos, que votre camériste en chef, Manette, nous quitte, ce matin même, sous le prétexte de se rendre auprès de sa marraine malade. Je pense, madame, que vous serez contente de cette jeune fille. Il me sera agréable de savoir qu'elle vous plaît autant qu'à moi-même.

— J'aurai, je vous le promets, répondit la duchesse, toute l'indulgence que vous réclamez en faveur de votre belle filleule.

— Vous l'entendez, ma chère enfant, dit le duc en baisant la main de sa femme, vous êtes entièrement à madame la duchesse dont bientôt la bonté vous sera connue. Servez-la fidèlement et avec zèle. Je vous laisse à vos nouvelles fonctions.

Et le duc gagne la porte en faisant un geste d'encouragement amical à la jolie villageoise; puis, revenant sur ses pas : — Ménagez-la, dit-il encore à la duchesse; je veux que cette enfant bénisse le jour où elle est entrée ici.

Et enfin le duc se retire.

M. de R... allait imprudemment tomber aux genoux de sa belle maîtresse. Un geste le retint. Il aperçut alors Manette (la soubrette dont le départ était fixé au lendemain), qui, postée dans une petite office à porte vitrée, ne perdait rien de ce qui se passait dans la salle à manger. Ce n'est point que Manette fût un témoin dangereux. Elle était gagnée au comte qui lui avait acheté sa place au prix d'une rente viagère de six cents francs; mais la duchesse ignorait ce marché; et, l'eût-elle connu, il était dans sa dignité de n'en point paraître informée.

Cependant Manette quitta l'office.

Si nous supposions qu'un seul de nos lecteurs ne connût point l'histoire amoureuse du chevalier de Faublas, nous consentirions à refaire cette ravissante scène où le chevalier, enfermé par le marquis de B... dans l'appartement de la marquise, se laisse persuader qu'il est coupable de la plus énorme témérité, et réalise effectivement cette vérité en devenant le plus téméraire des hommes.

Qu'est cela ? L'histoire de nous tous, en résumé. Nous sommes des monstres, des perfides, des infâmes! Mais, vraiment, les beaux séducteurs, les charmans libertins que nous faisons ! Il n'est pas une femme qui ne prétende être horriblement compromise, lorsqu'un de nous vient se prendre dans la toile qu'elle file sournoisement et à loisir au fond de son salon. Vous voilà en son pouvoir; elle suce votre sang, et cependant pleure et dit, en se tordant les bras, que vous l'avez perdue. Ce qu'il y a d'étonnant, c'est que quelques niais, ainsi capturés, s'imaginent de bonne foi être de très pervers scélérats et de damnables dresseurs d'embûches.

Aux grandes phrases de la duchesse, à l'indignation de son regard, le comte de R... fut sur le point de se croire le plus criminel des hommes. Mais, nous l'avons dit, il n'entrait point dans le plan de la duchesse d'être long-temps inexorable. Elle aida elle-même à la justification du jeune homme.

Primo : il aimait éperdument la noble dame. Cela n'était point en discussion.

Secundo : Voici par quelle industrie il était arrivé jusqu'à elle.

Le frère de nourrice de M.... habitait une terre, autrefois appartenant au comte de R....

Cet homme, en effet, avait expédié sa fille avec la fantaisie d'en faire la suivante de madame. Mais la jeune personne, très éprise d'un Allemand, ami du comte, avait préféré, à l'honneur de servir la duchesse, le plaisir de suivre son amant au-delà du Rhin ; en conséquence, elle était partie de la veille, oubliant à l'hôtel de R..., où elle était venue visiter sa cousine, la lettre de son père au duc.

Cette circonstance avait inspiré au comte de R... l'idée de profiter de la lettre, et il l'avait fait avec d'autant moins de scrupule que le couple fugitif s'était engagé à ne pas écrire au père avant trois mois.

Le comte de R..., âgé de vingt ans à peine, présentait en lui une erreur de la nature : juvénilité, embonpoint, formes gracieuses, absence de tous poils follets, traits délicats, bouche rose, joues à l'avenant; on eût dit en le voyant sous son déguisement que ces divers agrémens de l'autre sexe lui appartenaient au titre le moins équivoque.

Or, de tant de charmes, de tant de qualités séduisantes, il devait arriver que la duchesse ne jouirait pas paisiblement de son bonheur. Les sous-chefs de l'hôtel, les secrétaires, les commis, les valets de chambre, les brigadiers de gendarmerie en planton, tous cherchèrent à plaire à l'incomparable Marianne. Chacun fut vivement repoussé, même le favori de monsieur, beau gars d'environ vingt-cinq ans, qui avait un peu de bien, des épargnes, de gros gages et une place très lucrative aux halles de Paris, que l'on exerçait en son nom et dont il deviendrait titulaire si la fantaisie lui prenait de quitter Son Excellence. Celui-là avait parlé de mariage.

Un jour, le duc entre chez sa femme; elle était seule avec sa camériste. Après quelques propos insignifians, le duc dit : — Parbleu ! on me donne une commission fâcheuse. Voici trois semaines que le comte de R... a disparu; on ne sait où il est ; sa mère le croit mort ; ses collatéraux sont presque de l'avis de sa mère ; ses amis sont inquiets, et Sa Majesté m'a ordonné de faire chercher par mer et par terre ce beau monsieur. J'y travaille depuis trois jours. Un de mes agens, dont le nez est fin, dit qu'il n'a pas quitté Paris et qu'il est, déguisé sous un vêtement féminin, auprès d'une sienne maîtresse, qui trompe son mari.. J'ai malmené ce polisson, qui a parlé si inconsidérément. D'ailleurs, comment un tel travestissement ne serait-il point découvert? Moi qui vous parle, je me fais fort de ne pas me tromper une heure en pareille circonstance.

— Oh ! dit la duchesse, votre perspicacité est rare. Qui vous tromperait ?

— Personne, je le garantis... Mais avez-vous connu ce gentilhomme ?

— A l'époque précise de sa disparition, j'étais à l'Opéra, le duc de Choiseul me le présenta ; je l'engageai à dîner pour le lendemain ; il refusa, prétextant un long voyage qu'il était sur le point d'entreprendre.

— Mais ce que vous me dites là est parfait. Voilà un renseignement, une preuve de son départ.... il ne s'est pas muni de passeport... ces ci-devant se croient au-dessus des lois... Allons, je vous dois la première lueur dans cette importante affaire.

Il sortit : on se mit à rire de sa perspicacité ; mais le diable, qu'on n'endort pas, s'avisa de rendre le duc amoureux de la séduisante soubrette. Pour avoir la fille, il crut très convenable de gagner le père, le père présumé, bien entendu. Le duc obtint donc pour cet homme une place de receveur d'arrondissement, fortune étonnante et démesurée, car les antécédens de celui qu'elle atteignait devaient, pour lui, borner l'avenir à une perception de deux mille cinq cents francs de traitement : celle qu'on lui accordait en valait quinze mille, année commune, et pouvait, grâce à certaines éventualités, monter à plus de vingt mille; puis les cadeaux directs à la fille suivirent les cajoleries. Ce fut en vain : la vertu du comte de R.... fut inébranlable. Un matin, une vieille matrone se présente à l'hôtel; elle demande mademoiselle Marianne N..., de la part de son père. A ce nom terrible, les amans tremblent; le comte va trouver la messagère; elle est établie dans un fiacre. —Mon enfant, dit-elle, votre père, sans permission de ses chefs, vient d'arriver; il veut vous voir en secret et vous attend chez moi : voulez-vous venir?

Ces mots sont un coup de foudre; cependant si une reconnaissance est inévitable, mieux vaut qu'elle ait lieu en maison tierce qu'à l'hôtel du ministre. Le comte remonte, prévient son amie de ce qui se passe, la laisse mourante, et retourne auprès de la vieille dame dont la physionomie lui paraît suspecte. Cette créature grossière, enluminée, au nez rouge et empuanti de tabac, se met pendant la route qui est longue à entamer en trois points l'éloge du ministre duc...... Elle exalte sa physionomie, ses belles manières, son crédit, sa faveur auprès du souverain; enfle le mal et le bien qu'il peut faire, le montre galant, libéral, et prêt à jeter les millions des jeux de Paris aux pieds de la femme qui tournerait sa tête; il peut faire d'un receveur d'arrondissement un receveur-général....

A quoi bon ce chapelet débité du ton de la harangue? On arrive à l'extrémité du faubourg Saint-Antoine, à deux pas de la barrière de Vincennes. On franchit une petite porte, on traverse une petite cour, on entre par un petit portique dans une petite maison, aux petites pièces, suivie d'un petit jardin; le tout d'une élégance extrême, d'une richesse parfaite. On reconnaît de suite le boudoir secret d'un grand seigneur. Le comte de R..... témoigne son étonnement à la vieille.

—Où donc mon père s'est-il logé? dit-il. Pas le moindre père ne se présente, mais en revanche le duc s'avance les dents souriantes, l'œil blanc, la main familière. Ici la scène change; elle est plaisante; amour d'une part, sévérité de l'autre, morale relâchée combattue par une invincible sagesse. Les heures s'écoulent, on ne s'entend pas mieux; le ministre a des devoirs qui l'appellent, il doit partir; mais il retient la belle en charte privée: il n'en est pas au début de ces sortes de coups d'autorité.

La vertueuse Marianne s'impatiente, elle essaie de fuir; des gens du duc la retiennent; elle fait tomber sa colère sur un dîner exquis qu'on lui sert; elle mange et boit à émerveiller les valets du service : jamais fille enlevée n'a eu un appétit si immoral. On augure bien pour les prétentions du duc. Le ventre et l'estomac, organes libertins, ont déterminé de bien coupables faiblesses : il y a des femmes qu'il faut attaquer par le diaphragme. A onze heures, on apporte une collation des plus friandes. Marianne ne fait grâce à rien ; elle décoiffe valeureusement une bouteille de vin de Champagne et ne la quitte que quand la bouteille a subi le sort des autres flacons, dont la table est encombrée. Quelle rude fille ! Vienne le duc, il trouvera à qui parler ! Mais Marianne est seule, elle se couche, elle s'endort, elle ronfle. Ce premier sommeil tarde peu à être interrompu. Ya-t-il des rats dans la maison ? qui gratte ainsi ? qui va là ? Pas de réponse. Marianne est complétement réveillée.... Une main saisit la sienne, une main d'homme, celle du duc ; cette main se conduit étrangement. — « Mais, monsieur.... » La main fait des prodiges de valeur ; la résistance de Marianne faiblit, encore quelques secondes et le duc.... Tout à coup, il jette un cri de honte, de rage : — Qu'est cela ?

— Un homme, lui répond M. de R...., qui se jette à bas du lit, profite de la stupéfaction du séducteur pour s'emparer de pistolets déposés sur le somno ; et, menaçant le duc de ces armes,

— Si vous tenez à la vie, dit-il, ouvrez-moi le passage, et ne provoquez point une esclandre qui vous déshonorerait doublement.

M. de R. s'est revêtu d'un jupon, a caché ses pistolets sous les plis d'un châle, et prenant le bras de monseigneur, il sonne, il demande la voiture; elle est prête, on n'a pas désattelé. Le duc et le comte y montent : le comte se fait conduire dans le labyrinthe inextricable de la Cité. Là, il met pied à terre, s'éloigne rapidement, trouve un fiacre et rentre chez lui.

Il est inutile de dire que, dans le trajet du faubourg Saint-Antoine à la Cité, le comte de R..., en homme généreux, avait appelé sur lui seul tout le ressentiment du duc; qu'il avait protesté de l'innocence de la duchesse. Un amour insensé, mais respectueux, a-t-il dit, l'avait conduit à cette ruse d'ailleurs sans profit pour lui, puisque la duchesse n'en avait rien su, etc, etc. On conçoit également que le duc dut être médiocrement satisfait par une telle explication. Il était anéanti, confondu, furieux; il se voyait.... joué; car la parole d'honneur d'un amant, en situation pareille, vaut autant que les certificats de bonnes vie et mœurs dont sont invariablement porteurs tous les brigands arrêtés par la gendarmerie. En arrivant à l'hôtel, le duc se coucha; et, pendant que, sur l'oreiller, il préparait pour le lendemain l'exorde du discours qu'il ne fit pas à la duchesse, celle-ci recevait par un émissaire du comte un billet qui l'instruisait de tout ce qui venait d'arriver.

Quand il la rencontra le lendemain au déjeuner, elle avait donc barre sur lui; elle ne lui laissa pas le temps de placer un mot.

— Qu'apprends-je? dit-elle, Marianne n'est point rentrée de la nuit! Que lui est-il donc arrivé? Une femme, dit-on, est venue la prendre hier, pour la conduire auprès de son père? Veut-il nous l'enlever? Je serais désolée de perdre cette enfant; je m'étais accoutumée à elle; d'ailleurs je la tenais de vous (le duc fit la grimace). Et n'eût été cette circonstance, ajouta la duchesse, j'aurais imaginé.... (le duc blémit), j'aurais soupçonné.... car l'affection que me témoignait Marianne me semblait souvent étrange....

— Qu'auriez-vous soupçonné, madame? dit vivement le duc.

— Oserai-je vous confier ma pensée?

— Oh! dites, dites, je vous en supplie.

— Eh bien! que cette jeune fille, pervertie par d'autres femmes, s'égarait dans ses hommages à l'amour.

Satan qui, depuis, racontait ceci, a déclaré que la duchesse mit tant de naïveté, de pudeur, de réserve et d'abandon dans cette confidence, que lui-même aurait été trompé, s'il n'avait été instruit à fond de l'histoire. Le pauvre duc, qui n'était pas un aigle, se crut le plus heureux des hommes; et, prenant bourgeoisement au cou sa chaste moitié :

— Ah! ma chère âme, dit-il, que notre honneur a couru un grand péril! Savez-vous qui était cette Lesbienne? l'abominable comte de R.... en personne.

Exclamations rapides et multipliées, aveux entortillés du mari; colère, indignation de la dame.

— C'est une infamie! Il faut en tirer vengeance! Et moi qui ne l'ai pas reconnu! Il est vrai, ajoute-t-elle en baissant les yeux et avec la candeur d'une pensionnaire, que je ne regarde jamais les hommes au visage une première fois surtout.

Et les larmes suivent; et, en présence du mari, on ne se gêne pas pour regretter l'amant. Les pleurs sont mis sur le compte de la pudeur offensée.

Le lendemain le *Moniteur* annonça la nomination du comte de R.... à une charge importante et de faveur. Le duc, fin politique, ajourna son projet de vengeance; bientôt même il vendit au nouveau chambellan la petite maison qui les avait si plaisamment mis en présence l'un de l'autre. La duchesse se mourait d'envie d'admirer le théâtre de cette scène singulière, et M. de R....., demeuré son amant, s'empressa de la satisfaire.

CHAPITRE LXXIV.

M. de Talleyrand en disgrâce. — Evangile diplomatique. — Usurpation et légitimité. — Un correspondant de S. M. I. l'empereur de Russie. — Le marquis d'A... en bonne fortune. — Une des plus anciennes familles du Parlement de Paris. — Olympe et chérubin. — Le coq et le dindon. — Le diamant et la Vengeance. — Un mariage manqué. — Joseph Lucher, l'abbé Baldini et Prosper, ou trois têtes dans un chapeau. — Le chien et le perroquet. — Un repas au Cadran bleu. — Malheur sur malheur. — La main de Dieu. — La torture. — La confession.

Le duc Decazes devait sa faveur sans doute au roi ; mais le goût du monarque avait été encouragé par le duc de Richelieu. Ce noble seigneur, au-dessus de la basse jalousie des courtisans vulgaires, voyait avec plaisir Louis XVIII éprouver de l'affection pour un jeune homme agréable et rempli de bons sentimens. Le ministre de la police ne laissait point passer une circonstance sans renouveler à M. de Richelieu les expressions de sa gratitude. A l'entendre, sa reconnaissance était sans bornes ; et il jurait que certainement il ne demeurerait pas au ministère une heure après que le duc l'aurait quitté.

Un second bienfaiteur de M. Decazes, celui qui, sous l'empire, avait commencé la fortune du favori actuel, était le prince de Talleyrand. Celui-ci, désolé d'être tombé en disgrâce, à la suite de sa retraite politique, en 1815, espéra retrouver la confiance du roi, si cette prétention légitime d'un vieux serviteur était appuyée avec franchise par le ministre de la police générale.

Un jour, M. Decazes étant venu voir M. de Talleyrand, et le diplomate se trouvant atteint d'une de ces maladies toujours à l'ordre des hommes d'état, le prince, regardant entre les deux yeux son ancien protégé, lui demanda sans préambule s'il pouvait compter sur lui.

— En douter, monsieur, serait me faire injure. Voyez en moi votre homme lige.

— Il ne m'en faut pas tant, je ne veux de vous que sincérité ; je souhaite que me disant vrai, vous me confiiez votre pensée secrète : si elle me voit en moyen ou en obstacle, je suis vieux, je ne puis aller loin ; croyez que celui dont je ferai mon héritier politique aura à recueillir une succession précieuse. Eh bien! mon enfant, je vous la destine, si vous vous fiez à moi de pleine affection.

Tout ce que l'astuce peut employer de plus captieux, de plus insinuant, de plus séduisant, fut mis en œuvre par le sieur Decazes, pour capter la bienveillance, s'insinuer dans la confiance, séduire la bonne foi du vieillard. Ce sont surtout les hommes de la trempe de M. Decazes qu'on peut accuser d'avoir fait le prince de Talleyrand ce que nous l'avons connu. Le feu du combat bronze l'âme du soldat, les perfidies diplomatiques cuisent comme un métal celle du diplomate. Vieux et jeune renard furent dupes tous les deux en cette occurence. M. de Talleyrand fut dupé par M. Decazes; M. Decazes fut dupé par lui-même. Car c'était après tout une grande maladresse de ne se résigner pas à accepter pour allié, sauf à le reconnaître pour son maître, un vétéran d'une expérience aussi consommée. — Je sais, dit M. Decazes en terminant ses protestations de dévouement à la cause de M. Talleyrand, je sais que je vous dois tout; vous êtes mon guide en diplomatie, en administration, mon supérieur en rang, en naissance, en dignité, en position sociale. Il faudrait non seulement être un monstre, mais encore être doublement niais pour refuser l'alliance que vous me proposez. Je vous parle du fond de mon cœur : honneur, délicatesse, ambition, intérêt, devoir, avantage, tout m'unit à vous. Ainsi comptez sur moi comme sur vous-même, et croyez en moi comme vous croyez à la stupidité des monarques contemporains.

Le vieillard, amusé par cette chute épigramatique empruntée à sa manière, persuadé par le ton du propos, crut pour la dernière fois à la franchise dans autrui. Alors, afin d'achever de gagner le jeune associé qu'il croyait attaché à ses intérêts, M. de Talleyrand ne balança pas à lui laisser lire quelques-unes de ses arrière-pensées. Ce fut dans cette circonstance qu'il lui dit ces mots extraits de son évangile à propos des choses et des hommes de l'époque.

« Mon très cher, rappelez-vous que si l'ancien régime est rétabli vous serez la première victime d'un tel événement. Tous ceux qui comme nous ont jeté le manche après la cognée ne peuvent se flatter d'être admis à merci. Pour un tel gouvernement, je serai un déserteur, vous un parvenu. Ce caractère en politique est malheureusement plus indélébile qu'on ne pense. La prêtrise pour l'ecclésiastique, l'onction pour un monarque sont de moindre importance et tiennent leur homme moins esclave. D'une autre part, ce n'est pas à vous que j'ai besoin de dire ce qu'est la république. La république, vous le savez, est le rêve d'un honnête homme, la monomanie d'un sot, la peste d'un homme riche. Elle n'est bonne qu'à servir de hache pour trancher la tête à nos ennemis; mais, par un fatal retour et par une nécessité explicable, elle leur sert à leur tour pour trancher la nôtre. Ne nous approchons pas de cette ogresse qui mange souvent ses propres enfans. La monarchie vaut mieux, mais elle n'est profitable que lorsque la puissance n'est pas le droit. Les usurpateurs ont cela de parfait que, comme ils ne perdent jamais le souvenir de leur origine, ils comblent leurs agens afin de la leur faire oublier. Avec un prince légitime, il n'y a pas de reconnaissance à exploiter; tout service rendu est un devoir rempli. Ce qui a fait de Napoléon un maître insupportable, c'est que jamais il n'a pu se croire usurpateur; sa légitimité lui semblait hors de doute. Il en est résulté une insouciance des personnes fort dangereuse. Il a imaginé pouvoir chasser tel ou tel, sans s'exposer à de notables dommages. Il ne m'a pas ménagé, je lui ai rendu la pareille. Vous avez vu sa chute, y ai-je gagné? Non! Les Bourbons, pis que lui, sont, disent-ils, de droit divin; on ne les mènera point par la peur d'un concurrent en possession de meilleurs droits. Or donc, puisque leur cas est celui de Napoléon, vous et moi ne pouvons faire aucun fond sur eux. Vous me demanderez pourquoi, convaincu du tort que font les légitimités aux gens habiles et véreux (ceci s'entend des *exaltados*), j'ai préféré les Bourbons à l'empereur, d'abord parce que je n'avais pas de choix; eussé-je même été libre de choisir, j'aurais encore choisi de même, les Bourbons étant plus faciles à renverser que l'autre. Ne voyez-vous pas qu'il a fallu cette plaie incurable de la guerre d'Espagne, l'incendie de Moscou, les glaces de l'hiver, la fourberie de la Prusse et de l'Autriche, l'excommunication papale, la double ligue européenne, celle des rois, celle des peuples, l'épuisement de l'Angleterre énervée pour deux cents ans, le défaut de soldats, de munitions, d'argent, pour déterminer la chute de Bonaparte? Et avouons-le, sans la trahison de ses fidèles, sans celle de sa femme, sans son incroyable aveuglement, tous les revers qu'il essuya ne l'eussent point ébranlé, et il serait encore notre empereur. J'ai donc profité sans hésiter d'une occasion unique; comme homme politique, je le devais, j'ai les Bourbons.

Voyez comment en 1789, ils sont tombés dès qu'on a voulu les jeter à terre. En 1815, leur désastre à été si prompt, si pitoyable, qu'il les a déshonorés. Eh bien! pour le renouveler, il suffira d'une échauffourée, d'un coup de main dans Paris. Mon cher ami, travaillons de concert, cherchons un usurpateur homme de sens, habile, courageux, bien persuadé de sa scélératesse, bien convaincu de son usurpation. Celui-là, instruit par l'expérience, redoutera toute inimitié, aura peur de tout mécontentement, frémira de la moindre plainte. Je sais où il est, je vous mettrai en rapport avec lui. A moi la pompe, les décorations extérieures, et à vous l'effectif grossi de ma succession. Voyons... vous ai-je parlé en fourbe? n'êtes-vous pas mon fils? »

Cette profession de foi politique, si admirable dans sa perversité, fut le même soir rapportée au comte Anglès; elle le frappa tant, qu'aussitôt il écrivit les moindres détails de cette conversation, et en quittant son poste, il oublia dans nos bureaux l'original de ce mémorandum; je l'ai copié mot à mot.

A la suite de cette ouverture du souverain pontife de l'église diplomatique, M. Decazes renouvela ses protestations plus chaudement que jamais. Mais dès ce moment, croyant n'avoir plus rien à apprendre de son maître en l'art de mentir, M. Decazes s'appliqua avec acharnement à le prendre. Il enveloppa dans cette occulte persécution le duc de Richelieu. Il ne se passait pas de jour que M. Decazes ne cherchât à les rendre odieux au roi. Voici une lettre qui fut mise sous les yeux de Louis XVIII; on ne peut se figurer le tort qu'elle fit au ministre des affaires étrangères, M. de Richelieu. Cette lettre sans signature était, selon sa contexture, d'un émigré français, employé secrètement en France par la Russie, et adressée à un autre émigré naturalisé Russe ; elle disait :

« Depuis mon arrivée, je me suis occupé sans
« désemparer des intérêts de notre auguste et cher
« monarque ; celui-ci peut être tranquille, tout
« va bien, il n'est pas trahi, et il n'y a pas de désertion, à son encontre ; j'ai vu le duc M. de
« Richelieu, il n'a point varié : il est toujours et
« complétement à nous, ses regrets sont à Odessa,
« comme son affection est à Saint-Pétersbourg ; il
« ne se regarde que comme un sujet russe prêté au
« roi de France ; il met un soin extrême à ne
« nommer que des embassadeurs et même des
« consuls, dont les penchans tendent vers nous.
« Le diable de ministre de la police le contre-
« carre ; le duc de Richelieu s'était flatté que De-
« cazes serait du parti anglais, et qu'à ce moyen

« le ministre de la police ne pouvait lui échapper;
« mais point; ce monsieur est du parti de la
« France, comme si la France pouvait marcher
« seule, maintenant qu'elle est emportée par le
« tourbillon des puissances alliées. Le duc (M. de
« Richelieu) me fait voir sa correspondance;
« elle est conforme à ce qu'on mande de Lon-
« dres, de Vienne et de Berlin ; donc il est sin-
« cère avec moi. On voudrait savoir, dites-vous,
« ce que le duc ferait dans le cas où une révolu-
« tion d'intérieur changerait de place les deux
« frères; le duc passerait du côté du plus jeune,
« parce qu'il croit celui-ci notre ami, et non l'ami
« des Anglais. Le frère du roi n'a point oublié
« les avanies qu'il a subies en Angleterre, ni la
« réception chevaleresque que lui fit la grande
« Catherine : craindre un peuple n'est pas l'ai-
« mer. Cette vérité est trop triviale pour que je
« la développe. Je pense qu'on devrait m'auto-
« riser à faire un compliment significatif au
« puîné, afin qu'en cas de besoin il négociât avec
« nous plutôt qu'avec l'Angleterre. Je conseille
« cette mesure par conviction de l'excellent effet
« qu'elle produirait.

« On veut savoir ce *que pense*, ce *que dit*, ce
« *que fait* le duc d'Orléans; je crois qu'il pense
« beaucoup à rétablir sa fortune, à liquider la
« succession paternelle, à empêcher le comte

« de Folmond de diminuer celle de sa mère,
« S. A. S. Madame la duchesse douairière d'Or-
« léans (1), à élever ses enfans dont chaque an-
« née voit augmenter le nombre, et à savoir ce qu'il
« en fera ; car il est bon fils, bon époux, bon père,
« bon sujet. Il parle beaucoup et bien, mais d'arts,
« de sciences, de littérature, de ses affaires d'in-
« térêt ; il travaille avec des avocats, des avoués,
« des juges. Rechercher les objets enlevés aux
« siens, soigner ses domaines, terminer le Palais-
« Royal, dont il veut faire la merveille de l'Eu-
« rope, voilà ses occupations. Quant à son opinion
« politique, lui-même m'a dit : « Monsieur, un
« prince du sang est un automate ; il doit voir,
« entendre et agir comme le roi : j'aime ceux
« qu'il affectionne, j'abhorre ses ennemis. » Il ne
« faut donc pas se fier à lui. Je vous parlerais
« bien du vieux duc de Bourbon, mais il est An-
« glais des pieds à la tête. Sa nullité rend sans
« importance ses sentimens. Maintenant voici le
« bulletin de la semaine, etc. »

A la suite de cette missive si fallacieuse, était
une longue note remplie de calomnies contre

---

(1) Le comte de Folmond n'a pas trompé la confiance de la princesse. Homme probe et d'esprit, il est mort laissant une honnête
aisance, fruit des bienfaits de la duchesse d'Orléans et non une
fortune scandaleuse en opposition avec les économies, comme
tant en font aujourd'hui. (*Note des Editeurs.*)

toutes les personnes du château qui pouvaient ne pas servir M. Decazes. L'auteur de cette dépêche infernale lui était dévoué si étroitement qu'il fallait le supposer au moins son proche parent. J'ai entendu quelqu'un assurer que cet auteur était le marquis d'A..., depuis pair de France, et qui, en effet était allié par sa fille à M. Decazes.

Il arriva à ce même marquis d'A... une aventure assez piquante dont il demanda vengeance à la police; et, comme la police s'en mêla, je vais raconter ici l'événement.

M. d'A..., noble à petite couture, n'appartient en aucune manière à la race royale, dont il porte le nom : le sien est très commun; assez ridicule dans sa consonnance, il échappe à ma mémoire; je le retrouverai plus tard. Il l'a troqué contre celui bien plus ronflant d'une très petite commune dont il était le vingt-neuvième seigneur avant la révolution (1).

M. d'A..... aimait encore le faste, mais celui qui ne lui coûtait rien; car au fond il était avare. Il cheminait vers la vieillesse, et néanmoins

---

(1) A...., commune du département de l'Aude, arrondissement de Carcassonne, canton d'Alzonne, population de 708 habitans, ce étendait la suzeraineté du marquis d'A.... sur vingt-deux plus tiers d'habitans. (*Note de l'Auteur.*)

rêvait encore intrépidement aux amours, aux conquêtes, aux galanteries. Il s'exposait ainsi aux mécomptes les plus étonnans.

Il errait donc, en 1819, dans les rues de la capitale, rêvant à ce manteau de pair, si singulièrement tombé sur ses épaules, lorsqu'un soir du mois de mai, aux Tuileries, il voit assise sur des chaises, sous des statues qui bornent le bois du côté des parterres, une jeune personne simplement vêtue, mais jolie à ravir; tout plaît en elle : sa taille, sa physionomie, ses cheveux, son teint et surtout le son de la voix. Elle a près d'elle une femme vêtue et coiffée de noir, sa mère ou quelque gouvernante.

Le bon air du marquis d'A...., cet âge qui désespère, et auquel il doit cependant d'inspirer la confiance, des manières parfaites, car il est homme de haute compagnie, sont des avantages qui se réunissent pour lui faciliter les moyens de la conversation. Une heure s'écoule en propos charmans. Le marquis est aux anges. Voilà qu'on se lève, qu'on le salue, et qu'on part. Le marquis demeure, la jeune personne a causé un trouble inexprimable dans son âme; il espère la revoir le lendemain.... Le lendemain viendra-t-il assez tôt?

Le lendemain, le ciel est superbe, la journée

[…]st chaude, la soirée sera délicieuse. Le marquis [r]etourne aux Tuileries; il jette un craintif regard [d]u côté de la Diane chasseresse. Oh! bonheur! [l]es deux dames occupent leur place de la veille; [i]l court à elles, leur parle plus familièrement. On [n]'a pas vu le palais de la chambre des Pairs.

— Je vous y mènerai.
— Quel jour?
— Demain, il n'y a pas de séance.
— A quelle heure?
— A trois heures; j'irai prendre ces dames à [le]ur hôtel.

On hésite; on est embarrassé. La mère, enfin, [av]ec une majesté que le marquis, moins amou[re]ux, aurait trouvée ridicule, lui dit:

— Monsieur, vous verrez dans un lieu in[di]gne d'elles les descendantes de deux des plus [an]tiques familles du Parlement de Paris. Je suis [m]adame Lefèvre, et voilà ma fille.

M. d'A...., ignorant en généalogie pari[sien]nne, n'en sait pas plus après cet aveu qu'au[pa]ravant; mais, en homme épris, il croit sur [pa]role, et prend l'adresse qu'on lui donne: *[me]sdames Lefèvre, rue du Cimetière-Saint-André-[des]-Arts, n°...*

[L]e jour suivant, à l'heure indiquée, il arrive [en] voiture dans cette triste rue, frappe au nu[méro]...

méro ..., monte au premier; et, dans un appartement obscur, enfumé, il trouve la mère. La fille se fait attendre; elle est avec une amie. Une demi-heure s'écoule, pendant laquelle le marquis subit la stupide conversation de madame Lefèvre mère, en songeant aux divins attraits de mademoiselle Lefèvre fille. Olympe (c'est son nom) arrive enfin. Elle a les joues enflammées, le front couvert de sueur, les cheveux défaits et les yeux battus. Elle s'excuse de ce désordre sur une affreuse histoire qui vient de lui être contée. Une famille entière, aïeul, aïeule, père, mère, tantes, onze enfans vont être sans pain, sans vêtement et sans logis; un propriétaire inhumain veut les chasser le lendemain s'ils ne paient une misérable somme de cent quatre-vingts francs. Elle a épuisé sa bourse pour soulager ces pauvres gens; mais qu'est-ce que trente-trois francs pour les tirer de leur détresse?

Le marquis tire dix napoléons de sa poche, les offre à l'infortune; on accepte. La jeune vierge, entraînée par la joie que tant de générosité lui cause, embrasse étourdiment sa seigneurie. Querelle de la mère, allégresse de l'amant; mais on part. La liaison s'établit; le marquis devine la gêne de la noble famille. Il vient à son secours avec délicatesse; on presse sa main; on le regarde avec intérêt. Il est heureux, parle d'amour. On lutte; on le repousse, et le temps passe, et la bourse du marquis se vide encore mainte autre fois entre les mains des dames Lefèvre.

Par un beau soir de juin, M. d'A... gagnait gaillardement la rue du Cimetière-Saint-André-des-Arts, lorsqu'il rencontra un de ses anciens amis de débauche. Celui-ci se rendait de ce pas dans un harem établi tout récemment par une appareilleuse émérite, rue du Jardinet. — On y trouve, dit-il, du fruit vert en toute saison. Il presse M. d'A... de l'y accompagner; le marquis se laisse gagner. Ils arrivent; on monte au premier étage. Des rires bruyans se font entendre dans toute la maison. L'ami va d'un côté, M. d'A... de l'autre; celui-ci ouvre une porte, pénètre dans une salle mal éclairée. Là, il se voit en face de la noble dame Lefèvre en fonction de maîtresse du lieu; elle porte à deux mains, sur un plateau, une volaille rôtie, une crème, des gâteaux, une bouteille de vin, deux verres, du linge, de l'argenterie.

— Que désire, monsieur? Monsieur connaît sans doute quelqu'un dans la maison? Elvire? Églaé? Justine? Toute la maison est aux ordres de monsieur!... Que monsieur passe au salon; dans une minute, on sera auprès de monsieur...

Mais de nombreux et violens coups de sonnette rappellent à la dame qu'on l'attend ailleurs, et mettent fin à sa loquacité. Elle laisse M. d'A... dans l'obscur parloir où elle l'a rencontré; elle n'a point, dans sa préoccupation, reconnu sa dupe des Tuileries.

M. d'A... va dans la salle qu'on lui a indiquée; il s'asseoit, dix minutes s'écoulent. Il entend une voix bien connue qui chante un refrain gaillard. On vient à lui; alors paraît mademoiselle Olympe en déshabillé de mauvais lieu. Elle accourt les bras ouverts, en disant :

— Me voici, chérubin.

Le chérubin, ce fut le diable. Dès qu'elle a pu reconnaître celui qu'elle nomme ainsi, l'effroi la saisit. Elle pousse un cri et se sauve. Le marquis s'élance à sa poursuite. Elle traverse deux chambres, ouvre une armoire, y pénètre et disparaît. M. d'A... examine, découvre une porte masquée sous du linge, saisit le bouton, le presse : le panneau s'écarte. Le marquis se trouve dans la chambre à coucher de *ces dames*. Il a reconnu l'appartement de la rue du Cimetière. Là, sur un canapé, la jolie coquine joue l'évanouissement.

— Mademoiselle, lui dit avec flegme M. d'A..., rappelez-moi au souvenir de madame votre mère, que je viens de laisser avec l'embarras d'un service d'amis. Elle et vous aurez de mes nouvelles.

En effet, il conta ceci, le même soir, à M. Bouchesseiche qu'il rencontra au ministère de la police. M. Bouchesseiche répondit :

— Celles-là sont en règle. Elles acquittent l'impôt, et ont brevet pour tendre leurs lacets. Je suis désolé qu'elles vous y aient pris.

La grimace du marquis fut plaisante ; mais sa colère ne fit qu'augmenter. Il intéressa le ministre ; il y eut des lettres, des propos, pendant lesquels on conseilla aux deux friponnes un déménagement. De prudence, elles obéirent ; et, au moment où la foudre éclata, on trouva dans une des rues une librairie établie et dans l'autre le ménage d'un chanoine de Notre-Dame. M. d'A... y perdit son argent, sa santé et le droit de pouvoir se dire, comme il le faisait autrefois, le coq des belles. De ce jour, il n'en fut plus que le dindon.

Le Diamant et la Vengeance.

Anecdote contemporaine.

La police est le gouffre où tout va s'engloutir. Elle est plus noire et mieux instruite qu'un confessionnal, car les pénitens ne viennent pas d'eux-mêmes à la police. Elle tient registre de tout, vices, crimes, mauvaises actions, turpitudes, héroïsme, bienfaisance, générosité, mystifications, espiégleries. Le nombre est immense des choses qu'elle sait. Des méchans seuls ont pu dire qu'il était plus grand encore de celles qu'elle ne savait pas. Au milieu de toutes ces histoires cachées, je mets aujourd'hui la main dans un dossier ; j'en tire au hasard une affaire. J'en coordonne les diverses parties, et du tout épars dans trente rapports, notes officielles, procès-verbaux, interrogatoires, actes d'accution, débat des plaidoiries, j'extrais l'aventure suivante que je livre à mes lecteurs comme une des plus curieuses qu'ils aient encore lues dans ces mémoires.

En 1807, vivait à Paris un ouvrier cordonnier, en chambre, du nom de François Picaud. Ce pauvre diable, jeune et assez joli garçon, était sur le point de se marier avec une fillette fraîche, accorte, agaçante et qui lui plaisait fort, comme plaît d'ailleurs aux gens du peuple la fiancée qu'ils se choisissent, c'est-à-dire uniquement entre toutes les femmes; car, pour les gens du peuple, il n'existe qu'une manière d'avoir une femme, c'est de l'épouser. Or, ce beau projet en tête et vêtu de ses habits de dimanche, François Picaud se rend chez un cafetier, son égal de rang et d'âge, mais plus riche que l'ouvrier, et connu par une jalousie extravagante de tout ce qui prospérait autour de lui.

Mathieu Loupian, né à Nîmes comme Picaud, avait, à Paris, un café-estaminet très bien achalandé près de la place Sainte-Opportune. Il était déjà veuf, et avait deux enfans de sa défunte femme; trois voisins habituels, tous du département du Gard, tous de la connaissance de Picaud, étaient avec lui.

— Qu'est-ce? dit le maître du lieu; eh! Picaud, comme te voilà *brave*, on dirait que tu vas danser *las treilhas* (les treilles, ballet populaire, fort à la mode dans le Bas-Languedoc).

— Je fais mieux, mon Loupian, je me marie.

— Et qui as-tu choisi pour te planter des cornes? demande un des auditeurs nommé Allut.

— Non pas la seconde fille de ta belle-mère, car dans cette famille on a si peu d'adresse à les mettre, que les tiennes ont percé ton chapeau.

On se regarde; en effet, le feutre d'Allut a un accroc, et les rieurs passent du côté du *peyou* (savetier).

— Badinage à part, dit le cafetier, qui épouses-tu, Picaud?

— La de Vigoroux.

— Marguerite la riche?

— Elle-même.

— Mais elle a cent mille francs, s'écrie le cafetier consterné.

— Je la paierai en amour et en bonheur. Or çà, messieurs, je vous invite à la messe qui se dira à Saint-Leu, et à la danse après le repas de noce qui aura lieu au *Bal champêtre*, dans *les bosquets de Vénus*, rue aux Ours, chez M. Latignac, maître de danse, au cinquième sur le derrière.

Les quatre amis peuvent à peine répondre quelques paroles insignifiantes, tant le bonheur de leur camarade les étourdit.

— A quand la noce? demanda Loupian.

— A mardi prochain.

— A mardi?

— Je compte sur vous. A revoir... Je vais à la mairie et de là chez M. le curé.

Il sort. On se regarde.

— Est-il heureux ce drôle!

— Il est sorcier.

— Une fille si belle, si riche!

— A un *peyou!*

— Et c'est mardi la noce!

— Oui, dans trois jours.

— Je gage, dit Loupian, de retarder la fête.

— Comment feras-tu?

— Oh! un badinage.

— Quoi, encore?

— Une plaisanterie excellente... Le commissaire va venir... Je dirai que je soupçonne Picaud d'être un agent des Anglais; vous comprenez? Là-dessus, on le mandera, on l'interrogera; il aura peur, et pendant huit jours au moins la noce prendra patience.

— Loupian, dit Allut, c'est un mauvais jeu. Tu ne connais pas Picaud... Il est capable, s'il découvre le tour, de s'en venger durement.

— Bah! bah! dirent les autres, il faut s'amuser en carnaval.

— Tant qu'il vous plaira; mais je vous avertis que je ne suis pas du projet, chacun son goût.

— Oh! reprend le cafetier avec aigreur, je ne m'étonne pas que tu portes des cornes, tu es capon.

— Je suis honnête homme, tu es jaloux. Je vivrai tranquille, tu mourras malheureux. Bonne nuit.

Dès qu'il a tourné le talon, le trio s'encourage à ne pas abandonner une si plaisante idée, et Loupian, l'inventeur de la proposition, promet à ses deux amis de les faire rire *à ventre déboutonné*. Le même jour, deux heures après, le commissaire de police, devant lequel Loupian avait jasé, faisait son devoir de fonctionnaire vigilant. Des bavardages du cafetier, il compose un superbe rapport en style de commissaire, et expédie son travail à l'autorité supérieure. La note fatale est portée chez le duc de Rovigo ; elle coïncide avec des révélations qui se rattachent aux mouvemens de la Vendée. Plus de doute, Picaud sert d'intermédiaire entre le midi et l'ouest. Ce ne peut être qu'un personnage important; son métier actuel cache un gentilhomme languedocien. Bref, dans la nuit du dimanche au lundi, le malheureux Picaud est enlevé de sa chambre avec tant de mystère que nul ne l'a vu partir; mais depuis ce jour sa trace est perdue complétement; ses parens, ses amis ne peuvent obtenir sur son sort le moindre renseignement, et l'on cesse de s'occuper de lui.

Le temps s'écoule ; 1814 arrive ; le gouvernement impérial tombe, et du château de Fénestrelle descend, vers le 15 avril, un homme voûté par la souffrance, vieilli par le désespoir encore plus que par le temps. En sept ans, on dirait qu'il a vécu un demi-siècle. Nul ne le reconnaîtra, car lui-même ne s'est pas reconnu, lorsque, pour la première fois, dans la chétive auberge de Fénestrelle, il a pu consulter un miroir.

Cet homme qui, dans sa prison, répondait au nom et prénom de Joseph Lucher, a servi moins de domestique que de fils à un riche ecclésiastique milanais. Celui-ci, indigné de l'abandon où ses proches le laissaient, afin de jouir des revenus de sa gra... ...ge, ne leur a livré ni les capitaux qu'... ... sur la banque de Hambourg, ni ceux q... placés sur la banque d'Angleterre. De plus, il a vendu la plus grande partie de ses domaines à un des grands dignitaires du royaume d'Italie. Cette vente a été faite à fonds perdu. La rente annuelle est payable chez un banquier d'Amsterdam, chargé de faire parvenir l'argent au vendeur.

Ce noble Italien, mort le 4 janvier 1814, avait fait unique héritier d'environ sept millions de biens libres le pauvre Joseph Lucher, et, en outre, avait découvert à ce dernier le secret d'un trésor où étaient cachés environ douze cent mille francs de diamans au prix du commerce, et au moins trois millions d'espèces monnoyées, tant en ducats de Milan, florins de Venise, quadruples d'Espagne, que louis de France, guinées anglaises, etc.

Joseph Lucher, libre enfin, marcha rapidement vers Turin, gagna Milan; il agit avec prudence, et, au bout de quelques jours, il était en possession du trésor qu'il venait chercher, augmenté d'une multitude de pierres antiques, de camées admirables, tous d'une première valeur. De Milan, Joseph Lucher se rendit à Amsterdam, à Hambourg, successivement à Londres, et dans ce voyage recueillit assez de richesses pour en combler les caisses d'un roi. Lucher, instruit à fond par son maître des ressorts secrets de la spéculation, sut si bien placer ses espèces qu'en se réservant ses diamans et un million en portefeuille, il se créa un revenu de six cent mille francs payable partiellement par les banques d'Angleterre, d'Allemagne, de France et d'Italie.

Cela fait, il se mit en route pour Paris où il arriva le 15 février 1815, huit ans après, jour pour jour, que l'infortuné Pierre Picaud avait disparu. Celui-ci aurait eu alors trente-quatre ans. Joseph Lucher tomba malade, dès le lendemain de son entrée à Paris. Comme il était sans train, sans valet, il se fit transporter dans une maison de santé. Au retour de Napoléon, Lucher était encore malade, et n'avait point cessé de l'être depuis que l'empereur avait habité l'île d'Elbe. Tant que l'empereur demeura en France, le malade Lucher prolongea sa convalescence; mais lorsque la seconde Restauration eut paru devoir consolider définitivement la monarchie de Louis XVIII, l'habitué de la maison de santé la quitta et se rendit dans le quartier Sainte-Opportune. Voici ce qu'il apprit.

En 1807, au mois de février, on s'occupa beaucoup de la disparition d'un jeune savetier, honnête homme, et près de faire un mariage fabuleux. Une plaisanterie de trois amis détruisit sa bonne fortune : le pauvre diable s'enfuit ou fut enlevé. Enfin nul ne sut quel avait été son sort. Sa prétendue le pleura pendant deux ans; puis, fatiguée sans doute de ses larmes, épousa le cafetier Loupian qui, par ce mariage, ayant augmenté ses affaires, possédait aujourd'hui sur les boulevarts le plus magnifique et le mieux achalandé de tous les cafés de Paris.

Joseph Lucher entendit cette histoire assez indifféremment, en apparence. Il s'informa cependant des noms de ceux dont les plaisanteries avaient causé le malheur présumé de Picaud. On avait oublié les noms de ces individus.

— Cependant, ajouta un de ceux que le nouveau venu interrogeait, il y a un certain Antoine Allut qui s'est vanté devant moi de connaître ceux dont vous parlez.

— J'ai connu un Allut en Italie : il était de Nismes.

— Celui dont il est question est aussi de Nismes.

— Cet Allut me prêta cent écus, et me dit de les rendre, autant qu'il m'en souvient, à son cousin Antoine.

— Vous pouvez lui envoyer la somme à Nismes, car il s'y est retiré.

Le lendemain, une chaise de poste, précédée d'un courrier qui payait triples guides, volait plutôt qu'elle ne courait sur la route de Lyon. De Lyon, la voiture suivit le Rhône par la route de Marseille, quitta celle-ci au pont Saint-Esprit. Là, un abbé italien mit pied à terre, pour la première fois depuis le commencement du voyage.

Il prit un carrossin et descendit à Nismes à l'hôtel si connu du Luxembourg. Sans affectation, il s'informa aux gens de l'hôtel de ce qu'était devenu Antoine Allut. Ce nom, assez commun dans cette contrée, est porté par plusieurs familles toutes différentes de rang, de fortune et de religion. Il se passa un assez long temps avant que l'individu à la recherche duquel courait l'abbé Baldini, fut définitivement rencontré, et quelques jours furent en outre nécessaires à l'abbé pour se mettre en rapport intime avec Antoine Allut. Mais ces préliminaires terminés, l'abbé conta à Antoine que, prisonnier au château de l'OEuf, à Naples, et, pour crime d'état, il avait fait connaissance avec un bon compagnon dont il regrettait fort la mort arrivée en 1811.

— A cette époque, dit-il, c'était un garçon d'environ trente ans; il expira pleurant encore son pays perdu, mais pardonnant à ceux dont il avait à se plaindre. C'était un Nismois, et il se nommait Pierre Picaud.

Allut poussa un cri. L'abbé le regarda avec étonnement.

— Vous connaissez donc vous-même ce Picaud? dit-il à Allut.

— C'était un de mes bons amis.... Il est allé mourir loin, le malheureux..... Mais avez-vous su la cause de son arrestation?

— Il ne la savait pas lui-même, et il m'en a fait de tels sermens que je ne peux douter de son ignorance.

Allut soupira. L'abbé reprit :

— Tant qu'il a vécu, une seule idée l'occupa. Il aurait, disait-il, donné sa part de paradis à qui lui aurait nommé l'auteur ou les auteurs de son arrestation. Et cette idée fixe a même inspiré à Picaud l'idée de la singulière clause testamentaire qu'il a faite. Mais d'abord je dois vous dire que, dans la prison, Picaud avait rendu de notables services à un Anglais, prisonnier comme lui, lequel en mourant a laissé à Picaud un diamant de la valeur au moins de cinquante mille francs....

— Il fut bien heureux, s'écria Allut; cinquante mille francs, c'est une fortune.

— Lorsque Pierre Picaud se vit au lit de mort, il me fit appeler, et me dit : Ma fin me sera douce, si vous me promettez d'accomplir mes intentions; me le promettez-vous? — Je le jure, dis-je, bien persuadé que vous n'exigerez rien contre l'honneur et la religion. — Oh! rien, sans doute. Ecoutez-moi, vous en jugerez : je n'ai pu savoir le nom de ceux qui m'ont plongé dans cet enfer; mais j'ai eu une révélation. La voix de Dieu m'a averti qu'un de mes compatriotes de Nismes, Antoine Allut, connaît mes dénonciateurs. Allez vers lui, quand votre liberté vous sera rendue, et de ma part donnez-lui le diamant que je tiens de la bonté de sir Herbert Newton; mais je mets une condition, c'est qu'en recevant le diamant de vous, il vous confiera les noms de ceux que je regarde comme mes assassins. Lorsqu'il vous les aura appris, vous reviendrez à Naples, et vous les insinuerez écrits sur une plaque de plomb dans mon tombeau. Voilà d'abord quatre mille sequins (deux mille francs environ) pour me faire ensevelir dans une église et pour avoir un caveau à part; puis, voici seize mille autres sequins (huit mille francs environ) pour fournir aux frais de votre voyage à Nismes. Je tiens cette double somme des bienfaits de mon cher maître sir Herbert Newton. Touché de pitié, je lui jurai par le corps sacré de Notre-Seigneur Jésus-Christ d'exécuter fidèlement ses intentions. Il me remit l'argent et le diamant et mourut en paix. Quoique prisonnier, je fis exécuter ses volontés. Il repose à Naples dans l'église du Saint-Esprit, et dès que ma liberté m'a été rendue, je suis venu en France pour m'acquitter fidèlement de l'engagement que j'ai pris envers votre pauvre compatriote. Me voici et voilà le diamant.

L'abbé Baldini à ces mots avança la main et fit briller au médius un solitaire dont l'eau, la grosseur, les feux annonçaient la valeur. Certes, en la portant à cinquante mille francs, on n'exagérait pas, car, vendue dans une bonne occasion, cette pierre admirable aurait au moins valu quatre-vingts à quatre-vingt-dix mille francs. Antoine Allut la contemplait avec des yeux de faucon; une sueur glacée suintait de ses tempes, sa bouche était affreusement contractée, et au frisson qui agitait son corps, on reconnaissait sans peine quel combat l'avarice livrait à la prudence dans son cœur.

En ce moment, la femme d'Antoine Allut rentra, sa figure bouleversée portait les traces d'un chagrin récent et violent; elle traversa la chambre avec rapidité; et, venant se poster devant son mari, encore tout ébahi des discours de l'abbé italien :

— Mon homme (style du pays), tu peux bien te cacher et moi ne plus me montrer dans la ville, ton frère et ma sœur vont nous écraser de leur fortune insolente ; apprends que tout à l'heure ils ont reçu par la diligence vingt mille francs qui leur tombent du ciel.

— Vingt mille francs ! répéta le Nismois consterné ; et d'où ?

— C'est une histoire. Ton frère, il y a un an, sauva de la noyade un Danois qui venait voir en Avignon le comte de Rantzau (1). Cet étranger, après l'avoir remercié, partit, et maintenant cette somme prodigieuse arrive toute en beaux louis d'or de quarante francs. Vont-ils faire les fiers ! vont-ils nous écraser, ton *cadet*,

---

(1) Ce comte de Rantzau Aschberg, si connu dans ces derniers temps à Paris, par la comédie de *Bertrand et Raton*, est le seigneur danois qui, renversant le pouvoir de la reine Mathilde et de son amant le médecin Struensée, rendit, en 1772, la régence de l'imbécile Christian VII, à la reine Julie. Mais n'ayant point été récompensé comme il l'espérait par cette dernière princesse, il quitta le Danemarck, et vint habiter Avignon. Il y demeura plus de vingt ans, et y maria son domestique favori Bilseld qui l'aida de son intrépidité, dans la nuit où éclata la conspiration dont le comte de Rantzau Aschberg était l'âme.

(*Note de l'Auteur.*)

ma *cadette*! Oh! certainement, j'en mourrai de douleur.

— Et surtout, madame, au moment où monsieur votre mari refuse un legs de cinquante mille francs au moins, que lui laisse un ami mourant, ajouta l'abbé.

— Comment! il refuse cinquante mille francs! s'écria cette femme le poing fermé et menaçant son mari du regard autant que du geste.

— C'est au moins ce que je puis croire, reprit tranquillement l'abbé. Et il recommença le récit qu'il avait fait déjà, et il renforça la péroraison en montrant la bague qui, néanmoins, ne quitta pas son doigt. Certes, il aurait fallu un autre caractère au faible Antoine Allut pour se défendre contre le terrible assaut qui lui fut livré; jaloux d'ailleurs, comme les petites gens, la prospérité de son frère lui semblait un outrage à sa pauvreté. Sa femme, sur-le-champ, courut chez un joaillier voisin; celui-ci vint, et, ayant examiné le solitaire, déclara qu'il s'en chargerait au prix de soixante-trois mille sept cent quarante-neuf francs onze centimes, pourvu que les Allut voulussent prendre en déduction de la somme un mas charmant (ferme ornée) rapportant deux mille neuf cent *nonante* francs, et que vu l'affaire il céderait pour cinquante-cinq mille francs.

C'était merveilleux, car dans aucun pays on ne compte le revenu de la terre qu'à trois ou trois et demi, quelquefois à quatre, jamais au-delà et souvent au-dessous. Il fallait, pour qu'un marché pareil fût proposé, que le joaillier y trouvât un autre bénéfice. Les époux Allut paraissaient fous de joie, mais la femme surtout ne se contenait pas; elle se livrait à mille extravagances, et voulut même embrasser l'abbé qui s'y prêta pour en finir plus tôt. Séance tenante, Antoine Allut avoua qu'il connaissait et livra les noms qu'on lui demandait; il ne le fit pas cependant sans un secret mouvement de terreur; mais sa femme était là qui l'encourageait et l'abbé écrivit les noms de Gervais Chaubard, de Guilhem Solari, et enfin celui de Gilles Loupian.

La bague fut remise. Suivant la convention, elle devint la propriété du joaillier, qui solda de suite l'appoint, et, quatre mois après, au désespoir éternel des Allut, le diamant fut revendu à un négociant turc 102,000 francs. Cette différence causa un meurtre, celui du joaillier, et la ruine totale des avides Allut, qui durent fuir et sont depuis restés malheureux, en Grèce, où il se réfugièrent.

Une dame âgée se présenta au café Loupian et demanda le propriétaire; elle lui confia que sa famille était redevable de services éminens à un pauvre homme ruiné par les événemens de 1814, mais si désintéressé qu'il ne voulait recevoir aucune récompense; il souhaitait seulement entrer, comme garçon limonadier, dans un établissement où il serait traité avec égards. Il n'était plus jeune ; il paraissait avoir cinquante ans; or, pour déterminer M. Loupian à le prendre, on donnerait au maître cent francs par mois, à l'insu du garçon.

Loupian accepte. Un homme se présente, assez laid et mal vêtu. La dame du lieu, madame Loupian, l'examine attentivement, croit retrouver dans ses traits une figure de connaissance; mais, perdue au milieu de ses souvenirs, n'y saisit rien qui la satisfasse, et oublie cette circonstance. Les deux Nismois venaient exactement à ce café. Un jour, l'un d'eux ne paraît pas. On plaisante sur son absence. Le lendemain se passe sans qu'il paraisse davantage. Que fait-il? Guilhem Solari promet de savoir le motif de son absence ; il retourne au café vers neuf heures du soir, et, tout consterné, raconte que, sur le pont des Arts, la veille, à cinq heures du matin, le corps de l'infortuné Chaubard a été trouvé percé d'un coup de poignard. L'arme est restée dans la blessure, et sur le manche on a lu ces

mots; formés au moyen de lettres imprimées :
NUMÉRO UN.

Les conjectures ne manquèrent pas; Dieu sait toutes celles que l'on fit! La police remua ciel et terre, mais le coupable échappa à toutes les investigations. Quelque temps après, un superbe chien de chasse, appartenant au maître du café, fut empoisonné, et un jeune garçon déclara avoir vu un *client* jeter des biscuits à la pauvre bête. Ce jeune homme donna le signalement du *client*. On reconnut un ennemi de Loupian, qui, pour se moquer, venait dans le café où Loupian était en quelque sorte à ses ordres. Un procès fut intenté au malfaisant *client*; mais il prouva son innocence en faisant constater un *alibi*. Il était courrier-suppléant des malles-postes, et, le jour du délit, il arrivait à Strasbourg. Deux semaines après, le perroquet favori de madame Loupian subit le sort du chien de chasse et fut empoisonné avec des amandes amères et du persil. On recommença les recherches; elles furent sans résultat.

Loupian, d'un premier mariage, avait une fille âgée de seize ans. Elle était belle comme un ange. Un merveilleux la vit, en devint fou, dépensa des sommes extravagantes pour gagner à ses intérêts les garçons du café et la *bonne* de la demoiselle, et, s'étant ménagé ainsi de nombreuses entrevues avec l'intéressante personne, la séduisit en se donnant pour marquis et millionnaire. La demoiselle ne s'aperçut de son imprudence que lorsqu'il fallut élargir son corset. Alors elle avoue à ses parens sa faiblesse ; irréparable désespoir. La famille en parle au *monsieur*. Il vante sa fortune, consent au mariage, montre des actes de famille, des titres de propriétés. La joie renaît chez les Loupian. Bref, le mariage se fait, et l'époux, qui veut des noces splendides, a commandé, pour le soir, un repas de cent cinquante couverts au *Cadran-Bleu*.

A l'heure indiquée, les convives arrivent; mais le marquis ne se trouve point. Une lettre cependant arrive. Elle annonce que, mandé par le roi, le marquis s'est rendu au château; il s'excuse de son retard, prie qu'on dîne sans l'attendre et sera rendu auprès de sa femme à dix heures. On dîne donc, mais sans l'*aimable gendre*. Mauvaise humeur de la mariée, qu'on félicite sur la position glorieuse du mari. Deux services sont dépêchés. Au dessert, un garçon met une lettre sur l'assiette de chaque convive. On apprend que le mari est un galérien libéré, et qu'il a pris la fuite.

La consternation des Loupian est affreuse et pourtant ils ne voient pas clair dans ce malheur. Quatre jours après, un dimanche, pendant que toute la famille est à se distraire à la campagne, le feu est mis à neuf endroits différens dans l'appartement situé au-dessus du café. Des misérables accoururent ; sous prétexte de secours, pillent, volent, brisent, dévastent ; la flamme gagne la maison et la consume. Le propriétaire exerce un recours contre Loupian ; celui-ci est complétement ruiné ; il ne reste plus à ces malheureux époux qu'un peu de bien, du côté de la femme. Toutes leurs valeurs d'argent comptant, d'effets publics et de mobilier, ont été détruites ou volées dans le désastre qui les a atteints.

Les Loupian, en conséquence, sont abandonnés de leurs amis : un seul leur demeure fidèle, le vieux garçon Prosper. Celui-là ne veut pas les quitter ; il les suivra sans gages, se contentant de partager le pain de ses maîtres. On l'admire, on le prône, et un nouveau mais très modeste café est établi rue Saint-Antoine. Là, vient encore Solari, qui, un soir, en rentrant chez lui, est pris de douleurs atroces. On appelle un médecin. Celui-ci déclara Solari empoisonné, et, malgré tous les secours, l'infortuné meurt dans les plus terribles convulsions. Douze heures après, lorsque, selon l'usage, la bière fut exposée sous la porte d'entrée de la maison où logeait Solari, on trouva sur le drap noir qui recouvrait le coffre, un papier où ces deux mots sinistres étaient inscrits, au moyen de caractères imprimés : NUMÉRO DEUX.

Outre la fille, dont la destinée avait été si malheureuse, Loupian avait un fils. Ce jeune garçon, poursuivi par de mauvais sujets, séduit par des créatures publiques, lutta d'abord et finit par se livrer à la débauche. Une nuit ses camarades proposent une *farce*; il faut enfoncer un magasin de liqueurs, en enlever douze bouteilles, les boire et les payer le lendemain. Eugène Loupian, déjà à moitié ivre, bat des mains à ce beau projet. Mais au moment où la porte a été crochetée, quand les flacons ont été choisis, que chacun de la bande en a mis deux dans ses poches, la police, avertie par un faux frère, survient; les six coupables ou imprudens sont arrêtés, et un jugement pour vol de nuit avec effraction est rendu contre eux. La pitié royale sauva au jeune homme l'infamie, malgré des efforts incroyables d'argent et de séduction tentés pour détourner la clémence du souverain. Le fils Loupian eut à subir vingt ans de prison.

Cette catastrophe compléta la ruine et l'infortune des Loupian; la *belle et riche* Thérèse mourut de chagrin sans laisser de postérité; il fallut rendre les débris de la dot. Le malheureux Loupian et sa fille restèrent sans ressource aucune; alors l'*honnête* garçon qui avait des économies les offrit à la jeune femme ; mais il mit un prix à ce service, et fit de très odieuses propositions à mademoiselle Loupian. Dans l'espoir de sauver son père, et dans leur extrême misère, elle accepta la honte d'un concubinage qui fit descendre la malheureuse au dernier degré de l'avilissement.

Loupian existait à peine, ses malheurs avaient ébranlé sa raison. Un soir, pendant qu'il se promenait dans une allée sombre du jardin des Tuileries, un homme masqué se présente devant lui. — Loupian, lui crie-t-il, te rappelles-tu 1807? — Pourquoi? — Sais-tu le crime que tu commis à cette époque? — Un crime! — Un crime infâme! Par jalousie, tu fis plonger dans un cachot ton ami Picaud; t'en souviens-tu? — Ah! Dieu m'en punit rigoureusement. — Non, mais Picaud lui-même, lui qui, pour assouvir sa vengeance, a poignardé Chaubard sur le pont des Arts, a empoisonné Solari, a donné à ta fille un forçat pour mari, et conduit la trame où ton fils est tombé. Sa main tua ton chien et le perroquet de ta femme, elle incendia ta maison et y poussa les voleurs. C'est enfin lui qui a fait mourir ta femme de douleur; lui dont ta fille est devenue la concubine. Oui, dans ton garçon Prosper reconnais Picaud, mais que ce soit au moment où il placera son *numéro trois*. »

Le furieux dit, et d'un coup de poignard, atteint si bien au cœur sa victime, que Loupian tombe et meurt ayant pu à peine pousser un faible cri.... Ce dernier acte de sa vengeance accompli, Picaud songeait à sortir des Tuileries lorsqu'une main de fer le saisissant au col le jeta lui-même par terre auprès du cadavre, et un homme profitant de sa surprise, lui lia les mains et les pieds, le bâillonna fortement, puis, l'enveloppant dans son propre manteau, l'emporta précipitamment.

Rien ne peut égaler la fureur, l'étonnement de Picaud, ainsi garrotté, ainsi enlevé. Assurément il n'était pas tombé au pouvoir de la force publique. Un gendarme, eût-il été seul, n'aurait pas pris ces précautions extraordinaires, lors même qu'il eût suspecté le voisinage de complices. Un appel eût suffi à rallier les sentinelles placées près de là. Etait-ce donc un voleur qui l'emportait ainsi?.... Mais quel singulier voleur.... Ce ne pouvait être un plaisant. Dans tous les cas, Picaud était tombé dans un guet-apens. C'était la seule chose qui fût incontestablement réelle pour l'assassin Picaud.

Quand l'homme sur les épaules duquel il était ainsi attaché s'arrêta enfin, Picaud présuma qu'il y avait à peu près une demi-heure que cet homme marchait. Picaud, enveloppé dans le manteau, n'avait rien vu des lieux de ce parcours. Quand il en fut débarrassé, il se sentit déposé sur un pliant (lit de sangle) garni de son matelas. L'air du lieu où il se trouvait était épais et lourd. Il crut reconnaître une cavité souterraine dépendant, selon toute apparence, d'une carrière abandonnée. Elle était meublée en partie; il y avait un poêle à la prussienne dont la fumée se perdait dans des conduits supérieurs; une lampe de cuisine éclairait la chambre, et debout devant Picaud, l'air sombre et les bras croisés se dressait l'homme qui l'avait amené là.

L'obscurité presque complète du lieu, l'agitation bien naturelle où se trouvait Picaud, le changement que peuvent opérer sur les traits dix ans de misère et de désespoir, ne permirent point à l'assassin de Loupian de reconnaître l'individu qui lui apparaissait comme un fantôme. Il l'examinait dans un morne silence, attendant un mot qui lui expliquât quel sort il devait attendre, et dix minutes se passèrent avant qu'aucun de ces deux hommes échangeât une parole.

— Eh bien! Picaud, lui dit-il, quel nom porteras-tu, désormais? Sera-ce celui que tu reçus de ton père? celui que tu pris à ta sortie de Fénestrelles? Seras-tu l'abbé Baldini ou le garçon limonadier Prosper? Ton esprit ingénieux t'en fournit-il pas un cinquième? Pour toi, sans doute, la vengeance n'est qu'une plaisanterie; mais non, c'est une manie furieuse, et dont tu aurais eu horreur toi-même, si tu n'avais vendu ton esprit au démon. Tu as sacrifié les dix dernières années de ta vie à poursuivre trois misérables que tu aurais dû épargner. Tu as commis des crimes horribles; tu t'es perdu à jamais, enfin tu m'as entraîné dans l'abîme.

— Toi, toi, qui es-tu?

— Je suis ton complice, un scélérat qui, pour l'or, t'ai vendu la vie de mes amis. Ton or m'a été funeste. La cupidité allumée par toi dans mon âme ne s'est jamais éteinte. La soif des richesses m'a rendu furieux et coupable. J'ai tué lui qui m'avait trompé. Il m'a fallu fuir avec ma femme; elle est morte dans cet exil, et moi, arrêté, jugé, condamné aux galères, j'ai subi l'exposition et la flétrissure; j'ai traîné le boulet. Enfin, parvenu à m'échapper, à mon tour, j'ai voulu atteindre et punir cet abbé Baldini qui atteint et punit si bien les autres. J'ai couru à Naples; on ne l'y connaissait pas. J'ai cherché la tombe de Picaud, et j'ai appris que Picaud vit. Comment l'ai-je su? Ni toi ni le pape ne m'arracherez ce secret. Dès lors je me suis remis à poursuite de ce prétendu mort; mais quand j'ai retrouvé, déjà deux assassinats avaient signalé sa vengeance ; les enfans de Loupian étaient perdus, sa maison brûlée, sa fortune détruite. Ce soir, j'allais aborder ce malheureux, lui révéler tout, mais encore cette fois tu m'as prévenu, le diable te donnait de l'avance sur moi, et Loupian est tombé sous tes coups, avant que Dieu qui me conduisait, m'eût permis d'arracher à la mort ta dernière victime. Qu'importe après tout, je te tiens ; à mon tour je puis te rendre le mal que tu m'as fait, je puis te prouver que les gens de notre pays ont le bras aussi bon que la mémoire : je suis Antoine Allut.

Picaud ne répondit pas ; il se passait d'étranges choses dans son âme. Soutenu jusqu'à ce moment par l'ivresse vertigineuse de la vengeance, il avait en quelque sorte oublié sa fortune immense et toutes les voluptés qu'il en pouvait attendre. Mais à présent sa vengeance était accomplie, à présent il devait songer à vivre de la vie des riches, et à présent il allait tomber lui-même sous la main d'un homme aussi implacable, qu'il se souvenait avoir été lui-même. Ces réflexions lui traversèrent rapidement le cerveau, et un mouvement de rage lui fit mordre convulsivement le bâillon qu'Antoine Allut avait eu soin de lui mettre.

«Cependant, pensa-t-il, riche comme je le suis, ne puis-je, avec de belles promesses, et au besoin en faisant un sacrifice réel, me débarrasser de mon ennemi? J'ai donné cinquante mille francs pour apprendre les noms de mes victimes, ne puis-je en donner autant ou le double pour sortir du péril où je suis?

Mais Dieu permit que l'épaisse fumée de l'avarice obscurcît la lucidité d'une telle pensée. Cet homme, possesseur d'au moins seize millions, s'épouvanta d'avoir à livrer la somme qui lui serait demandée. L'amour de l'or étouffa les cris de sa chair révoltée qui se voulait racheter et ne put plaider que faiblement. L'or devint sa chair elle-même, son sang, toute son existence. Oh! dit-il au plus caché de son âme, plus je me ferai pauvre, plus tôt je sortirai de cette prison. Nul ne sait ce que je possède; feignons d'être à la mendicité, il me lâchera pour quelques écus, et hors de ses mains il tardera peu à retomber dans les miennes.

Voilà ce que Picaud imagina; voilà la litière absurde qu'il fit à ses terreurs et à son espoir, cependant qu'Allut lui rendait la liberté de la bouche.

— Où suis-je? dit-il.

— Que t'importe, tu es en un lieu où tu ne dois attendre ni secours ni pitié; tu es à moi... moi seul, entends-tu, et l'esclave de ma volonté et de mon caprice.

Picaud sourit avec dédain, et son ancien ami ne poursuivit pas ; il le laissa toujours couché sur le grabat où il l'avait déposé, il ne le délia point (il s'était contenté, comme nous l'avons dit, de lui ôter son bâillon). Allut ajouta même à la rigueur des entraves qui retenaient son prisonnier : il lui passa autour des reins une large et épaisse ceinture de fer, fixée par une chaîne à trois immenses anneaux rivés dans le mur. Cela fait, Allut se mit à souper ; et, comme Picaud vit qu'Allut ne lui offrait rien de ce qu'il mangeait :

— J'ai faim ! dit-il.

— Combien veux-tu payer le pain et l'eau que je te donnerai ?

— Je n'ai pas d'argent.

— Tu as seize millions et plus, répondit Allut, et il fournit à Picaud de tels renseignemens sur le placement de fonds en Angleterre, en Allemagne, en Italie, en France, que l'avare en fut horripilé par tout son corps.

— Tu rêves !...

— Et toi, rêve que tu manges.

Allut sortit, et resta absent pendant toute la nuit ; vers les sept heures du matin il rentra et déjeuna ; la vue des alimens redoubla chez Picaud la torture de la faim. — « Donne-moi à manger, dit-il.

—Combien veux-tu payer pour le pain et l'eau que je te donnerai?

—Rien.

—Eh bien! voyons qui de nous deux se lassera le premier.

Et il s'en alla encore.

A trois heures de l'après-midi il était de retour; il y avait vingt-huit heures que Picaud n'avait pris aucune nourriture; il implora la pitié de son géolier, il lui proposa vingt sous pour une livre de pain.

—Écoute, dit Allut, voici mes conditions: je te donnerai deux fois par jour à manger, et tu paieras chaque fois vingt-cinq mille francs.

Picaud hurla, se tordit sur son grabat; l'autre demeura impassible.

—C'est mon dernier mot; choisis, prends ton temps. Tu n'as pas eu pitié *des amis*, je veux être pour toi sans miséricorde.

Le misérable prisonnier passa le reste du jour et la nuit suivante dans les rages de la faim et du désespoir, ses angoisses morales étaient au comble, l'enfer était dans son cœur. Ses souffrances furent telles, qu'il fut pris du *tétanos*, comme si ses nerfs avaient été déchirés; la tête se détraqua, le rayon de l'intelligence céleste qui l'animait fut étouffé sous ce soulèvement de passions extrêmes et désordonnées. L'impitoyable Allut tarda peu à reconnaître que c'était trop tourmenter un corps humain ; son ancien ami n'était plus capable de discernement, c'était une machine inerte, sensible encore à la douleur physique, mais incapable de la combattre ou de la détourner : il fallait renoncer à en tirer un mot. Allut se désespérait en pensant que si Picaud mourait, aucun moyen ne lui restait de s'approprier l'immense fortune de sa victime. De rage, il se frappa lui-même ; mais, surprenant un sourire diabolique sur la face livide de Picaud, Allut se précipita sur lui comme une bête féroce, le mordit, lui perça les yeux d'un couteau, l'éventra, et s'enfuyant de ce lieu où il ne laissait plus qu'un cadavre, s'éloigna, quitta Paris, et passa en Angleterre.

Là, tombé malade en 1828, il se confessa à un prêtre catholique français ; ramené à la détestation de ses fautes, il dicta lui-même à l'ecclésiastique tous les détails de cette histoire affreuse qu'il signa à chaque page. Allut mourut réconcilié avec Dieu, et fut enseveli chrétiennement. Après sa mort, l'abbé P... expédia à la police de Paris ce document précieux, où se trouvaient consignés les faits étranges qu'on vient de lire. Il l'accompagna de la lettre suivante :

« Monsieur le préfet,

« J'ai eu le bonheur de rendre à des senti-

« mens de repentir un homme éminemment cou-
« pable. Il a cru, et j'ai pensé comme lui, qu'il
« serait utile de vous faire connaître une série de
« faits abominables dans lesquels ce malheureux
« a été agent et patient tout ensemble. En suivant
« les indications fournies par la note annexée à ce
« pli, on retrouvera la chambre souterraine où
« doivent être encore les restes du misérable et
« malheureux Picaud, triste victime de ses pas-
« sions et de sa haine. Dieu a pardonné ; les
« hommes, dans leur orgueil, veulent faire plus
« que Dieu, ils poursuivent la vengeance, et la
« vengeance les écrase.

« Antoine Allut a vainement cherché où sont
« et comment sont placés les fonds de sa victime.
« Il a pénétré nuitamment dans l'appartement se-
« cret de celle-ci ; aucun registre, titre ou docu-
« ment, aucune somme d'argent ne sont tombés
« en son pouvoir. Voici les adresses et rensei-
« gnemens pour parvenir aux deux logemens,
« que, sous ses deux noms supposés, Picaud oc-
« cupait à Paris.

« Même au lit de la mort, Antoine Allut s'est
« refusé à me faire reconnaître par quelle voie il
« avait eu connaissance des faits relatés dans son
« mémoire, et qui l'avait instruit des crimes et
« de la fortune de Picaud ; seulement, et une heure
« avant d'expirer, il m'a dit : *Mon père, la foi de*

« nul homme ne peut être plus vive que la mienne,
« car j'ai vu et entendu parler une âme séparée de son
« corps.

« Rien alors n'annonçait le délire chez Allut;
« il venait de faire nettement sa profession de
« foi. Les hommes du siècle sont présomptueux;
« dans leur ignorance, leur refus de croire leur
« semble de la sagesse. Les voies de Dieu sont
« infinies. Adorons, et soumettons-nous.

« J'ai l'honneur d'être, etc., etc. »

CHAPITRE LXXV.

Une visite aux caveaux de Sainte-Geneviève. — Les Œuvres de saint Augustin. — Le rose-croix Mariani. — Le papier dentelle. — La petite poste dans un paroissien. — Les trois pains à cacheter. — Cinq enveloppes pour un billet. — Recette pour faire un gentilhomme. — M. Lacretelle et le prince Irmirisicof. — Une gouvernante académicien. — Les compétiteurs. — Une conférence à Auteuil. — Le QUOMISER (commissaire) dans l'embarras. — M. Pasquier et le neveu de l'archevêque de Toulouse.

Louis XVIII, un matin et de très bonne heure, envoya chercher le ministre de la police générale. Celui-ci, inquiet de ce message inattendu, mit tant d'empressement à lui obéir, qu'il arriva au château en bottes et sans manchettes. Le premier coup d'œil de Sa Majesté reconnut la faute, et alors sa bouche s'ouvrant en hauteur, suivant l'usage royal, quand elle allait débiter une pointe dure :

—Mon enfant, dit le roi, je vois que vous avez tenu à faire preuve de soumission aux dépens des bienséances.

Ceci débité avec une aigre bonhomie, le malin prince reprit :

— Allez vous-même à Sainte-Geneviève, descendez dans l'église souterraine, faites-vous indiquer le caveau où dort, en singulière compagnie, le cardinal Caprara, et rapportez-moi l'objet que vous trouverez déposé sur la pierre sépulcrale.

Le ministre, singulièrement étonné de la bizarrerie de cette commission, ne mit pour cela que plus d'empressement à l'exécuter. En cheminant, il se promit sans doute de ne remettre aux mains de Sa Majesté l'objet qu'il était chargé de trouver, qu'après s'être rendu compte de l'importance qui pouvait s'y rattacher.

Qu'on juge donc du désappointement de Son Excellence, lorsqu'elle n'eut vu sur la pierre tombale qu'un fragment d'albâtre oriental cassé.

Un instant il balança pour savoir s'il se chargerait d'un objet aussi insignifiant, et se demanda si, en effet, ce pouvait être cela que le roi attendait. Néanmoins, et après mûre réflexion, il prit la pierre, et la porta aux Tuileries, s'imaginant qu'il ferait rire le roi à ses dépens. Il le trouva sérieux, préoccupé. Il reçut le fragment, l'examina dans tous sens, et après avoir réfléchi :

—Envoyez, dit-il, quelqu'un de confiance à la Bibliothèque du Roi (Sa Majesté sourit). Là, que l'on demande les OEuvres in-folio de saint Augustin, édition de 1669, et, au tome VII, aux pages 404 et 405, on trouvera une feuille de papier..... Il ne convient pas, mon enfant, que ce soit vous-même qui preniez ce soin.

Le ministre sort, appelle une de ses âmes damnées, et l'envoie à la Bibliothèque royale. On livre le volume, l'envoyé trouve la feuille en question, et l'enlève sans qu'aucun des surveillans ait remarqué la soustraction. C'est une feuille de papier in-folio; elle est d'une finesse extrême, et bizarrement découpée. Il paraît qu'en l'appliquant sur un imprimé ou sur de l'écriture convenue, les ouvertures formeront des mots dont on a la clef ou le sens.

Pour cette fois, le roi laisse aller son ministre sans lui donner de nouvelle commission; mais l'homme d'état, piqué d'une curiosité rare, et pris d'une audace extrême, ose témoigner à Sa

Majesté le désespoir où il est d'avoir perdu la confiance d'un si bon maître : — Je vois, dit-il, que Sa Majesté désire me tenir secret le dénoûment de cette affaire.

— Monsieur, répond le roi, vous êtes mon ministre, et, au conseil dont vous faites partie, je dois, constitutionnellement parlant, un compte complet de tout ce qui concerne l'Etat, et jamais je n'y ferai faute ; mais, mon enfant, pour être roi constitutionnel, *je n'en suis pas moins homme;* je peux avoir mes secrets d'intérieur, ainsi que vous, mes faiblesses, mes erreurs, que sais-je ; je ne vois rien en cela qui doive vous affliger.

Deux jours après, il y eut ordre à la police de Paris de chercher avec vigilance un Italien, du nom de Mariani. C'était un rose-croix, un illuminé de première classe. Il fallait le rencontrer, le traquer, ne pas le perdre de vue, et le conduire néanmoins, avec les plus grands égards, au ministère de la police. En même temps, le bruit se répandit dans les bureaux, ou que le roi avait eu une vision extraordinaire, ou reçu une lettre plus extraordinaire encore, et dans laquelle on lui dévoilait une conspiration. Cette conspiration compromettait de très grands personnages.

Tout cela, conté obscurément et avec des

détails contradictoires, excita la curiosité générale. Chaque employé, chaque agent de la police, se mit de lui-même à chercher le Mariani, comme s'il se fût agi de son ennemi personnel. Une multitude de notes, de rapports, sont aux archives, et se rattachent à ce fait. Je les ai examinés. Voici ce que contient la plus grande partie de ces pièces. Je ne garantis pas, d'ailleurs, la vérité de leurs déclarations.

Le roi aurait reçu une lettre dans laquelle on lui disait que s'il voulait, à huit heures du soir, à un jour désigné, recevoir dans son cabinet un individu qui avait des révélations importantes à lui faire, lesquelles intéressaient particulièrement la famille du roi, Sa Majesté devait d'abord envoyer chercher un éclat d'albâtre oriental, qu'il trouverait déposé sur le tombeau du cardinal Caprara, à Sainte-Geneviève; que, de plus, il fallait, mais par une autre personne que celle chargée de prendre le fragment d'albâtre, faire enlever, dans un volume des OEuvres de saint Augustin (comme il est dit plus haut), une feuille de papier découpé dont on indiquerait plus tard l'usage. Sous peine de n'obtenir aucun résultat dans les éclaircissemens promis, on ne devait ni commencer par la fouille à la Bibliothèque, ni envoyer simultanément au même endroit et à Sainte-Geneviève.

Tout cela ayant été fait, le roi aurait reçu une autre feuille de papier chargée de lettres sans ordre qui, mise sous la première, avait permis de lire ces mots en partie incomplets : *Roi, tu es trahi par ton ministre et par le p...... p..... de ton s... Seul je peux te sauver.* MARIANI. Le roi n'avait voulu communiquer cet avertissement à personne, et en conséquence n'avait jamais pu savoir comment on avait appris ce que contenait ledit avertissement et le nom qui le signait. Quoi qu'il en soit, toute la police de Paris et de la France fut aux trousses de Mariani.

A la messe du dimanche suivant, le roi feuilletant son paroissien y trouva un billet ainsi conçu : *On a surpris ce que j'écrivais, et on est à ma recherche. Presse-toi de me voir si tu veux éviter de grands malheurs dans ta maison. Je saurai si tu veux me recevoir au moyen de trois pains à cacheter que tu colleras intérieurement sur les carreaux des fenêtres de ta chambre à coucher.*

Le roi hésita, remit au lendemain pour prendre un parti, et cette même nuit monseigneur le duc de Berry fut assassiné par Louvel. Le jour d'après, Louis XVIII, abîmé de douleur et se reprochant son incertitude, mit au lieu indiqué les trois pains à cacheter; et il n'y avait pas plus de deux heures que Sa Majesté avait pris ce soin, lorsqu'on lui porta une lettre dont la première enveloppe était à l'adresse d'un homme insignifiant du château; la seconde était ainsi conçue : *Pour remettre à M. le vicomte d'A....*; la troisième *au duc de M...., premier gentilhomme de la chambre de* Monsieur ; la quatrième à *S. A. R. monseigneur le duc d'Angoulême* ; la cinquième *au Roi et pour lui seul.* On devine que ces précautions avaient été combinées afin que l'on n'arrêtât pas le porteur du pli. Ayant brisé le dernier cachet, le roi lut ces mots :

Il est trop tard. Qu'un homme de confiance vienne me prendre sur le pont des Arts où je serai ce soir à onze heures. Je me fie à l'honneur du roi.

En effet, au lieu, à l'heure indiqués on rencontra un homme vêtu en habit de cour sous un ample manteau. Une voiture le conduisit au château; il resta en audience jusqu'à une heure du matin, et le lendemain mercredi 15 février, Monsieur eut la certitude que le roi se séparerait de M. Decazes. Il paraît que jusqu'au dernier instant de sa retraite le ministre de la police fit des efforts incroyables pour mettre la main sur le personnage mystérieux qui fut introuvable (1).

---

(1) Dans ma préoccupation, j'ai donné le titre de ministre de la police à M. Decazes lorsqu'il était ministre de l'intérieur; mais, par le fait, il l'était aussi de la police ; car, en détruisant ce dernier ministère, il s'en était réservé les attributions.

(*Note de l'Auteur.*)

Dans les semaines qui précédèrent la chute de M. Decazes, alors ministre de l'intérieur et président du conseil, le roi, qui aimait tendrement ce personnage, laissait paraître son chagrin, son mécontentement; le duc de la Châtre, attaché de cœur à Louis XVIII, voyant Sa Majesté morose et soucieuse ne put s'empêcher de lui dire :

— D'où vient que le roi s'abandonne à la mélancolie? N'est-il pas le maître? Si la situation politique ne permet pas de laisser aux affaires le comte Decazes, le roi, puisque la société de son ministre lui est agréable, ne peut-il pas le placer honorablement dans son intérieur? Une charge de premier gentilhomme est vacante; que le roi la donne à ce jeune ministre, par là il satisfera aux exigences extérieures et satisfera son goût.

— Brrrr, fit Louis XVIII en accompagnant le claquement des lèvres d'un geste d'épaule ; dis-moi, la Châtre, as-tu lu la cuisinière bourgeoise?

— Oui certes, sire, c'est un livre où il y a d'excellentes choses.

— Alors, sais-tu la composition d'un civet de lièvre?

— Ma foi.... sire.... j'avoue que je n'en sais rien.

— Eh bien! mon ami, la cuisinière bourgeoise qui dit *d'excellentes choses*, ce dont je conviens avec toi, professe *in cathedrâ*, à l'article en question, que *pour faire un civet de lièvre* PUNE, *il faut d'abord prendre un* LIÈVRE... A l'application, la Châtre.

— Je comprends que pour faire un premier gentilhomme de la chambre, il faut un gentilhomme.....

— Eh bien! que t'en semble?

— Que le roi sait mieux que moi la cuisinière bourgeoise et le reste.

— Et voilà ce qui le fera mourir roi ; je crains que d'autres n'aient pas le même bonheur.

Cette plaisanterie si piquante, si spirituelle, courut le château, la France et l'Europe. Je la donne copiée sur un *fac simile* du duc de la Châtre.

M. Lacretelle jeune fut excellemment mystifié à la même époque; c'est un homme de lettres aigu, qui a vécu sur la réputation de son frère. Il a poussé toutes ses branches, en faisant une cour assidue à tous les pouvoirs, sans en excepter un seul. M. de C....., dont la malice spirituelle est connue, le rencontrant un jour chez

Parseval Grandmaison, lui dit, après des complimens très exagérés :

—Connaissez-vous le prince Irmirisicof?
— Non, monsieur. C'est un Russe?
—C'est le fidèle Achate de l'empereur Alexandre, son bras droit, mais en secret. Il a un crédit énorme. Il n'est à Paris que de dimanche dernier (on était au jeudi); il ne voit personne, et on s'étonne de sa venue. On ne conçoit pas que l'empereur se soit séparé de lui. Il doit y avoir sous jeu quelque mission de la dernière importance. Au reste, vous le verrez. Il m'a demandé votre adresse; il vous admire, il prétend que de tous nos prosateurs vous êtes celui que là-bas on préfère.

— Les Russes ont le goût parfait, dit modestement M. de Lacretelle.

— Ce sont des drôles qui ont la bouche fine: les bons mots et les bons morceaux, ils prisent le tout sans broncher.

Tout cela fut débité au milieu d'un flux de paroles: puis, en sortant M. de C... se rapproche de sa victime :

— Ne parlez pas du prince Irmirisicof; il est ici incognito : une indiscrétion lui déplairait fort; d'ailleurs il vous verra.

Le jour suivant, un billet du style le plus bizarre, sans autre signature qu'un I, suivi de quelques points, est remis au *jeune* Lacretelle. Dans ce billet, on lui demande, au nom d'un *potentat auguste*, un rendez-vous, pour cette même nuit, chez lui, à deux heures du matin. Réponse conforme à la requête et attente du personnage.

Arrive un Béarnais, qui parle basque à ravir. Il se présente fagoté Dieu sait comme; il est couvert de plaques et de croix, plus qu'un poisson d'écailles. Il est coiffé *à la pie effarée*, mode datant du comte d'Argental et amoureusement décrite dans la Correspondance de Voltaire. On reçoit cet étranger comme le Messie. Il s'assied et débute par dire gravement à l'académicien :

— Monsieur le colonel! mon auguste maître, que je représente, trouve bon que vous restiez debout devant moi. Puis il enfile des discours à perte de vue, qu'il entremêle de phrases basques présentées comme le russe le plus pur. Il lit des fragmens de lettres de la même langue, qui, à l'entendre, sont les instructions de l'empereur Alexandre. Enfin, quand il a divagué tout son soûl, en présence de deux aides-de-camp, ses compères, il vient au sujet de sa visite : — L'empereur, pour une nuit, admis à l'honneur de sa couche la fille d'un Kan Tartare. Cette nuit a rendu mère la belle *Tartaresse* de deux filles admirables et justement admirées dans tout l'empire. L'une a les yeux en désaccord et les cheveux roux, mais elle a une taille magnifique ; l'autre a la chevelure de Bérénice, mais son dos est comme le dos du chameau patient : sobre comme cet animal, elle se nourrit de la simple vue des alimens, etc., etc. Ces deux adorables princesses ont été secrètement élevées en France. Elles habitent un hôtel magnifique. Le moment est venu de compléter leur éducation, et il s'agit de nommer leur gouvernante. »

— Mais, dit M. de L.... jeune, et déjà désappointé, je ne connais pas de femme capable de mener à bien une telle éducation.

— Aussi, Sa Majesté Impériale a mieux choisi ; elle désire que cette charge soit remplie par vous, monsieur le colonel.

— Moi ! altesse. Mais permettez ; puisqu'on veut une gouvernante.

— Bon ! c'est un mot ! On respecte l'étiquette ; elle veut une gouvernante, on nomme un gouverneur ! Tout s'arrange avec des sous-entendus et le costume. D'ailleurs, vous aurez trois cent mille francs de rente annuelle, argent de France, pendant les huit ans de l'éducation ; puis une retraite de cent mille francs, le grand cordon de Saint-André, la plaque en diamans, un brevet de duc et cinq cent mille francs de gratification. Acceptez-vous ?

L'académicien voit le ciel ouvert ; il trouve la proposition burlesque, mais bien sonnante. On lui fait écrire un brouillon de lettre à l'empereur, puis il doit le copier en russe (toujours du basque). On lui recommande le secret. Il promet de se taire, et on le quitte à cinq heures du matin, en prenant jour, ou nuit pour mieux dire, au dimanche prochain. Lui, se couche, espérant dormir la grasse matinée... Point. A sept heures, arrive M. de C... Il veut voir l'ami L.... eune... Il vient de se mettre au lit. N'importe ! Qu'il se lève !... Ce qu'on a à lui communiquer est aussi pressé qu'important.

Le pauvre diable, à moitié endormi et tout bâillant, reçoit l'espiègle visiteur. Celui-ci, dès l'entrée : — Alerte, alerte ! très cher, alerte, ou nous sommes joués ! Madame du Cayla présente M. S..., madame Prinsteau, le petit Delrieu. Il y brigue, intrigue. Levez-vous, remuez-vous.

— Que faut-il faire ?

— Quatre lettres : une à l'empereur Alexandre, une à la princesse Tartare, une au ministre des affaires étrangères à Saint-Pétersbourg : ces trois lettres en russe. L'excellent prince Irimisicof, qui vous affectionne comme son propre fils, les minutées. Copiez-les.

— Encore en russe !... C'est l'enfer...

— Oui, plaignez-vous : une position superbe!

— C'est vrai.

— Le prince, qui ne s'est pas couché, m'a dit qu'il vous avait fait un accueil honorable.

— Il m'a appelé colonel, et m'a permis de me tenir debout.

— Quand je prétends que vous êtes né coiffé, ai-je tort? D'abord, sachez qu'en Russie tous les rangs sont établis sur le pied militaire. Là-bas un académicien a titre de colonel. De plus, en Russie, l'usage veut que toute personne à qui on offre une grâce impériale se mette à genoux; vous voyez qu'en vous permettant d'être debout ç'a été une faveur signalée.

— Et la quatrième lettre, à qui l'écrire ?

— Au roi de France, afin qu'il demeure neutre; celle-là, envoyez-la directement; mais entrez en correspondance sur-le-champ, car de tous côtés on cabale.

Voilà le pauvre homme qui se met à copier du basque, comme un forçat à ramer sur les galères, puis qui broche une belle lettre au roi, à quatre heures du soir il n'a pas fini... Son agitation est extrême, la nuit du dimanche arrive; il attend le prince, c'est sa voiture, mais elle est vide; le prince est malade, il envoie chercher M. de L... jeune, qui, à deux heures du matin, est conduit à Auteuil, où demeure le prince. Il se résigne, et part. A Auteuil, se trouve nombreuse compagnie; on l'accueille en mamamouchi. Tout à coup, le prince, d'un air indifférent, lui dit:

— Votre costume est-il prêt?

— Quel costume?

— Celui que vous devez porter pour remplir les fonctions de gouvernante; sans lui, je ne saurais vous présenter aux princesses. M. de C... ne vous en a donc pas informé?

— Mais, Altesse...

— Eh bien! demain vous vous occuperez de ce détail. Nous passons la nuit en conférence politique; et, se penchant familièrement sur l'épaule de L..., l'altesse ajoute en confidence: — Vous voyez ici tous les envoyés secrets des potentats d'Europe; demain matin nous traiterons l'affaire, j'ai des pleins pouvoirs. Mais il faut nous hâter, car si demain nous ne terminons pas, je crains que la comtesse du Cayla ne me force la main en faveur de son protégé. Il a joué autrefois avec des amis le rôle de Sémiramis, et cela lui rendrait le costume plus facile à porter: c'est un précédent.

— Mais quel est ce costume?

— Oh! superbe: un corps de robe très décolleté, en brocart d'or, la jupe en satin blanc à fleurs, la robe en velours rouge et à queue, une toque...

— Quoi! prince, un costume de femme!

— Eh! colonel, est-ce en culotte qu'on prend le rôle de gouvernante?

— Des jupes, à moi!...

— Sans doute, et sous cet habit présenté à S. M. Louis XVIII.

La colère, la honte, s'emparent enfin de l'honorable, ainsi durement mystifié. Il reconnaît l'abominable plaisanterie, mais trop tard, car, de toutes parts, débouchent dans la salle des masques en costume de Pourceaugnac, tenant, au lieu de seringues, qui un bonnet, qui une jupe, qui une guimpe, qui une robe. A la vue de ces indignes ornemens d'un sexe frivole, M. L... profitant d'une porte ouverte, s'enfuit, sort de la maison, et par un temps affreux, court sur le prétendu pavé d'Auteuil, jusqu'à ce qu'il ait de la boue par-dessus la tête. S'il demeure jusqu'au jour dans ce fatal pays, il y aura poussé racine, car ses pieds tiennent au sol fertile. Mon Dieu! que faire? Invoquer les divinités champêtres, ou mieux encore ce cocher de fiacre qui s'en retourne à vide. Le cocher se trouvait là tout exprès. L... l'intéresse et l'attendrit; le cocher demande 20 francs pour aller jusqu'à la barrière. Une fois en voiture, L... est à Paris. A Paris, il se couche, et Morphée lui verse avec le sommeil l'oubli de tous ses maux.

L... s'adressa à la police, qui fut assez courtoise pour ne lui rien apprendre. Elle ne découvrit rien, parce qu'on lui défendit de rien découvrir. La mystification partait de haut; elle amusa singulièrement les cours étrangères, et Louis XVIII en rit lui-même comme un fou. On rendit à M. L... sa lettre, que bravement il désavoua. On avait contrefait, dit-il, sa signature.

Vers la fin de 1819, arrive à la préfecture de police un beau monsieur, qui demande à parler au préfet. Il lui conte gravement que mademoiselle V..... est poursuivie par la haine des libéraux, qui ne lui pardonnent pas les augustes bontés qu'un grand prince a pour elle; deux fois on a tenté de l'enlever, deux fois on a fait partir un pétard à son oreille.

Sur cette dénonciation, le préfet met en jeu tous les agens de la police; la maison de ladite princesse et perruquière est cernée, surveillée, et beaucoup trop, car vers la brune on arrête à sa porte, et comme elle venait d'y frapper trois petits coups, une fille si bien découplée, si aisée dans ses mouvemens, qu'on se figure tout d'abord que ce doit être un homme.

Arrivée chez le commissaire du quartier, la donzelle fringante obtient un entretien particulier du digne magistrat; dans le tête-à-tête, elle avoue qu'elle est un joli garçon, un propre cousin de sa cousine, et que pour la mystifier, il s'est ainsi déguisé, qu'au reste il en appelle au témoignage de la vertueuse amie d'un auguste prince.

Dans cette occurrence, le commissaire, craignant le mécontentement du prince, si le prince apprend la vérité, propose au joli cousin d'écrire à la sublime cousine. Celui-ci le fait en ces termes, la lettre ayant été copiée sur-le-champ, et la copie envoyée à la préfecture de police avec le sacramentel *certifié conforme* :

« Ma tré chair qousigne sele si ai pou tanonsé che je cui araitai gé le quomiser de paulis àchause de se che pou talé voyre je me cui abilé am fam vien me raiqlamé de cuit nou je va me fer mourire Thon bom qousing pou la vi. »

Suivait la signature. Voici, pour les amateurs, la traduction, mot à mot, de cette pièce d'éloquence :

« *Ma très chère cousine, celle-ci est pour t'annoncer que je suis arrêté chez le commissaire de police, à cause de ce que, pour t'aller voir, je me suis habillé en femme. Viens me réclamer de suite, ou je vais me faire mourir. Ton bon cousin pour la vie.* »

Le QUOMISER avait eu bon nez. Dès que le temps d'aller et venir se fut écoulé, la presque princesse vint majestueusement, en sa personne illustre, réclamer son cousin ou tenant lieu. La police, ordinairement curieuse, indiscrète et bavarde, ne chercha aucunement à approfondir cette parentée, soit pour l'affirmer, soit pour la combattre.

Je me rappelle avoir vu cette belle et plaisante personne, à l'Opéra, le jour de séance royale, se lever aux applaudissemens qui accueillaient les princesses, et faire comme elles la révérence au parterre. Rien n'était plus gai.

———

M. Pasquier, pendant son règne de préfet de police, fut, à son tour, mystifié assez adroitement. Un jour, il reçoit une lettre écrite, et signée : Comte Primât, archevêque, par la grâce de Dieu, de Toulouse, de Narbonne, d'Auch et d'Alby, sénateur, etc. Cet illustre prélat le prévenait très secrètement qu'un jeune abbé, auquel il prend un intérêt de père, a été débauché par une courtisane; que tous les deux sont à Paris, logés, selon toute apparence, rue de l'Hirondelle, n° 24, hôtel du Cheval-Blanc; que, si les renseignemens sont exacts, il le prie d'abord de faire arrêter la créature, puis de lui offrir dix mille francs si elle veut retourner en Hollande, sa patrie; ceci fait, d'emballer le jeune homme dans la *brouette du courrier* (terme du temps), de payer ses dettes et son voyage, jusqu'à concurrence de deux mille francs. Cette somme totale de douze mille francs était, disait l'épître, déposée chez le receveur général de Toulouse, qui la tenait à la disposition de M. le préfet de police de Paris. Suivait ledit reçu dudit financier.

Aussitôt, le préfet de police envoie rôder rue de l'Hirondelle. On arrive au Cheval-Blanc. Ce jour même, à midi, sont descendus dans cet hôtel un jeune mari et sa femme. On en fait le rapport au préfet. Il veut agir sans esclandre. On guette la sortie du mari, et il n'a pas fait quatre pas dans la rue, qu'on s'empare de la jeune femme, et qu'on la conduit à la préfecture de police. Elle s'effraie, on lui montre les grosses dents; elle pleure, tombe à genoux, implore miséricorde. Bref, après avoir lutté, elle avoue qu'elle accompagne le neveu de l'archevêque de Toulouse; mais que, loin d'être à ses gages, elle est, au contraire, sa créancière de six à sept mille francs.

— Eh bien! on vous en donnera dix; mais, dès demain, vous partirez pour Amsterdam.

Elle gémit d'abord et se désole, mais finit par accepter. On lui donne un passeport, la somme convenue lui est comptée; on la recommande au conducteur de la diligence; elle est partie. Alors, c'est le jeune homme qu'on attaque. Il résiste aussi, puis bat la chamade, capitule, avoue quatre mille francs de dettes; tient bon et si ferme, que, par accommodement, le préfet tope à trois mille. L'archevêque, sans doute, ne regardera pas à mille francs dans une affaire si heureusement et expéditivement conduite.

Le traité est signé. Le jeune homme, touché de repentir, ne parle plus que de séminaire. On lui paie ses dettes, la place au courrier : adieu, bon voyage! Et, en homme du grand monde, M. P...... attend une semaine avant d'écrire à Toulouse. Il expédie deux lettres, l'une au prince de l'Eglise, l'autre au duc de la finance. Les réponses arrivent. On lui demande des deux parts, et cela avec autant de politesse que possible, s'il a perdu la tête.

La correspondance recommence, s'embrouille, puis on s'explique, et M. le préfet de police apprend qu'il ne faut pas admettre pour vraies ces lettres de délateur officieux et ces oncles semant de l'argent qui tombent des nues. Au reste, le digne archevêque, excellent homme, tint à honneur de rembourser la somme prêtée sur sa signature. Il paya jusqu'au dernier écu.

CHAPITRE LXXVI.

DIRECTEURS GÉNÉRAUX DE POLICE.

18 mai 1814 — 29 décembre 1818.

INTRODUCTION.

Par son décret sur l'organisation et les attributions de la police, en date du 25 mars 1811, l'empereur Napoléon avait créé cinq directeurs généraux de police : un pour le Piémont et les départemens au-delà des Alpes; le second pour la Toscane, qui, de royaume d'Etrurie, était devenue grand-duché, faisant partie intégrante de l'empire; le troisième étendait son autorité sur tous les Etats possédés par le pape en 1809; le quatrième commandait au ci-devant royaume de Hollande; le dernier enfin gouvernait Hambourg, les départemens des Bouches-de-l'Elbe, Bouches-du-Weser et de l'Ems supérieur.

Il assigna cinquante mille francs à la dépense de chaque direction générale, savoir : vingt-cinq mille francs pour le traitement du directeur; quinze mille pour frais de bureau, de tournées et autres; dix mille enfin pour dépenses secrètes. La moitié de cette somme devait être payée par la ville de la résidence, et l'autre alla grossir le budget de la police générale. Les directeurs généraux, conformément à l'article du décret, devaient « surveiller « particulièrement l'esprit public, les opérations « du commerce, celles de la conscription, le « service des douanes, les mouvemens des ports, « les communications avec l'étranger, les subsis- « tances, la librairie, l'instruction publique, les « associations politiques et religieuses, en se con- « formant aux instructions du ministre de la « police générale. »

Ils correspondaient avec les préfets, les sous-préfets, les maires, les procureurs généraux et impériaux, les colonels de la gendarmerie. Ils avaient sous leurs ordres les commissaires généraux et spéciaux de police, et les commissaires particuliers établis dans les villes de leur gouvernement.

Ils rendaient compte au grand dignitaire qui avait la haute police de leur arrondissement, et au ministre de la police générale, des objets de leurs attributions, des opérations qu'ils avaient faites, des mesures qu'ils avaient prises et des affaires secrètes qu'ils avaient traitées.

Ces directeurs généraux n'eurent d'existence administrative que pendant le règne de Napoléon. Leur caractère politique était celui de fonctionnaires subalternes, quoique cependant rangés dans une catégorie assez élevée. Ils avaient voulu disputer la préséance aux préfets; ceux-ci l'emportèrent. Bien que l'attribution des directeurs fût plus étendue que celle des préfets, sa spécialité détermina leur abaissement; ils n'avaient rien de commun avec ceux qui, sous une dénomination semblable, furent créés au retour des Bourbons, et qui, en toutes choses, remplaçaient le ministre de la police.

Ce fut au 16 mai 1814 que ces derniers remplacèrent le ministère de la police que Louis XVIII supprima à raison de *l'exorbitance de son pouvoir*, ce qui n'empêcha pas ce monarque de le rétablir un peu plus tard. Voici le texte de l'ordonnance royale des directeurs généraux de police, sous la date relatée plus haut.

« .... Le directeur général aura les pouvoirs
« et exercera les fonctions ci-devant attribuées
« au ministre de la police générale et au préfet
« de police de la ville de Paris.

« Jusqu'à ce qu'il soit autrement ordonné, les
« préfets et sous-préfets exerceront les fonctions
« de directeurs de police, et seront seulement à
« cet égard sous les ordres du directeur général
« de la police du royaume.

« Le directeur général aura près de notre personne et dans nos palais les honneurs attribués
« aux ministres et prendra rang immédiatement
« après eux. »

Malgré cette création le ministère de la police générale fut rétabli le 9 juillet 1815, et supprimé le 15 décembre 1818, à l'exception de la préfecture de police rétablie par décret impérial du 20 mai 1815, et par l'ordonnance royale du 29 septembre 1815.

M. Beugnot était ministre provisoire de la police, nommé par le gouvernement du 3 avril 1814, lorsque cette ordonnance du 16 mai fut rendue.

Il la rédigea et la minuta lui-même. Il était désolé qu'on le nommât à cette place de directeur général établie sur les ruines du ministère de la police dont il s'accommodait si bien et dont le roi ne voulait plus. Il fut exclu du conseil ; et, afin de le satisfaire, car il se plaignait amèrement, on ajouta le troisième article qui l'appelait auprès du roi, immédiatement à la suite des ministres

Le retour de Napoléon au 20 mars 1815 annula cette création. Le ministère de la police générale ayant été rétabli redevint l'apanage de Fouché, duc d'Otrante. La préfecture de police de Paris, également restaurée, subit la loi du comte Réal. A l'époque du 29 décembre 1818, le comte Decazes ayant quitté le ministère de la police générale pour passer à celui de l'intérieur, la direction de la police fut réunie à ce dernier ministère ; mais, par une ordonnance du 9 janvier 1820, le titre de *directeur général de l'administration départementale de la police* fut créé, et le baron Mounier, ancien secrétaire du cabinet de l'empereur et depuis pair de France, en fut pourvu.

Les événemens qui se succédèrent dans les ministères, dans le gouvernement et dans les affaires depuis cette dernière création jusqu'au 15 janvier 1822, amenèrent encore une nouvelle suppression de la direction de la police générale qui devait être et rester une division du ministère de l'intérieur.

Les directeurs généraux de la police du royaume avaient la correspondance immédiate avec le préfet de Police; ils lui transmettaient les ordres directs du gouvernement et étaient chargés de l'examen des projets et des demandes du préfet de police. Ce service s'est fait depuis leur suppression et se fait encore par le ministère de l'intérieur et l'intermédiaire des bureaux particuliers de police.

Ces détails donnent une idée suffisante de ces fonctionnaires. Je passe à la notice de ceux qui ont été nommés par le roi pour occuper cette place. Quatre seulement en eurent l'exercice, savoir : MM. comte Beugnot, Dandré, baron et pair, Mounier et Franchet. Leur histoire politique ne laisse pas d'être intéressante et le dernier surtout, à cause de ses rapports avec ce que l'on appelait *la congrégation*, a joué un rôle assez important dans le royaume.

18 MAI 1814 — 3 DÉCEMBRE 1814.

Jacques-Claude, comte Beugnot, directeur général de la police du royaume. — Son caractère. — Sa légèreté, son mépris des hommes et des choses. — Ses habitudes galantes. — Son ancien état. — Député en 1791, il se range parmi les défenseurs du trône. — Sa bonne conduite à cet égard et son attachement à Bonaparte. — Il occupe de hauts emplois. — Sa fortune. — Il devient ministre des finances du roi Jérôme. — Est bien accueilli du roi à la Restauration. — Est nommé directeur de la police générale du royaume. — Ses ordonnances. — Sa *goutte d'huile*. — Il passe au ministère de la marine. — Se fait élire député. — Chef du bureau du commerce, etc.

La carrière administrative de ce directeur général de la police a été si variée que ce serait un travail démesuré que de le suivre dans toutes les places qu'il a occupées. Homme d'esprit et d'un esprit incrédule, ne tenant à rien, aimant le plaisir, il glissait plus qu'il ne s'arrêtait sur ses fonctions qui lui furent toujours aisées à obtenir, et pour lui ne furent jamais que des moyens. M. Beugnot aimait l'argent, mais le dépensait libéralement ; il galantisait les femmes, mais ne fut jamais leur esclave. Sa réputation dont il s'embarrassait peu n'a pas été cependant flétrie par les travers de son esprit ou plutôt par sa légèreté, car il n'eut jamais assez de solidité dans ses goûts pour avoir des travers. Classé, et avec raison, parmi les hommes honorables de son époque, il est monté, il est descendu dans la hiérarchie du gouvernement, sans avoir mérité ni démérité du prince ni du public. Né avec une facilité de travail que les susceptibilités d'opinion n'arrêtaient pas, il brilla plus d'une fois à la tribune par des rapports dont il fut chargé aux assemblées.

Beugnot est né en 1761, à Bar-sur-Aube, d'une bonne famille de vieille bourgeoisie assez considérable dans le pays et surtout bien apparentée. Il fit d'assez solides études, et après avoir été reçu avocat, devint lieutenant-général au bailliage de sa ville natale. La révolution l'enleva à ces fonctions; ses concitoyens l'élurent procureur-général syndic du département de l'Aube, et plus tard, en 1791, le députèrent à l'Assemblée législative; il s'y montra partisan zélé de la monarchie, il défendit de tout son pouvoir les droits du roi et les prérogatives nobiliaires. Au 10 août 1792, il quitta les affaires publiques, et son éloignement pour les principes républicains le firent mettre en arrestation avec son père, au mois d'octobre 1793. Les événemens qui suivirent le 9 thermidor rendirent le père et le fils à la liberté.

L'avénement de Bonaparte au pouvoir amena Beugnot dans la voie des honneurs et de la fortune; il y fit des pas rapides, mais il ne changea ni sa manière de voir, ni sa manière de vivre. M. Beugnot était de ces hommes qui pensent avec raison que, pour être agent d'un gouvernement, on ne doit ni cesser d'être homme aimable, quand on l'est, ni repousser les occasions de se montrer tel, quand elles se présentent. Il continua donc d'adorer les femmes et de se laisser adorer par elles. C'est ainsi qu'*on sème de fleurs* la carrière administrative; c'est ce que fit M. Beugnot.

Lucien Bonaparte, ministre de l'intérieur, avait donné sa confiance à Beugnot qui désignait au choix du prince les premiers préfets; il se réservait pour lui la préfecture de la Seine, mais le premier consul dit en riant :

« Il paraît que le citoyen Beugnot aime le sot l'y laisse, mais j'en ai déjà disposé : nous le pourvoirons ailleurs. » Beugnot eut Rouen, alors la seconde préfecture de France, à cause de l'importance du chef-lieu et de la proximité de Paris. Préfet de la création, il eut en 1805, Savoie-Rollin pour successeur. Plus tard, Bonaparte le donna à Jérôme son frère, quand ce prince devint roi de Westphalie, et Beugnot fut en ce pays ministre des finances; alors il comprit l'urgence de faire fortune, et s'appliqua sans relâche à ce soin. Nommé successivement en France conseiller d'état, comte de l'empire à la création de la noblesse, grand-officier de la Légion-d'Honneur, grand-croix de l'ordre de Westphalie, tout porte à croire que, sans les événements de 1814, il serait devenu ministre principal du jeune roi son maître.

Malgré son bonapartisme apparent et ses fonctions si personnelles auprès des membres de la famille de l'empereur, Beugnot, royaliste dès son enfance, par conviction et sentiment, n'avait, dès 1792, cessé d'être membre secret de l'agence royale, contradiction qui, je l'avoue, ne s'explique pas favorablement pour la probité politique de M. Beugnot. Quoi qu'il en soit, cette conduite lui valut les faveurs de Louis XVIII qui, en 1814, l'appela à son conseil. Il avait déjà été nommé, par le gouvernement provisoire du 3 avril, commissaire le même jour au département de l'intérieur où il faisait fonction de ministre.

Le 16 mai suivant, le ministère de la police générale ayant été supprimé et converti en une direction générale, le roi en investit M. Beugnot. C'était une fiche de consolation qu'on lui accordait pour le remunérer de la perte du portefeuille de l'intérieur. On avait donné ce portefeuille à l'indolent et coupable abbé de Montesquiou, un des hommes qui ont fait le plus de mal aux Bourbons et à qui la France doit d'ailleurs le funeste présent du petit Guizot.

Au reste, pour rendre moins amer cet abaissement momentané, l'ordonnance royale qui, le 16 mai, institua M. Beugnot à la direction générale de la police lui accorda « près de la per« sonne du souverain, les honneurs attribués aux « ministres, et rang immédiatement après eux. » Beugnot n'en resta pas là; le portefeuille de la marine étant devenu vacant par la mort du vicomte Dubouchage, lui fut confié à la fin de 1814 et il le conserva jusqu'au 20 mars 1815, alors il fallut tout abandonner et se retirer à Gand.

A la seconde rentrée de Louis XVIII, il ne put, malgré ses efforts incroyables, rester au ministère de la marine, Fouché et Talleyrand le repoussèrent avec une opiniâtreté singulière.

Cependant, pour ménager les apparences et n'être pas accusé de punir M. Beugnot de sa fidélité, on lui confia la direction générale des postes. Elle lui fut retirée trois mois après, le 8 octobre 1814, par une adroite manœuvre de M. Decazes, qui, en cette occasion, fit le premier essai de son influence. Beugnot conserva néanmoins le titre de ministre d'Etat, membre du conseil privé. De plus, on s'engagea, d'abord verbalement, et depuis par une lettre, à couvrir les épaules de M. Beugnot du manteau de pair. Mais les épaules de M. Beugnot demeurèrent toujours vierges de l'ornement promis. Cet oubli ou ce mépris d'une promesse, qu'il regardait comme sacrée, ont désespéré sa vieillesse.

Elu député à la Chambre élective, il y fit divers rapports sur les finances et autres objets d'administration. Je ne l'y suivrai pas et je reviens au temps où il fut directeur général de la police du royaume.

Personne n'était moins apte que lui à ces fonctions. On s'en convaincra par la démarche qu'il fit pour la désorganisation de la préfecture de police. Cette démarche mérite d'être citée : il fit rendre une ordonnance royale, du 6 juillet 1814, portant « que le directeur gé-
« néral de la police était autorisé à déléguer à
« trois maîtres des requêtes l'administration, dans
« Paris, 1° de la police secrète ; 2° de celle des
« approvisionnemens et services publics ; 3° de
« celle des prisons, hospices et autres établisse-
« mens. »

Il est inutile de faire observer que cette ordonnance, signée *d'Ambray*, chancelier de France, était une violation de la loi du 28 brumaire an VIII (19 novembre 1799), qui établit une préfecture de police pour Paris. Mais Beugnot n'était pas homme à y regarder de si près, lorsque surtout, par cet arrangement, il satisfaisait au dégoût invincible que lui apportait cette partie de l'administration. Je lui ai entendu dire que de ministre de la police à mouchard il n'y avait que la main, et que dans un salon il fallait se méfier autant de l'un que de l'autre. Il ajoutait que tout homme chargé des plus hautes fonctions, dans le cercle de la police, avait beau monter et obtenir les plus éminentes distinctions, il n'en demeurait pas moins entaché à tout jamais, par son contact avec les gens ignobles qu'il employait. « Oui, messieurs, s'écriait-il en 1827, les gens de police ont un tel fumet, que, long-temps après que j'eus abandonné ces fonctions odieuses, les chiens me suivaient partout en jappant après moi. »

M. Beugnot fit donc un simple bureau central de la préfecture, et commença par remplir les trois places créées par l'ordonnance du 26 juillet 1815. Il mit M. Pavée de Vandœuvre aux approvisionnemens, et aux autres services publics ; M. Rivière, membre de la chambre des Députés, à la police de sûreté et au secrétariat; M. Héricart-de-Thury, ingénieur en chef des mines, aux bâtimens, travaux publics et petite voirie. Nul ne trouva mauvais ce changement, et son auteur, qui prenait par-là toutes ses aises, ne put s'empêcher de rire en voyant les autorités de la police souffrir cette désorganisation, dont la durée s'étendit jusqu'au retour de Bonaparte. Celui-ci rétablit aussitôt les choses sur l'ancien pied, en jugeant plus convenable, l'innovation introduite dans ce département. Le comte Réal dirigea la police, n'ayant pas pour elle l'horreur et le dégoût que lui vouait Beugnot, et la cultivant au contraire comme une fille chérie.

Cet intervalle de temps fut marqué par un grand nombre de cérémonies publiques, qui forcèrent le directeur général à lire et à signer de nombreuses ordonnances relatives aux mesures d'ordre à observer en ces occasions importantes. Le rôle d'un préfet de police se réduit alors à peu près à celui d'un maître de cérémonies. Il doit prévoir les accidens et réglementer les jours de la fête. On peut dire que, sous ce point de vue, c'était la seule partie de son administration que M. Beugnot devait étudier avec amour. Aussi n'y manqua-t-il point. D'ailleurs, c'était un travail de bureau qui ne lui coûtait pas grand'peine. Les ordonnances, toutes minutées, lui étaient envoyées de l'hôtel du quai des Orfèvres. Et M. Beugnot y apposait de superbes signatures. Jamais Brard et Saint-Omer n'ont, de nos jours, édité de plus jolies choses paraphées; jamais notaire d'arrondissement n'a torturé, dans un plus singulier galbe, la physionomie de sa signature.

Cependant il y eut une de ces ordonnances que M. Beugnot voulut enjoliver autrement que par ses ravissantes épigrammes hiéroglyphiques. Il en disloqua la teneur, comme ferait un enfant gâté du compartiment d'un joujou précieux; puis, surpris par la nécessité d'en rassembler les pièces à la hâte, il en composa la plus ravissante bouffonnerie qui fût sortie de sa plume. Voici comment, dans le préambule de cette pièce malencontreuse, s'exprimait l'éloquent directeur général de la police du royaume :

« Considérant que l'observation des jours con-
« sacrés aux solennités religieuses est une loi
« commune à tous les peuples policés, *qui re-*
« *monte au berceau du monde et qui intéresse au même*
« *degré la religion et la politique;* que l'observa-
« tion solennelle du dimanche s'est maintenue
« avec une pieuse sévérité dans toute la chré-
« tienté, et qu'il y a été pourvu, pour la France
« en particulier, par différentes ordonnances de
« nos rois et arrêts de cours souveraines et, en
« dernier lieu, par le règlement du 8 novem-
« bre 1782; que ces lois n'ont pas été abro-
« gées..... ; qu'il est nécessaire aujourd'hui de
« rappeler explicitement ces mêmes réglemens

« pour attester à tous les yeux le retour des
« Français à l'ancien respect de la religion et
« des mœurs et à la pratique des vertus qui
« peuvent seules fonder pour les peuples une
« prospérité durable ; ordonnons ce qui suit : »

Ces phrases très convenables sans doute n'en produisirent pas moins un défavorable effet ; on crut voir, dans ce qui n'était qu'une maladroite flatterie de Beugnot, une première et exorbitante démarche du clergé pour remettre les Français sous son joug, et une preuve fatale de la parole terrible de Napoléon, *les Bourbons dans leur exil, n'ont rien appris, ni rien oublié*. Parmi les articles qui firent crier la majorité des citoyens, je signalerai d'abord celui qui ordonnait *aux marchands de vin, maîtres de cafés, marchands de bière ou de cidre de refuser l'entrée de leurs établissemens, les jours de fêtes, de dimanches, pendant l'office divin, depuis huit heures du matin jusqu'à midi, à ceux qui s'y présenteraient pour boire, manger ou jouer, sous peine de trois cents francs d'amende*.

Tout Paris se récria contre une ordonnance pareille, dont l'exécution était impossible, et malgré le respect superstitieux que les habitans de la capitale et surtout les bourgeois professent pour tout ce qui émane de la police, les réclamations, les plaintes, les quolibets surgirent de outes parts. Beugnot en tenait fort peu de compte; cependant il fallut revenir sur une mesure pareille, sur des défenses qui n'étaient plus en harmonie avec les habitudes du temps. On sentit qu'une ordonnance d'un directeur général de la police ne suffisait pas pour interpréter les anciennes lois et prononcer des peines, même en matière de police. Une loi a besoin pour être abrogée ou modifiée d'une nouvelle loi qui la modifie ou l'abroge. Ce fut pour obvier à cette illégalité que fut rendue la loi du 18 novembre 1814. On reconnaît dans sa rédaction la juste mesure requise pour le respect dû aux fêtes et dimanches, et aux besoins d'une population aussi nombreuse et aussi mélangée que celle de Paris.

Ce ne fut pas la seule fois que Beugnot, le moins religieux des hommes, prit à tâche de s'occuper des cérémonies et pratiques de la religion. On a en effet de lui plusieurs autres ordonnances sur le même objet, particulièrement celle du 10 juin 1814, *concernant les processions de la Fête-Dieu*; il y rappelle les anciens réglemens de police sur la propreté du pavé et la suspension du roulage des voitures dans les rues où passerait la procession. L'article 5 ordonne aux habitans de tendre le devant de leurs maisons dans les mêmes rues; cette disposition d'ordre public excita de violentes clameurs; on voulut y voir une violation de la liberté des cultes.

Au demeurant et malgré son pouvoir énorme, la police ne put que difficilement tenir la main à l'exécution de l'ordonnance, et il a fallu que les événemens aient changé complétement les opinions en France, pour que l'ordonnance fût observée comme elle l'est aujourd'hui généralement.

On doit en outre à Beugnot plusieurs ordonnances concernant la salubrité et la propreté de Paris, et quoique ce ne fût en partie que le renouvellement d'anciennes ordonnances, il n'en fit pas moins une chose utile; telles sont 1° l'instruction sur les procédés pour désinfecter les hôpitaux et les casernes, rédigée et publiée par son ordre, le 11 juillet 1814; 2° l'ordonnance du 7 novembre suivant sur le balayage des rues de Paris; 3° une autre du 14 du même mois sur les cabriolets, et enfin diverses circulaires sur l'application des lois de police adressées aux commissaires des quartiers.

C'était le fruit du travail des trois maîtres des requêtes qui divisaient l'unité de la préfecture de police; et comme je l'ai dit, le comte Beugnot n'y était que pour la signature; d'autres soins, des vues plus ambitieuses l'occupaient.

Le ministère de la marine vacant à cette époque lui parut plus convenable qu'une charge d'édile et *d'espion de haute volée*, comme il le disait. Il convoitait ce portefeuille comme il avait convoité certaines faveurs, c'est-à-dire assez ardemment pour les obtenir. En conséquence il obtint la marine, et fut remplacé au département de la police par M. Dandré qui fut élu le 5 décembre 1814, et qui conserva l'agencement de la préfecture sur le pied où l'avait laissé son prédécesseur.

On a beaucoup plaisanté le comte Beugnot sur une certaine circulaire où voulant faire l'éloge de la police, montrer son importance et les secours qu'en retirent l'ordre public et le gouvernement, *il la compare à une goutte d'huile qui filtre dans les ressorts du gouvernement et les empêche de faire du bruit.* Le public, à bon droit, se moqua de la comparaison.

Au reste, le comte Beugnot repoussa tout haut l'espionnage qui, sous son autorité, ne s'exerça qu'en dehors, et sans qu'il y donnât les mains, même en cachette. Ailleurs, je signalerai la police occulte, puissante, dangereuse qui, d'avril 1814, se prolongea dans le même sens, vers le même but et avec le même esprit, jusqu'aux trois journées de 1830.

Dès l'entrée au ministère de M. Decazes, le comte Beugnot resta dans le rang des royalistes constitutionnels. Il défendit même la liberté de la presse. Plus tard, soit conviction, soit entraînement, il fit volte-face. Cette manœuvre lui procura la *présidence du bureau de commerce*, sorte de ministère au petit-pied (1).

---

(1) Le comte Beugnot est mort, il y a peu de temps, après avoir entrevu la pairie où il fut nommé par Charles X, le 27 janvier 1830, avec le duc de Brancas, les marquis de Puyvert, de Tourzel, les comtes de la Bourdonnaye, de Vallée et le baron de Vitrolles. Dépossédé par la révolution de juillet 1830; non restauré par Louis Fhilippe, il a passé quinze années de sa vie à attendre une pairie dont, pour lui, la durée fut de six mois.

CHAPITRE LXXVII.

3 DÉCEMBRE 1814 — 1ᵉʳ MARS 1815.

Antoine-Baltazard-Joseph Dandré, baron, ex-constituant, second directeur général de la police du royaume.

On a dit de Dandré qu'il peut être compté parmi ces hommes qui ne doivent leur importance qu'à celle des circonstances où ils se trouvent, et auxquels, sans une position appropriée à leur individualité, rien n'est possible. Cependant il fut un des membres marquans de l'Assemblée constituante; il y défendit les principes de la révolution sans néanmoins s'être jamais engagé dans les voies de violence et de désorganisation où se jetèrent tant d'hommes de ce corps.

Né en Provence, dans la ville d'Aix, le 2 juillet 1759, il reçut la brillante éducation donnée alors à la jeune noblesse, qu'on ne destinait pas seulement à la carrière des armes, quoiqu'en aient dit beaucoup d'écrivains de l'époque. Après avoir fait ses humanités au célèbre collège de Juilly, il fut envoyé à Toulouse pour y étudier le droit. Les professeurs de cette université jouissaient alors d'une réputation dont ont bien déchu leurs pâles successeurs. Dandré à dix-neuf ans, c'est-à-dire en 1778, était conseiller au parlement de Provence, et comme le plus jeune de la cour il fut, selon l'usage de cette magistrature respectable, chargé de la maîtrise des eaux-et-forêts.

En 1789, les gentilshommes du bailliage d'Aix le nommèrent député aux états-généraux; il fit partie dès les premières séances de la minorité de son ordre, prêta le serment du jeu de paume, et peu après l'Assemblée nationale lui donna la mission d'aller à Toulon, instruire en qualité de commissaire le procès criminel, que les autorités déjà jacobines de cette ville avaient intenté au chef d'escadre, le comte Albert de Burns. La haute impartialité apportée par Dandré dans cette affaire fit constater l'innocence du comte Albert, dont tout le crime était une honorable fidélité à Louis XVI. Dandré, de retour à Paris, prit part aux travaux de l'assemblée nationale qui le nomma son président, le 1er août 1790 et le 1er janvier 1791.

Ici, ses opinions monarchiques trouvèrent l'occasion de se développer fréquemment, mais avec cette modération qui caractérise le bon droit et la conviction loyale d'un esprit juste et d'un cœur pur. Sa conduite ne se démentit pas durant toute la session. Rendu à la vie privée, les parlemens étant abolis, il essaya de se livrer au commerce ; mais en 1792, il dut abandonner la France et passer en Angleterre.

Là, il trouva Talleyrand et d'autres avec lesquels il se lia et forma une véritable ligue. De Londres, il passa en Allemagne, et les émigrés lui pardonnèrent son *constitutionalisme* en faveur des services qu'il rendit aux gentilshommes. Ce fut lui qui leur fournit les moyens de communiquer avec l'intérieur. Les princes l'accueillirent, lui confièrent de pleins pouvoirs, investi desquels il rentra en France, en 1797, afin de se mettre en rapport avec les conjurés royalistes de Clichy; mais la journée de fructidor le contraignit à quitter de nouveau la France.

Il se retira alors auprès de Louis XVIII qui l'attacha à son cabinet, et pendant dix ans le garda auprès de sa personne; car Dandré ne quitta le roi qu'en 1809. A cette époque, par l'ordre du roi, Dandré revint sur le continent; il y allait chercher son ancien ami, Maret, duc de Bassano. Mais le duc de Bassano l'ayant leurré pendant quelques mois le laissa partir seul pour Vienne, ne fournissant pas même à Dandré l'argent nécessaire pour ce voyage.

Dandré se fixa près de Vienne, dans une terre qu'il acheta, ses vastes connaissances en agriculture en firent une ferme modèle; bientôt l'empereur d'Autriche lui dut l'établissement d'une société impériale d'agriculture.

Il se trouvait en Hongrie lorsqu'il apprit les événemens de 1814; aussitôt il courut rejoindre le roi avec lequel il n'avait jamais cessé de correspondre. Sa Majesté, pour lui donner une existence et une occupation, lui confia la charge d'intendant des domaines de la couronne. Cette fonction convenait mal au caractère de M. Dandré; la police politique ou diplomatique était son fort, et il crut qu'une telle police était aussi peu onéreuse en France qu'il l'avait trouvée facile pendant l'exil du roi ; elle se bornait alors à des correspondances secrètes, à des distributions d'argent, à des plans de contre-révolution, à des expéditions d'émissaires, etc. Il se trompait, les choses devaient être vues sous une autre face; et Dandré, en persistant dans ses erremens anciens, fit preuve de peu de capacité et se déconsidéra. Quelques paroles niaises circulèrent ; le ridicule l'atteignit, dès lors ce fut un homme sans valeur.

Le 5 décembre 1814, il fut nommé directeur de la police générale, en remplacement de Beugnot, qui passa au ministère de la marine, comme il aurait passé à la guerre ou au commandement général des galères de France.

Dandré conserva l'organisation de la police telle qu'il l'avait reçue de son prédécesseur. La difficulté des circonstances, l'effervescence des partis, la diversité des systèmes de gouvernement le fatiguèrent vite; il apporta à ses fonctions une molle activité et un manque de vues et de moyens qui se fit promptement sentir et des bureaux et du public. Enfin, par faiblesse ou négligence, il se conduisit de manière à laisser croire, ce qui certes n'était pas, qu'il s'entendait avec les ennemis des Bourbons pour amener le triomphe du ci-devant empire.

Les Bonapartistes, qui l'avaient jugé du premier coup d'œil, conspiraient tout haut en faveur de Napoléon. Leurs émissaires allaient librement de Paris à l'île d'Elbe, et de l'île d'Elbe à Paris. Le comte de Blacas, homme politique aussi nul que M. Dandré était indolent, M. de Blacas, dont alors toutes les idées s'attachaient à rendre le roi invisible comme quelque divinité de pagode, et à faire amas d'argent comme un paysan ignorant qui enfouit des écus, M. de Blacas, au lieu de garder la haute main, au lieu de conduire les affaires, se réservait l'intrigue et renvoyait impitoyablement à M. Dandré les choses importantes qui l'épouvantaient et l'ennuyaient.

A Dandré revenaient ainsi toutes les révélations qu'on faisait au duc ; mais, à l'exemple de celui-ci, le directeur de la police général s'occupait singulièrement de sa fortune personnelle et négligeait fort les devoirs de sa place ; il laissait les choses aller leur train, se contentant de mettre au travail les renseignemens qu'on lui adressait et auxquels les employés se souciaient peu de donner suite.

La police municipale fut pourtant moins oubliée. La préfecture était toujours partagée entre les trois maîtres des requêtes que Beugnot avait institués. Ils ne pouvaient se dispenser de présenter à la signature du directeur général les projets d'ordonnances.

M. Dandré avait pour secrétaire général M. Saulnier père, qui avait occupé ce poste sous M. Beugnot, et qui fut remplacé dans ce service par M. Furtis, devenu secrétaire général de la préfecture de police, sous Anglès, en 1815.

Cependant Napoléon débarqua, et Dandré ne le sut que par le télégraphe. Un cri d'indignation s'éleva contre lui : on lui retira la direction de la police, cinq ou six jours avant le 20 mars. Dandré partit pour Gand. Cette course sentimentale lui fut inutile; le roi, éclairé sur son incapacité, ne lui rendit pas sa place après les Cent-Jours; il lui laissa celle d'*intendant des forêts et domaines de la couronne,* qu'il possédait à sa mort, arrivée en 1819, le 26 juillet.

CHAPITRE LXXVIII.

21 février 1820 — 9 janvier 1822.

Le baron Mounier (Claude-Edouard-Philippe), troisième directeur de la police générale.

La nomination de M. Decazes au ministère de la police générale avait fait supprimer la direction de cette partie de l'administration, ses attributions rentrant dans celles du nouveau ministre. Mais, plus tard, celui-ci étant devenu ministre de l'intérieur, en décembre 1818, et son ministère précédent étant supprimé, la police ne forma plus qu'une division du ministère de l'intérieur.

Postérieurement à cette époque, *lorsque son pied eut glissé dans le sang*, et qu'il dut abandonner les affaires, après le 13 février 1820, le duc Decazes eut pour successeur le comte Siméon. Celui-ci ayant été nommé ministre de l'intérieur, on rétablit soudainement la *direction de la police générale du royaume*. Par ordonnance du 21 février 1820, le baron Mounier fut nommé à cette place, qui toutefois changea de nom ; elle fut désignée sous celui de *direction générale de l'administration départementale de la police*.

Le baron Mounier était fils de Mounier, célèbre député à la Constituante, et qui, même avant d'être élu par le bailliage de Grenoble en 1789, avait déjà le premier opéré en Dauphiné une révolution en faveur des sages principes de la liberté politique, et provoqué à Vizilles la convocation d'une assemblée nationale pour travailler à donner une nouvelle constitution à l'Etat.

Mounier, trompé dans ses espérances, et effrayé de la débauche sanglante que l'on faisait des institutions du pays, certain d'ailleurs qu'au milieu de cette tourmente il paierait de sa tête et ses vertus et son patriotisme, Mounier passa en Allemagne, emmenant avec lui son fils âgé de cinq ans et né en 1785.

Les événemens du 18 brumaire (9 novembre 1799) virent rentrer à Paris le père et le fils. La célébrité du rôle joué par le père, la voix publique qui le proclamait le plus honnête homme du temps, en le mettant au niveau des Lanjuinais et des Boissy-d'Anglas, la réputation méritée que lui avaient acquise plusieurs ouvrages politiques, attirèrent sur lui les regards de Bonaparte. Mounier père fut fait conseiller d'état, préfet, etc. Le fils jouit, quoique bien jeune encore, de toute la faveur de Napoléon qui, dès 1806, le nomma auditeur au conseil d'état, et lui donna, en 1809, la fonction si précieuse de chef de son cabinet particulier. Plus tard, M. Mounier fils devint maître des requêtes, baron et intendant du domaine de la couronne; en cette dernière qualité, il prêta serment de fidélité entre les mains de l'empereur, le 12 décembre 1813.

Les affaires à cette époque n'étaient plus favorables au gouvernement impérial. M. Mounier, que d'anciens services attachaient à la monarchie, comprit le retour nécessaire et prochain des Bourbons en conséquence des événemens dont l'Europe entière était le théâtre.

La fidélité jurée si solennellement à Napoléon, dont il avait été le serviteur si intime, n'empêcha pas le baron Mounier de se ménager un avenir, à l'époque d'une catastrophe qui lui paraissait inévitable. Il sut, dans sa place, sans trahir l'empereur, se concilier le parti royaliste qui se disposa à l'adopter, dès qu'il en serait temps. Sans emploi en 1814, il partit pour Gand, dès qu'il eut appris la rentrée de son ancien maître au 20 mars 1815. Cette démarche l'affermit dans son changement de système. Le roi, qui estimait ses talens, *et qui plus d'une fois profita des lumières qu'il lui donna sur la fortune personnelle de Bonaparte,* ne le perdit jamais de vue dans les choix qu'il eut à faire.

Sur la demande du duc de Richelieu, Louis XVIII ordonna au baron Mounier d'accompagner ce chef du conseil au congrès d'Aix-la-Chapelle, où l'on décida, en 1818, l'évacuation de la France occupée jusqu'alors par les troupes étrangères. Les événemens qui firent supprimer le ministère de la police générale et envoyer M. Decazes de celui de l'intérieur, offrirent encore au roi l'occasion de récompenser M. Mounier en le nommant *directeur général de administration départementale de la police.*

Il y suivit la ligne tracée par son prédécesseur Decazes, mais avec plus de bonheur et de ménagement. La haine des ultra fut moins grande contre lui, et on n'eut pas à lui reprocher ces fautes et ces méprises dont M. Decazes fut si souvent accusé.

Cependant le baron Mounier ne fut pas assez heureux pour échapper complétement aux plaintes et aux dénonciations des royalistes exagérés. On voulut lui imputer à crime quelques actes évidemment émanés d'une autre main; et, dans les écrits publiés contre M. Decazes, on n'épargna pas le baron Mounier. L'avocat Robert le comprit dans l'accusation portée aux chambres contre plusieurs membres du ministère. M. Mounier fut constamment l'ami et l'appui d'Anglès. Le préfet de police ne faisait rien sans consulter le baron Mounier, et tous deux se soutenaient contre les attaques de leurs ennemis communs.

Toute la police du baron Mounier fut presque renfermée dans des mesures de surveillance générale relatives à ce qui se passait dans les sociétés et cabales des divers partis. Comme il dirigeait le comte Anglès, et qu'on lui avait dénoncé plusieurs de ces réunions populaires, il insinua au préfet de police les moyens à prendre pour la répression des abus commis en ces circonstances, et provoqua la circulaire suivante. Quoiqu'elle porte la signature d'Anglès, elle n'en est pas moins l'œuvre du baron Mounier : elle est adressée aux officiers et aux commissaires de police, tant de Paris que des communes de France.

« Paris, ce 25 mars 1820.

« Depuis quelque temps, monsieur, il s'est formé dans des cafés et estaminets, et chez les marchands de vin, des réunions de faiseurs de chansons qui, entre eux et souvent devant les consommateurs étrangers à leur société, chantent leurs œuvres ou celles de leurs confrères. Ces réunions, dans des lieux publics de consommation qui prennent le nom de *goguettes*, se composent d'un certain nombre d'habitués, sont dirigées par un ou plusieurs de ces mêmes habitués, ont quelquefois un président, des vice-présidens, un secrétaire, etc.; et, en un mot, ont toutes, plus ou moins, des formes d'associations : et la loi veut : « qu'aucune association de
« plus de vingt personnes, dont le but serait de
« se réunir tous les jours, ou à certains jours mar-
« qués, pour s'occuper d'objets religieux, lit-
« téraires, politiques ou autres, ne puisse se
« former qu'avec l'agrément du gouvernement,
« et sous les conditions qu'il plaira à l'autorité

« publique d'imposer à la société. » Ce sont les termes de l'art. 291 du Code pénal.

« L'art. 292 ordonne la dissolution de toute association de la nature dont il s'agit, qui se serait formée sans autorisation, et détermine la peine encourue par ceux qui les auraient formées ou dirigées.

« L'art. 294 détermine également des peines pour tous les individus qui, sans la permission de l'autorité municipale, auraient accordé ou consenti l'usage de leur maison ou de leur appartement, en tout ou en partie, pour la réunion des membres d'une association même autorisée.

« Voilà qui est bien précis, monsieur; ces réunions ou associations sont illégales lorsque ceux qui les forment n'ont point obtenu l'agrément du gouvernement, et lorsque les individus qui les laissent former dans leur logement ou partie de leur logement, n'ont point une permission de l'autorité municipale. Ces dispositions de la loi motivent les mesures que je vais vous prescrire, mais dont je dois auparavant vous faire sentir l'importance.

« Ces réunions dites *goguettes*, qui toutes prennent des titres insignifians, sont composées d'individus animés en général d'un très mauvais esprit. Dans la plupart on chante des chansons, on lit des poésies où, à la faveur et sous le voile de l'allégorie, le gouvernement, la religion, les mœurs sont également outragés, les choses et les personnes également menacées, attaquées. Des lieux consacrés au public uniquement pour la consommation qu'il vient y faire, sont transformés en véritables clubs où se manifeste hautement l'esprit le plus contraire à l'ordre et à la tranquillité. La licence y est souvent portée à son comble ; je n'ai que trop de renseignemens qui m'en donnent la certitude ; plusieurs d'entre vous, messieurs, ont eu l'attention de m'en transmettre d'assez positifs, et le mal prendrait bientôt un accroissement très nuisible au repos de la société, s'il ne disparaissait promptement, vérité qu'a sentie M. le directeur de la police générale, qui, dans ce but même, a donné son entière approbation aux mesures que je vais vous indiquer. Je vous prie de remarquer toutefois, messieurs, qu'il ne s'agit en aucune manière de gêner le droit spécifié par le Code pour la formation légale des réunions de quelque genre qu'elles soient, mais d'éclairer l'autorité dans sa prévoyance, dans la protection même qu'elle doit à ceux qui se conforment aux lois, et de maintenir la surveillance administrative dans le caractère qui lui convient.

« Je vous charge en conséquence, monsieur,

de vous procurer, avec autant d'exactitude qu'il vous sera possible, des informations sur les réunions des auteurs ou chanteurs de chansons, communément appelées *goguettes* qui existeraient dans votre commune et d'en dresser un état dans lequel vous insérerez tous les renseignemens que vous pourrez obtenir ;

« 1° Sur le genre d'individus qui composent ces réunions et sur l'esprit qui les anime ;

« 2° Sur l'état et profession et sur l'esprit de ceux qui les dirigent, en me faisant connaître nommément les personnes que vous sauriez avoir le plus d'influence dans la réunion ;

« 3° Sur l'état ou genre de commerce et sur l'opinion connue du chef de l'établissement..., etc.

« Le ministre d'état préfet de police,

« *Signé*, comte ANGLÈS. »

C'était six semaines après la catastrophe criminelle du 13 février 1820, qu'on adressait cette circulaire aux maires de communes rurales. L'impression qu'avait faite dans les esprits le crime de Louvel avait nécessairement rendu la police plus attentive à ce qui se pouvait dire dans les réunions susdites.

Un historien de la révolution, Roques de Montgaillard, caché sous le nom de l'abbé so ère, dit en parlant du baron Mounier « qu'il a fait preuve, dans sa direction de la police, de beaucoup de talent et d'activité ainsi que d'une impartialité et d'une justice rigoureuse, mais éclairée. »

Je ne me suis pas arrêté aux particularités de police municipale auxquelles le nom de Mounier se rattache; il en est peu d'importantes que ce fonctionnaire ait abordées; mais comme il y avait unité d'opinion et de vues entre lui et le préfet de police, ainsi que je l'ai déjà dit, le travail de M. Mounier se réduisait à peu de chose. Il y eut cependant une occasion où Anglès différa de sentiment avec le directeur général, en matière de police municipale. Le préfet était d'avis qu'il y avait inconvenance, injustice et abus dans la contribution levée sur les filles publiques pour fournir aux frais de leur surveillance sanitaire. En conséquence, il voulut qu'on supprimât cette perception odieuse et demandait que les frais du dispensaire fussent mis à la charge du budget de la police, budget qui, comme on sait, est pris sur les revenus de la ville de Paris.

Le baron Mounier donna son avis ou plutôt décida que la contribution continuerait d'être levée, et que la fille qui s'y soustrairait serait punie par la prison. Cet usage abusif fut suivi jusque sous la préfecture de M. de Belleyme. J'en parlerai plus au long quand je m'occuperai de la magistrature de ce dernier.

Une ordonnance du mois de janvier 1822 ayant supprimé la préfecture de police à l'époque où les royalistes purs, sous la direction de M. de Villèle, gouvernaient le conseil des ministres, M. Mounier rentra à la chambre des Pairs où l'avait appelé l'ordonnance du 5 mars 1819. Il fut de plus intendant des bâtimens, parcs et jardins royaux.

En 1830, M. Mounier a prêté serment au gouvernement de Louis-Philippe.

CHAPITRE LXXIX.

20 décembre 1821 — 6 janvier 1828.

Franchet-Desperey, quatrième directeur de la police générale.

La police de M. Franchet se confond tellement avec celle de M. Delaveau, son successeur, qu'on ne saurait parler de l'un sans faire simultanément connaître l'autre. Les plaintes qu'ils ont excitées leur paraissent communes, et en fait des accusations qui leur ont été adressées la division n'est pas facile; ils semblent sur tous points et en tous sens solidaires l'un de l'autre. Je pourrais donc, en ce qui concerne M. Franchet, renvoyer à l'article de M. Delaveau; mais comme, après tout, ces deux fonctionnaires ont eu leur physionomie particulière et que même pour l'ordre de cette œuvre, il est important de ne point laisser de lacune, je consacrerai à M. Franchet cet article particulier.

M. Franchet a fait preuve d'un caractère ardent, bilieux, tracassier. D'une instruction médiocre, d'une dévotion farouche, il m'a paru haïr trop passionnément les ennemis de Dieu et du roi, pour que je ne regarde pas chez lui cette haine comme une sorte de maladie de l'âme, aussi éloignée d'une vertueuse indignation du mal que la pruderie est éloignée de la pudeur. Ce qui me confirme dans cette opinion, c'est que M. Franchet, si impitoyable pour les rebelles endurcis, était d'excellente composition pour les hypocrites; je parle de ceux qu'il savait être tels. D'ailleurs, il s'entoura d'hommes flétris à jamais dans l'opinion publique, adultères ou coutumiers du concubinage le plus scandaleux, les uns vivant avec la femme d'autrui, tel que L.... avec la fameuse dame P..., les autres, tel que le comte de P.... vendant la leur à l'autorité ecclésiastique. Les vices les plus honteux faisaient cercle autour de M. Franchet sans qu'il s'en indignât; et, par une contradiction absurde, en matière de morale publique, il s'armait des rigueurs les plus outrées. En un mot, M. Franchet fut un de ces hommes qui rendent le pouvoir odieux et nuisent à la majesté royale qu'ils compromettent par leur sottise et leur dureté. C'est à lui qu'on doit renvoyer la plus grande responsabilité de ces événemens fâcheux qui ont caractérisé la magistrature de M. Delaveau et ont attiré à ce fonctionnaire une haine et un mépris qu'il n'aurait jamais encourus peut-être s'il eût été libre de ses volontés. Mais M. Franchet avait auprès de M. Delaveau des gens dévoués qui le secondaient dans ses vues et dans ses moyens. M. Franchet joignait à ces ressources pour troubler la paix publique une sorte de fermeté, de ténacité dans ses projets, qui passait pour de l'énergie et qui n'était que de l'opiniâtreté. On lui supposait du goût pour les arts et aussi quelques connaissances en histoire naturelle.

M. Franchet, de même que la majeure partie des hommes de la révolution, commence à lui seul l'illustration de sa famille; son père, honnête manouvrier, valet de charrue à gages, le procréa aux environs de Lyon d'une servante devenue sa femme légitime. Notre héros vint au monde aux environs de Lyon vers 1775. Après avoir gardé les porcs et les moutons et conduit les chevaux ainsi que le fait tout marmot paysan, Franchet devint manœuvre. Ce premier grade fut facile à prendre; mais, comme le jeune homme avait de l'ambition, on le voit en 1793, 1794 et 1795 remplir à Lyon dans un magasin militaire la charge importante d'ouvrier botteleur. Il était sorti du rang des *canuts* pour embrasser cette nouvelle carrière.

Un peu plus tard, il se fit colporteur; il acheta et revendit des bouquins, ce qui, sans doute, lui donna du goût pour la littérature. Une protection que je ne veux pas signaler le fit admettre ensuite au nombre des commis de l'octroi. Dans cette nouvelle position, s'étant aperçu de l'immense avantage que l'on retirait de rapports fréquens avec le clergé, il s'attela au char de la fortune ecclésiastique.

Voilà le commis aux barrières redevenu porte-balle; il s'en va colportant çà et là, et vers Paris, la bulle du Saint-Père, qui en 1809 ou 1810 excommuniait Napoléon. Or, comme si Dieu voulait que son élu connût dès lors ces cachots où depuis il a fait plonger tant de pauvres diables, il reçut, non les honneurs du martyre, mais ceux du confessorat; il fut enfermé à Sainte-Pélagie, attendu que l'on prit en mauvaise part ses distributions de la bulle de Pie VII.

A Sainte-Pélagie, il trouva, détenu également et pour la même cause du roi et de l'Eglise, le comte Alexis de Noailles, manière de héros faisant contraste, par la sublimité des sentimens, avec les hommes de l'époque actuelle. Le comte, rempli de loyauté, de foi et d'amour, ferme, spirituel, courageux, sincère, aimant les Bourbons, sans penser à se faire payer de son zèle, les servant avec chaleur, modération, intelligence, mais sans manége, sans art de brigues, d'intrigues ni de trames, le comte s'était exagéré l'importance de cette mesure d'excommunication ; et, pour aider à la fulminante artillerie de Rome, s'était mis au plus mal avec la police de Paris, qui lui avait donné gîte où nous avons dit.

Le comte Alexis de Noailles était de ces grands seigneurs qui se croient trop grands pour craindre de déroger en patronisant même un homme d'aussi basse naissance que l'était M. Franchet ; et, pendant la durée de leur double captivité, il étudia, il apprécia le mérite du jeune homme et lui voua une protection si délicate qu'elle se montra toujours sous les apparences de l'égalité.

La chute de Napoléon, en avril 1814, ouvrit

à Franchet les portes de Sainte-Pélagie. Le comte Alexis de Noailles n'avait demeuré que neuf mois dans cette prison. Le roi nomma le comte commissaire royal de la 14ᵉ division militaire, dont Lyon est le chef-lieu. M. de Noailles choisit son compagnon de captivité pour secrétaire intime, et tous deux partirent animés du même esprit. Lyon devenait le chef-lieu de la congrégation à laquelle le maître et le valet se livrèrent cœur et corps. Elle, reconnaissante et devinant aussi tout ce qu'elle tirerait du fanatisme religieux et royaliste de M. Franchet, le déclara son homme, et dès lors il fut hors de pairs.

Le marquis d'Herbouville était surintendant des postes; il donna, sur l'avis de la congrégation et à la prière d'Alexis de Noailles, la place de chef de bureau à Franchet, étranger à cette administration où son entrée fut un passe-droit scandaleux. Ce fut bien pis, après son installation. M. d'Herbouville tarda peu à le charger du personnel et ne vit uniquement que par ses yeux. Dès lors, le matériel de cette direction générale fut désorganisé de fond en comble. Depuis longues années, il était consacré par l'usage que, dans cette administration, la place d'un employé fût en quelque sorte à vie et héréditaire. Lorsqu'un d'eux mourait, son fils, ou, à défaut, son gendre ou son neveu, obtenaient la survivance. Chacun remplissait sa tâche, et on ne s'inquiétait ni de l'opinion politique, ni de l'opinion religieuse.

Franchet, investi de pouvoirs étendus, apporta aux postes le terrible système des catégories et des épurations. Les employés furent divisés en deux classes, les royalistes purs et ceux qui ne l'étaient pas. Ces derniers, malgré leurs droits, leur ancienneté, les services rendus, ne purent lutter contre une attaque permanente, occulte, qui les contraignit ou à donner leur démission ou à supporter leur renvoi sans se plaindre. Mais le choix qui présida à leur remplacement fut si arbitraire et si peu éclairé, que les vols, les dilapidations, l'enlèvement des lettres, leur vente aux intéressés, se multiplièrent effroyablement à la suite de cette prétendue réforme.

Les royalistes, à leur tour, furent classés; il y eut les indifférens, les tièdes, les ardens, les bons; puis les voltairiens, les *gens du monde*, les faciles, les religieux, les dévots, les exaltés ou fanatiques. En vérité, je crois presque qu'on aurait fait une catégorie de tartufes si on eût osé, et peut-être existait-elle secrètement. Ceux de ce bord royal reçurent de l'avancement, selon leur attachement à la congrégation et aux jésuites, et le saint à canoniser, s'il avait été contraire à l'une ou l'autre de ces corporations, eût été chassé impitoyablement et plus vite que le plus rouge des jacobins.

La conduite de Franchet parut admirable ; il devint l'une des clefs de voûte de l'édifice que la compagnie de Jésus se construisait avec tous les matériaux possibles. On le présenta chez madame Récamier, *confesseuse* de la bonne cause ; car elle avait été frappée d'exil, sous Napoléon, comme trop prochaine amie de la baronne de Staël-Holstein. Madame Récamier, qui recevait dans son salon la fleur d'esprit des royalistes, admit le chef des postes aux honneurs de ses petites soirées. Ce fut là qu'il connut M. de Châteaubriand. Franchet fit une cour très pressée au noble vicomte, comprenant fort bien que tôt ou tard ce beau génie monterait à la place qu'il devait occuper.

Le salon de madame Récamier admettait beaucoup de monde. Au nombre des élus qui faisaient partie de son cercle était une fille naturelle du fameux duc de Lauraguais. (Et par fameux, qu'on ne croie pas que je veuille dire illustre !) Quant à la mère de cette demoiselle, on la supposait être cette séduisante et spirituelle actrice de l'ancien Opéra, Sophie Arnoult, qui d'ailleurs avait eu des enfans de tout le monde.

Or, la fille naturelle du duc de Lauraguais, sœur de madame André Marville, avait, en 1814, pris le nom de madame de *Sainte-Luce*, comme aujourd'hui certaines dames prennent celui de *Saint-Aubin*, *Saint-Léon*, *Saint-Victor*. Il croît de ces noms-là comme de la fougère. D'ailleurs, madame de Sainte-Luce aimait passionnément la musique, et, hors ce goût mondain, se livrait tout entière à la dévotion.

Madame de Sainte-Luce demeurait rue Cassette; ses concerts *faisaient fureur*. Le roi de Prusse les honorait de sa présence; il en résulta qu'un général prussien épousa la fille aînée de la maîtresse de la maison en 1815, et il conduisit sa femme à Berlin.

Franchet devenait trop important pour qu'à son tour on le repoussât, lorsqu'il demanda en mariage la seconde fille de madame de Sainte-Luce. Cet hymen, célébré en 1817, aux bains d'Aix-la-Chapelle, eut l'insigne gloire d'avoir pour témoins S. M. Frédéric-Guillaume, et je ne sais combien de souverains d'Allemagne; on aurait dit les noces d'un prince d'empire. Le roi de Prusse, charmé d'avoir de l'influence sur la congrégation par le ministère d'un de ses membres les plus actifs, travailla beaucoup à la fortune politique de Franchet. Il ne devait pas moins au beau-frère d'un général Prussien, au petit-fils par alliance de la fringante Arnoult. Franchet dut aussi sans doute en partie cette royale protection à quelque qualité personnelle; car, même après que la faveur en France de l'ancien petit porcher eut cessé d'être en relief, Sa Majesté prussienne continua d'avoir mille égards pour le sieur Franchet.

Franchet devint capitaine d'état-major dans la garde nationale, et M. de Villèle, en décembre 1821, ayant été appelé au cabinet qui changea de système, Franchet fut nommé directeur général de la police, avec une autorité souveraine, indépendante du ministère de l'intérieur. Il fut surtout promu à cette importante fonction grâce aux pressantes recommandations du même roi de Prusse que nous avons dit, et grâce encore à celles de MM. Alexis de Noailles, de Clermont-Tonnerre et de Corbière. Mais au fond ce fut la coterie jésuitique qui s'installa et s'incarna en lui dans la police.

Dès ce moment, à son nom roturier de Franchet, il joignit celui de Desperey, afin de mieux parer le brevet de conseiller d'état dont il fut gratifié soudainement. Franchet reçut aussi le cordon de commandeur de la Légion-d'Honneur, comme si le ministre eût voulu braver toutes les convenances en appelant à cette dignité un homme exécré de la France entière, si l'on en excepte les congréganistes, faction aussi minime que coupable et dont la conduite dévoilée a mis au jour la fureur ignorante et le fanatisme persécuteur de Franchet.

On ne lui a point pardonné les manœuvres abominables qui provoquèrent ou favorisèrent les événemens de la rue Saint-Denis au mois de novembre 1827. Ce n'est pas ici que je dois m'occuper de ces journées sanglantes; leur histoire trouvera place dans l'article de M. Delaveau qui se prêta dans cette occasion avec une complaisance trop lâche aux volontés, aux fureurs et aux vues insensées du directeur général de la police.

La police municipale, le soin des établissemens consacrés à la bienfaisance, à l'amélioration des prisons occupèrent médiocrement Franchet; il laissa déchoir ou tomber en désuétude ce qui, dans cette partie de l'administration, avait été commencé ou proposé par ses prédécesseurs; la police politique et l'espionnage l'occupèrent tout entier; mais ce qui peut paraître étrange est l'imperturbable assurance qu'avait prise le directeur dans la pérennité de ses fonctions.

Ce qui regarde le haut gouvernement ne doit pas m'occuper, mais il m'est impossible de ne pas exprimer combien il est pénible pour une grande nation de voir son chef confier le sort, le bonheur, la paix du royaume à de semblables energumènes.

Dès son entrée en fonctions, Franchet congédia un des employés supérieurs les plus recommandables; c'était M. de Rauzan qui, dans dans un poste difficile, avait su, malgré l'office rigoureux de ses devoirs, se concilier l'affection générale du public. M. de Rauzan eut pour successeurs des hommes qui le firent regretter et ne le remplacèrent point. Un zèle exagéré, un reflet brutal des inspirations vexatoires de leur chef, une odieuse hypocrisie, voilà ce qu'ils apportèrent dans une charge que M. de Rauzan avait ennoblie et qu'ils avilirent, si tant est que l'homme déshonore l'état.

La conduite et l'administration de Franchet sont devenues, depuis son renvoi, l'objet de réclamations et de récriminations multipliées. Aucun écrivain n'a donné plus de faits à cet égard que l'ex-agent de police Froment, dans son ouvrage intitulé : *la Police dévoilée depuis la restauration, et notamment sous MM. Delaveau et Franchet*. Ce sieur Froment avait été l'agent souvent immédiat des plus odieuses mesures et des plus criminelles provocations. Faisant bon marché de sa propre considération que d'ailleurs il ne devait plus craindre de perdre, Froment, dans son livre, donne, en homme de cœur sinon en homme d'honneur, l'exposé des œuvres diaboliques de ces deux chefs de la police. Froment, comme un cheval qu'on met à la réforme, avait, en subissant la sienne, henni une dernière fois, et ce ne fut pas profitablement pour ses maîtres, dont à son égard l'ingratitude avait été de la maîtresse. Les faits que Froment dévoile sont de nature à faire horreur même aux gens pour qui l'horrible est sans saveur. Parmi les causes qui ont amené le renvoi des Bourbons en 1830, on doit ranger en première ligne l'administration des Franchet et des Delaveau.

Le directeur général de la police, afin de mieux servir la congrégation, avait une contre-police entièrement étrangère à la police de la préfecture. Cette police mystérieuse était dirigée en second par le commissaire Genaudet et se trouvait ainsi en dehors de l'autorité de M. Delaveau.

La beauté de *la femme à Franchet* avait ouvert au mari le cœur de Louis XVIII, où elle livrait bataille tantôt à madame Prinsteau, tantôt à madame du Cayla, tantôt encore à la belle artiste devenue baronne de Mirbel. *La femme à Franchet* profita de la bienveillance de Sa Majesté pour étendre et affermir le crédit de son heureux époux; *mais*, dit Montaigne dans son langage aussi pittoresque que profond, *pour si haut que soit assis un roi sur son trône, il y est toujours sur son cul*, Franchet tomba malgré son poids et ses appuis. Le ministère Martignac l'évinça en même temps que disparut, en 1828, le ministère Villèle.

La congrégation avait promis à Franchet pour indemnité de retraite la recette générale du département du Rhône, qui, bon an mal an, rapporte trois cent mille francs, à peu près autant que celles de Lille, de Rouen, de Bordeaux et peut-être de Marseille, celle de Paris allant au double. Mais M. de Villèle, mécontent de l'indépendance de Franchet au dernier jour de leur chute commune, OUBLIA de signer le brevet de possession. Le comte Roi, nouveau ministre des finances, ne se crut pas obligé à récompenser des fureurs qu'il détestait; il donna la recette générale de Lyon à M. Nivières, et Franchet ne put même pas obtenir celle de la Nièvre. Cette défaveur ministérielle ne lui enleva pas l'amour du souverain, et à un bal donné par le baron de la Bouillerie le 27 janvier 1829, tous les courtisans environnèrent l'ex-fonctionnaire, et convainquirent ainsi le public que la congrégation vaincue un instant tarderait peu à se relever plus formidable.

En effet, le prince de Polignac, pour le malheur éternel de la France, entra le 9 août 1829 à la présidence du ministère. Une pension secrète de cent mille francs fut accordée à Franchet *pour qu'il pût faire des amis au gouvernement,* disait le brevet. Lors des ordonnances funestes,

Franchet fut nommé de nouveau minis...
membre du conseil privé; quelques...
ard, et on rétablissait pour lui le minis...la
olice générale; mais l'impéritie du p...'e
Polignac, mille fois plus complète enc... e
elle du duc de Blacas, renversa une t... e
is les Bourbons. Franchet alla cher... n
ile en Prusse près de sa belle-mère, où ... it
ort en 1835 ou 1836.

Avec lui finirent les directeurs de police. La
émoire du dernier d'entre eux ne les fit pas re-
retter.

CHAPITRE LXXX.

20 DÉCEMBRE 1821 — 6 JANVIER 1828.

Guy Delaveau, huitième préfet de police.

Jusqu'à l'époque où M. Delaveau fut nommé préfet de police, les fonctionnaires de ce grade avaient été uniquement les hommes du gouvernement, ne relevant que du ministre sous la direction duquel ils se trouvaient immédiatement. Il appartenait à ce temps d'extravagances sérieuses d'élever dans l'état un pouvoir autre que celui du souverain; singulier élément qui s'était donné mission de soutenir la royauté contre le roi lui-même. Ce pouvoir nouveau et formidable par l'hypocrite prétention de ses vues prétendues conservatrices, était l'instrument le plus révolutionnaire entre les mains de ceux qui se l'étaient arrogé, au nom de la majesté du trône et de l'autel: ce pouvoir était celui de la congrégation.

Ce cas si particulier, ce triomphe de la congrégation et de ses adhérens, commença dès l'entrée au ministère de ceux qui appartenaient à la droite extrême et sur lesquels le parti jésuitique dominait plus exclusivement. Le conseil créé par ordonnance royale du 14 décembre 1821, fut composé de la manière suivante: *garde-des-ceaux*, comte de Peyronnet, député; *affaires étrangères*, le vicomte depuis duc de Montmorency, pair de France; *intérieur*, comte Corbière, député; *guerre*, le maréchal duc de Bellune, pair de France; *marine*, le marquis de Clermont-Tonnerre, pair de France; *finances*, le comte de Villèle, député; *ministère de la maison du roi*, le marquis de Lauriston, pair de France. Le 19 de ce mois de décembre, le vicomte de Coëtlosquet fut nommé *directeur général du personnel de la guerre*. Le 20, M. Delaveau conseiller à la cour royale de Paris, remplaça à la préfecture le comte Anglès, démissionnaire forcé. M. Franchet Desperey, chef du personnel aux postes, devint *directeur de la division de police générale du royaume au ministère de l'intérieur*. Le 26, le duc Doudeauville fut nommé *directeur général de l'administration des postes du royaume*. Ainsi, dès ce mois de décembre 1821, la maison de Bourbon courait à sa ruine en s'entourant de tels hommes. Défendue avec courage par M. de Villèle, elle dut périr sous le malheureux et imprudent prince de Polignac.

Guy Delaveau, destiné à jouer un rôle si important pendant la dernière année du règne de cette famille, qui gouvernait la France depuis huit siècles, et qui, en 1830, a disparu comme un météore, Guy Delaveau, tout ensemble préfet de police et conseiller d'état, naquit en 1787 dans le département de Maine-et-Loire, d'une honorable famille de bourgeoisie. Ses parens le destinèrent au barreau, et en 1810 il fut reçu avocat et inscrit au tableau de son ordre pour plaider dans le ressort de la cour royale de Paris.

A vingt-trois ans, M. Delaveau, dont les habitudes de piété s'étaient remarquablement développées, était déjà tout acquis au parti des jésuites. Dans les conventicules de cette faction, il fut particulièrement désigné entre tous ceux qu'il convenait de pousser; il fit merveille, avant le 20 mars 1815, cria vive le roi, s'enrôla pour une guerre qui n'eut pas lieu, et s'exerça à cette future campagne entre les quatre murs de sa chambre, où un jésuite ex-militaire faisait faire à quelques *exaltados* la manœuvre du fusil et la charge en douze temps.

Napoléon partit pour son tombeau de Sainte-Hélène, et Louis XVIII revint vers le sien de Saint-Denis. Sous le règne de ce dernier prince, les excellentes notes données sur la religiosité de M. Delaveau, valurent d'abord à celui-ci la place de conseiller auditeur à la cour royale de Paris et l'année suivante (1816) la place de conseiller à cette même cour. Assis sur les fleurs de lys, M. Delaveau ne put faire montre d'impartialité: malheur à tout justiciable dont la cause ou les antécédens déplaisaient aux jésuites. Le magistrat se prononçait alors avec une violence qui lui a bien souvent mérité le blâme des gens de bien. Sa rigueur, son injuste sévérité, se signalèrent particulièrement en 1820 dans le procès du comte de Roubers et dans celui du personnage appelé alors le marquis de Saint-Simon, et qui, après sa mort, est devenu dieu, ayant un autel, un culte, des prêtres et des disciples.

La congrégation, certaine de trouver en M. Delaveau l'homme couvenable à ses vues, le désigna impérieusement à M. de Villèle en 1821, pour la place importante de préfet de police à Paris. Ce furent les pères Loriquet, de Ranzon et un troisième, dont le nom m'échappe, qui le présentèrent au député de Toulouse. Entré dans le sanctuaire impur de l'administration, M. Delaveau marcha de faute en faute, d'illégalités en illégalités. Il ploya sous un joug de fer tous ses subordonnés et les contraignit à une abominable hypocrisie. Pourvu qu'ils s'acquittassent puérilement de leurs devoirs religieux, il s'inquiétait peu que leur conduite privée fût en rapport avec cette cagoterie. La préfecture de police présenta ainsi le plus affligeant spectacle, le plus odieux mélange d'ascétisme et de débauche. Et c'est ce qui arrivera invariablement tant qu'on voudra faire de la religion un moyen d'avancement, de crédit et de fortune.

Je suis loin d'admettre pour vrai tout ce que, dans son *Histoire de la Police dévoilée depuis la restauration,* Froment a rapporté de la corruption et de la bassesse des employés et agens de cette administration, en ce qui concerne les attributions des préposés aux différens services;

mais je crois avoir assez acquis d'expérience pendant le temps que j'ai été à la préfecture de police pour attester que les assertions de cet ancien agent de M. Delaveau, relatives à la cupidité, à l'esprit de mensonge et aux intrigues coupables de ceux qu'il nomme, n'ont rien d'exagéré et sont parfaitement d'accord avec ce que je sais personnellement.

Jamais l'hypocrisie, le faux zèle, l'amour du gain masqué d'un grand air de royalisme et de dévouement à la famille de Louis XVIII, n'ont présenté un aspect plus repoussant, plus détestable, plus hideux. Je n'en excepte pas même les temps les plus anarchiques du Directoire et du régime impérial; il y avait à cette dernière époque bien autant de fripons à la préfecture de police, mais leur caractère était ce me semble moins bas et moins ignoble.

A cet égard, Froment a rendu un véritable service au public en dévoilant les turpitudes de ses anciens collègues, ce qui ne corrigera guère les hommes de la police actuelle et future. Pour rendre plus sensible cette vérité, j'emprunterai au livre de Froment, ex-chef de brigade de sûreté, attaché à la police de Paris, sous M. Delaveau, les renseignemens les plus curieux qu'il nous donne sur le préfet et le personnel de la police. Ces notions sont minutieuses peut-être, mais leur exactitude et leur sincérité les rendent précieuses.

La *politique*, en terme des bureaux de la préfecture, c'est-à-dire l'espionnage exercé dans le but de surprendre les opinions cachées des personnages publics ou des particuliers auxquels leur nom, leur rang, ou leur fortune donnent quelque importance, cet espionnage était l'objet principal des travaux du préfet de police, soumis à cet égard aux volontés et aux ordres de Franchet Desperey, directeur-général de la police du royaume.

C'était une faveur pour les officiers de paix d'avoir la *politique* dans leurs attributions, les autres en étaient jaloux. « Pourquoi? dit Fro-
« ment dans son livre, parce que, grâce à ce mot
« de *politique*, on pouvait mentir et calomnier à
« volonté et qu'on était certain de plaire au pré-
« fet, au secrétaire intime, au chef du cabinet
« et au chef de la police centrale; celui-ci arrivé
« à son poste important pour avoir fait arrêter,
« comme commissaire de police (1), des mem-
« bres de la chambre des députés près de l'église
« des Petits-Pères, à l'époque où les missionnaires
« y prêchaient. C'est de cette *police centrale* qui

---

(1) M. Binaux, avant de passer à la préfecture de police, avait été commissaire du quartier Popincourt. (*Note de l'Auteur.*)

« remplaçait celle de l'inspecteur-général *Fou-
« dras*, que sortaient chaque jour les ordres de
« surveillance souvent ridicules et vexatoires, si
« arbitraires, si dangereux; un pareil poste con-
« venait parfaitement à Hinaux, sincère et ar-
« dent royaliste, et le plus propre à éventer et à
« faire avorter les projets des ennemis de la mo-
« narchie, *sans être trop scrupuleux sur les mesures
« arbitraires et l'espionnage qu'on employait*. Sa vio-
« lence, ses formes rudes pouvaient seules nuire
« à son avénement à la préfecture de police.
« M. Debelleyme réforma Hinaux, mais conserva
« la place avec les mêmes attributions. »

Froment rapporte ici, et je vais redire après lui, un des actes les plus odieux que se soient permis les agens de la police sous la suprématie de M. Delaveau. Ce préfet paraissait résolu à ne rien savoir de telles infamies.

Il y avait attaché à la *police centrale* un nommé Malveaux, agent pour la *politique*; ce Malveaux se rendait chez ceux qu'il était chargé de surveiller; il leur révélait les mesures de police dirigées à leur encontre, et pour ces prétendus bons offices se faisait donner des cadeaux et extorquait de l'argent. Puis, payé de ce côté, il revenait dénoncer ses dupes en les accusant de lui avoir fait des offres qu'il aurait vertueusement repoussées (Froment, *ut suprà*, tome Ier, page 42). Ledit Malveaux s'était introduit auprès du curé de Saint-Eustache, M. Bossu, en singeant la dévotion ; il se nourrissait des confortables reliefs de la cuisine curiale, et s'étant insidieusement emparé de la confiance de la gouvernante de la maison, il dressait en conséquence à l'endroit du vertueux prêtre les rapports les plus calomnieux et les plus dégoûtans. La *politique* assurait à Malveaux l'impunité. De semblables traits étaient communs à la plupart des agens attachés à cette partie odieuse de la police.

La conspiration dite *des bretelles élastiques* fut ourdie à la *police centrale*, par un nommé Roux, dit Auguste, et suivie par un autre officier de paix. On cherchait à embaucher pour le confectionnement secret d'une pacotille de *bretelles tricolores* quelques pauvres diables qu'on devait dénoncer ensuite comme membres d'une conspiration ayant pour signe de ralliement lesdites bretelles. Les agens perfides réussirent en partie, mais ne recrutèrent pas cependant autant de dupes qu'ils espéraient en faire.

Si Hinaux eut à diriger la *police* centrale, l'organisation de la préfecture fut dévolue à M. de Salaberry. On créa des *succursales* de l'hôtel du quai des Orfèvres qui demeura cependant le chef-lieu de ce département ministériel. Cela ne s'était jamais vu. Ce député, beau-père de

M. Delaveau, eut la haute main sur tout ce qui concernait la police, tant à la préfecture que dans la capitale.

Le lendemain de l'enterrement du général Foy, M. de Salaberry, assez mauvais chansonnier, composa ou du moins fit imprimer et répandre à cent mille exemplaires une chanson dirigée contre un prince adoré alors de la France, et qui depuis le peuple souverain a délégué volontairement la royauté. J'ai trouvé cette chanson parmi les documens de la police; je crois bon de la faire connaître, elle prouvera l'aveuglage avec laquelle à cette époque on poursuivait l'altesse la plus populaire.

Pour bien comprendre cette production infernale, on doit se rappeler que le jour du convoi funèbre du général Foy il plut à verse, et que S. A. R. monseigneur le duc d'Orléans, en acte de patriotisme dont la nation lui sut gré, envoya ses voitures au cortége de l'illustre mort.

Complainte sérieuse sur l'enterrement ridicule d'un grrrrand citoyen.

Air *du Noël de la Cour.*
Ou *Tous les Bourgeois de Chartres.*

Bon Dieu! quelle cohue!
Quel attroupement noir!

Il tient toute la rue,
Aussi loin qu'on peut voir.
Est-ce pompe funèbre ou pompe triomphale?
Est-il mort quelque gros richard?
Car j'aperçois là-bas le char
D'une altesse royale.

Est-ce un songe civique?
Est-ce un de ses héros
Qu'ainsi la république
Mène au *champ du repos?*
Un déluge nouveau fond sur la capitale :
On ferait rentrer un canard.
Dehors pourquoi voit-on le char
D'une altesse royale?

Appuyé sur sa canne,
Un vieil et bon bourgeois
Me regarde.... ricane,
Et me dit à mi-voix :
Un carbonaro mort cause tout ce scandale,
Tout frère a son billet de part ;
C'est pourquoi nous voyons le char
De l'altesse royale (1).

Le défunt qu'on révère,
C'est Foy, l'homme de bien ;
C'est Foy, l'homme de guerre ;
C'est Foy, le citoyen.
Jamais à sa vertu, vertu ne fut égale.
Moi, je n'en crois rien pour ma part ;
Mais ici j'aime à voir le char
D'une altesse royale.

---

(1) A voir la vigueur avec laquelle, depuis 1830, le prince auguste, que la chanson calomnie, poursuit la *charbonnerie cosmopolite*, peut-on dire qu'il soit *carbonaro?* Le cloître Saint-Mer... prouve bien que non.

Ce Foy d'après nature,
Ce député fameux,
Fut un soldat parjure,
Un Français factieux.
Aux vertus des Bertons la sienne fut égale.
Ce n'est pas l'effet du hasard,
Si nous voyons ici le char
D'une altesse royale.

Sortis de leurs repaires,
Au tricolor signal,
Les amis et les frères
Suivent leur général.
De la France, c'est là l'élite libérale.
Qu'ils sont bien près du corbillard !
Qu'ils sont bien, tous, autour du char
De l'altesse royale !

P...., de ton père
Ne te souvient-il pas ?
Dans la même carrière
Tu marches sur ses pas.
Tu crois mener, tu suis la horde libérale.
Elle rit sous ce corbillard,
En voyant derrière son char
Ton altesse royale.

. . . .
. . . .
. . . .
. . . .
. . . . , . . .
. . . .
. . . .
. . . .

La haine, la ruse, l'injustice ne se sont jamais dévoilées aussi crûment que dans ces odieux couplets. Si l'on s'en rapportait à la chanson, il faudrait admettre que le prince qu'elle outrage poursuivit autrefois le triomphe des principes révolutionnaires : chacun sait que non. Alors, comme aujourd'hui, il tenait à prouver que l'alliance du trône et de la bourgeoisie rend le trône solide et la bourgeoisie heureuse. Mais revenons à la police sous M. Delaveau.

Le chevalier de Bordes, ami du préfet et de M. Salaberry, eut la principale part de ce qu'on appelle *la police secrète*. Ses bureaux étaient établis rue *du Dragon* ; ils avaient treize agens pour leur service et entre autres le chef de brigade Froment.

La deuxième succursale de la police était située rue *Poupée* et se trouvait également sous la direction de M. Bordes; elle avait cinq agens à son service.

La troisième siégeait rue *de l'Hirondelle*; elle était départie à M. de la Neuville, depuis commissaire de police du quartier de l'Ecole-de-Médecine.

La quatrième se trouvait place Baudoyer, auprès de Saint-Gervais; on l'avait confiée à un nommé Deslauriers, agent de police. Ce Deslauriers s'était fait de plus agent d'affaires, et, à la faveur de ses fonctions de police, il faisait des dupes impunément ; mais, ayant émis un billet faux, [fut] arrêté, condamné et envoyé à Bicêtre, où [il] n'obtint pas, comme il l'espérait, de nou[ve]lles faveurs de la police, quoiqu'il dénonçât [se]s compagnons d'infortune, dont il se fit l'es[pi]on, par goût et par amour du métier.

La cinquième succursale de la préfecture de [po]lice avait été placée rue des Rosiers ; elle dé[pe]ndait d'un chef de brigade, nommé Alexan[dr]e, qui avait sous ses ordres cinq agens ou in[spe]cteurs.

On avait casé la sixième rue de la Barillerie, [so]us l'autorité du sieur Barthèz, ancien mar[ch]and de draps, et depuis nommé commissaire [de] police à Clichy ; il commandait à trois in[sp]ecteurs.

La septième et dernière avait été installée rue [de] Grenelle Saint-Germain, dans la maison du [si]ur Bonneau, inspecteur général des prisons. [Ce]tte direction appartenait au sieur Gilbert, ami [du]dit Bonneau.

On conçoit combien d'abus, de friponneries, [de] dépenses devaient résulter de cette répartition [biz]arre de l'administration de la police ; elle ne [fut] imaginée que pour pouvoir faire plus aisé[me]nt la *police politique ;* c'est-à-dire dans le but [de] découvrir les conspirations qu'on présentait comme incessamment menaçantes et qu'on provoquait incessamment par des agens *ad hoc*.

Mais le lieu où venaient aboutir les fils de tous ces renseignemens, révélations, dénonciations, etc., était le cabinet particulier de M. Delaveau. Ce cabinet particulier se trouvait composé du comte de Pins (1) et du sieur Brunot. Ils avaient sous leurs ordres trois principaux agens *politiques*. Le comte de Pins, qui ne voyait tout que sous un seul point de vue, était ombrageux, irritable, et, dans la plus frivole circonstance, voyait le bouleversement de l'Etat.

L'autre membre du cabinet, ayant une police à ses ordres, avait associé les affaires religieuses à la *politique*, et dans les renseignemens qu'il demandait à ses agens sur les personnes placées

---

(1) Le comte de Pins appartenait à la famille de ce nom, qui a fourni deux grands maîtres à l'ordre de Malte, et dont diverses branches habitent le Languedoc. M. de Pins, de taille naine, et laid, avait beaucoup d'esprit et autant d'ambition; sa piété extérieure était le manteau qu'il jetait sur ses plaisirs secrets. Il avait épousé la belle-sœur de madame Simon Candeilhes, mère femme Perrier. Madame la comtesse de Pins était protestante, descendait, par sa mère, de Lavaisses, si connu dans l'affaire Calas. Elle était charmante, et un très haut dignitaire du clergé travailla long-temps à Paris à la conversion de cette pécheresse vers laquelle l'attirait une tendre affection. Le comte de Pins, qui du mal aux Bourbons par sa violence exagérée, quitta sa place à la suite d'affaires non encore éclaircies. Il est mort du choléra en 1832.

sous sa surveillance particulière, il voulait qu'on lui fît connaître leur façon de penser et d'agir en matière de religion. C'était un homme d'un extérieur commun, et, se targuant à tout propos et souvent hors de propos de son titre de *chef du personnel*.

Quant à M. Duplessis, chevalier de l'ordre d'Espagne de Charles III, il avait autant de légèreté, d'ignorance et de présomption que de sottise. C'était un beau jeune homme, parfaitement incapable de donner un avis raisonnable au préfet dont il était le conseil assez familier. Il fut un de ceux qu'on peut accuser d'avoir abusé de la confiance de M. Delaveau, en entraînant cet administrateur dans les démarches les plus absurdes.

Je parlerai en cet endroit de mes Mémoires, d'une aventure arrivée à M. Duplessis, et cette aventure, fut suivie d'une injustice envers l'archiviste de la police.

Beau et jeune, comme je l'ai dit, M. Duplessis, chevalier de Charles III et employé supérieur à la préfecture, put aisément, au moyen de ces avantages réunis, faire accepter ses soins galans à une aimable veuve de vingt-quatre ans, sœur d'un collègue dudit sieur Duplessis. Ce collègue était, je crois, M. de la Jonchère, homme estimé et d'une droiture de sentimens et de caractère, qui le rendait, par ce motif d'ailleurs fort honorable, on ne peut pas plus inapte à la *politique*.

Le résultat de la liaison qui s'était formée entre M. Duplessis et la sœur de M. de la Jonchère fut une grossesse : résultat assez uniforme de ces sortes d'accointances. Dès que le frère fut instruit de l'accident, qui n'était certes ni religieux ni monarchique, il s'en fut droit au préfet de police, auquel il conta le cas. Le préfet mande Duplessis; et, comme la chose se passait entre employés, il intime au chevalier de Charles III l'ordre d'épouser sa victime. Duplessis n'ose dire non ; mais il fait observer à M. Delaveau que lui, Duplessis, est sans fortune, que s'il arrivait que M. Delaveau quittât la préfecture, lui, Duplessis, serait sans emploi, puisqu'il n'est que *secrétaire intime*, et que, dans ces circonstances, se marier serait plus qu'une imprudence. — Mais, monsieur, dit le préfet, vous n'avez pas été si difficile pour commettre celle qui vous amène ici. — Mais, monsieur le préfet, l'amour est aveugle. — Propos de l'Almanach des Grâces... — Mais, monsieur, l'enfant n'est pas né... — Mordieu! vouliez-vous qu'il poussât comme un champignon, en une nuit?... Allons, monsieur, dit le préfet, résignez-vous à avoir une jolie femme. Et, comme il savait au fond ce que convoitait Duplessis, il ajouta : Et puisque vous êtes sage, vous remplacerez dans ses fonctions notre archiviste (1), que nous colloquerons ailleurs.

Et M. Delaveau donna effectivement à M. Duplessis la susdite place, avec six mille francs de traitement.

Le despotisme ridicule, l'importance, les airs de maître que prenait ce *secrétaire intime*, l'avaient fait détester et mépriser dans l'administration ; mais chacun, craignant de lui déplaire, obéissait à ses ordres plus ponctuellement qu'à ceux du préfet.

Tous les employés (en comprenant même sous ce nom générique jusqu'au chef de l'établissement) se haïssaient entre eux cordialement. M. Delaveau disait souvent à ses amis qu'on lui avait imposé M. Hinaux, qui, de son côté, n'épargnait pas le préfet : ils se rendaient coup de dent pour coup de dent ; d'autre côté, MM. Pins et Brunot avaient le cauchemar lorsqu'ils entendaient parler du sieur Hinaux ; ils se jouaient réciproquement les plus mauvais tours, et il était défendu aux agens des deux partis de communiquer entre eux, sous peine de destitution.

Ces noms, obscurs aujourd'hui, avaient de

---

(1) L'archiviste dépossédé fut Jacques Peuchet, auteur de ces Mémoires. (*Note des Éditeurs.*)

l'importance sous M. Delaveau, et ceux qui les portaient étaient recherchés ; j'ai voulu les mentionner pour mémoire.

Je n'ai point parlé du secrétaire général, M. de Fougères, qui, par la nature de ses attributions, aurait dû avoir sur ses confrères, surtout du personnel, une influence dont il se laissa déposséder, autant par dégoût et par indifférence que par amitié pour M. Delaveau. Celui-ci profita largement de cette facilité de M. de Fougères, et dès lors s'attribua sans contrôle la n nation au personnel.

M. de Fougères était un honnête homme, paresseux, aimant le plaisir, un peu vain; il emporta l'estime de toute la préfecture, lorsque M. de Belleyme le remplaça par M. de Blossac, aujourd'hui encore en fonction sous M. Mangin (1).

La *politique* ayant été le grand objet de M. Delaveau et de ses agens, je dois après ce que je viens de dire ajouter un exemple qui fasse connaître la manière dont on la comprenait; je le trouve dans la surveillance exercée sur l'ambassadeur de Portugal. Le fait se rapporte au mois d'avril 1823.

---

(1) Ceci était écrit avant la fin de juillet 1830.

AMBASSADEUR DE PORTUGAL.

Avis particulier à M. le chef de la police centrale.

« 12 avril 1823.

« Je viens soumettre à l'examen de M. Hinaux
« le projet que j'ai conçu aux fins de connaître
« les dispositions et les manœuvres politiques et
« secrètes de l'ambassadeur de Portugal à Paris ;
« voici ce qui m'y a déterminé.

« J'étais informé depuis huit jours, et ces ren-
« seignemens me venaient de source respectable,
« que dans un cercle particulier chez son excel-
« lence le ministre des affaires étrangères, il
« avait été fortement assuré que M. de Sampago,
« ambassadeur des cortès Portugaises, demeurant
« en son hôtel, rue Miroménil, n° 34, s'agitait
« sourdement et en tous sens pour susciter des
« ennemis au gouvernement du roi ; qu'il em-
« bauchait ou faisait embaucher des anciens offi-
« ciers de l'armée française, les dirigeait sur
« l'Angleterre, en détachait d'autres sur l'Espa-
« gne, en leur procurant des passeports, de l'ar-
« gent et tout le viatique indispensable.

« C'est sur ces premières données que j'ai fait
« des essais indirects, dont le premier résultat a
« été de fortifier les soupçons qu'avait fait naî-

« tre en moi la *communication officieuse* ci-dessus
« relatée.

« Je crois surabondant d'expliquer quels cé-
« rémens je me propose de suivre ; d'après
« mon plan, il suffira de dire que j'agirai comme
« je l'ai précédemment fait à l'égard de la léga-
« tion espagnole, et d'ailleurs selon l'occurrence
« et en raison du caractère que prendront les
« affaires.

« Je viens de sonder le terrain, j'ai entrevu,
« j'ai même vu la possibilité d'obtenir quelque
« résultat utile au bien public. Toutefois je n'ai
« pas cru devoir commencer cette investiga-
« tion sans l'assentiment préalable de M. le
« chef de la police centrale, 1° parce que c'est
« un devoir pour moi ; 2° parce que, en me mê-
« lant de cette affaire *proprio motu*, je m'expo-
« serais, par des ouvertures ou des tentatives
« intempestives près de l'ambassade de Portugal
« à entraver d'une manière quelconque la sur-
« veillance secrète qui peut-être est déjà établie
« sur ce point ; 3° parce qu'il convient que je
« sache pertinemment si l'autorité supérieure
« juge cette investigation utile ou du moins si
« elle l'approuve, car je ne veux en aucun cas,
« ni pour aucun profit, m'écarter des limites qui
« placent au-dessus de moi des esprits supérieurs
« dont j'honore le caractère secret, l'aménité,

« et admire le beau génie; 4° enfin, parce qu'il
« ne serait pas convenable et pourrait même
« être dangereux sous plusieurs rapports de
« commencer légèrement cette affaire, si l'on n'é-
« tait pas déterminé à la suivre à fond et à en
« tirer tous les avantages qu'il est raisonnable
« d'en attendre.

« Tels sont en substance les motifs qui me
« font demander l'assentiment préalable de M. le
« chef de police centrale, par quoi je suis nécessai-
« rement assuré que tous les moyens d'exécution
« me seront donnés. »

Ici j'interromps *l'exposant* pour dire que ces *moyens d'exécution* dont il parle sont de l'argent, puis de l'argent et encore de l'argent. Il aurait également voulu avoir sous ses ordres quelques hommes, explorateurs subalternes qu'on lui refusa. Car quelque intéressée que fût la police à faire de la *politique*, elle n'acceptait pas les services *politiques* de tous ceux qui se présentaient. Il fallait pour être agréé par elle, être le seul propre à l'exécution des mesures nécessaires. C'est un principe de police *politique* qui fut rigoureusement suivi dans l'espèce.

Je rapporterai ailleurs d'autres exemples des actes de la police secrète, espionnage odieux aboutissant souvent au ridicule. Tel fut l'événement qui se passa chez le général Excelmans. Le général était compris dans l'ordonnance du 24 juillet 1815, il devait quitter la France, il resta à Paris. Decazes voulut l'obliger à partir et dépêcha chez le général un officier de paix nommé Joly, chargé de savoir quand Excelmans se proposait d'obtempérer aux ordres à lui intimés. Joly se reposa de ce soin sur un inspecteur nommé Gallet; celui-ci eut la gaucherie, en flânant chez le portier du général, de se faire connaître pour ce qu'il était. Le portier prévint Excelmans qui descendit et invita gracieusement l'inspecteur à monter chez lui. Lorsque Gallet, en franc imbécile, eut pénétré dans l'appartement, le comte Excelmans, qui jusque-là ne s'était pas fait connaître, ferma la porte et lui dit :

— Je suis le général Excelmans; je vais déjeuner, tu resteras mon prisonnier jusqu'à ce que j'aie parlé à ton ministre.

Cependant Joly, qui ne voit pas revenir son premier messager en expédie un second; le portier avait ordre de laisser entrer celui-ci; il monta donc et eut le même sort que Gallet. Les corbeaux ne retournant pas à l'arche, Joly détacha un troisième émissaire qui augmenta le nombre des prisonniers. Il en vint neuf successivement et tous restèrent en charte privée dans l'antichambre du général qui, armé jusqu'aux dents, s'amusa de leur embarras et de leur crainte.

Cependant le ministre Decazes, instruit sous main par le général de ce qui se passait, fait venir l'inspecteur-général de la police Foudras et lui dit d'envoyer un homme adroit et ferme chez Excelmans pour l'inviter à se rendre au ministère.

Un nommé Meyer est chargé de cette mission; il pénètre dans la maison fatale; le général lui demande s'il est officier de police.

— Oui, dit Meyer.

— Dans ce cas, tu dois avoir une carte.

Meyer la lui montre, le général la prend, la met dans sa poche et lui dit :

— Tu es prisonnier comme les autres; cependant, ajouta-t-il après lui en avoir fait la peur, tu peux retourner chez le ministre qui t'envoie et lui dire que je serai chez lui avant une demi-heure.

En accompagnant Meyer dans l'antichambre, il dit aux autres prisonniers : — Mon intention était de vous distribuer quelques coups de cravache avant de vous relâcher, mais je vous fais grâce de cette correction; partez.

Ces misérables, humiliés, gagnent la rue; mais le portier a prévenu les voisins. Tout le quartier est accouru, les passans ont grossi la foule, et les agens signalés, reconnus, hués, conspués, ont peine à échapper à l'indignation publique. Le général alla chez le ministre et convint qu'il quitterait Paris sous quatre jours: il partit le même soir.

Cette mystification faite à la police qui joua là-dedans un sot rôle, amusa singulièrement les Parisiens et donna lieu à beaucoup de quolibets; il faut pourtant dire que, dans son entrevue avec le général, Meyer demanda la liberté de ses camarades, en ajoutant que si le général se refusait à la leur rendre et ne voulait pas le suivre, lui Meyer, chez le ministre de la police générale, un commissaire et trois gendarmes laissés à la porte de l'hôtel y pénétreraient de force pour faire exécuter ces ordres. Je doute cependant que le fait des gendarmes soit exact; d'ailleurs la plaisanterie devait avoir une fin.

Quoique cette scène se passât en 1815 et sous une autre administration que celle de M. Delaveau, je l'ai rapportée ici, comme une des meilleures preuves de l'imbécilité des agens employés au service de la police. Cette aventure me rappelle une autre mystification dirigée contre le comte Decazes. Voici cette dernière dans toute sa naïveté :

Un mauvais plaisant dont le nom véritable est

demeuré inconnu, et que néanmoins Decazes a constamment cherché parmi les intimes de S. A. R. monseigneur le duc de Berry, se présente un soir, assez tard, à l'hôtel Mazarin; il faut qu'il parle au ministre de la police; on le repousse, il insiste; il rend responsables des conséquences de ce refus ceux qui ne vont pas avertir son excellence. Le marquis d'Aragon, habitué du lieu, passe, s'informe de la querelle, on lui en dit le sujet, sa tête se monte; il se fait suivre du quidam et l'amène en face du ministre de la police.

— De quoi s'agit-il? demande le ministre.

— Monseigneur, un homme que j'aime, mon bienfaiteur, a hier perdu une lettre dont j'ai pris connaissance; cette lettre m'a appris qu'un agent de Bonaparte arrivant d'Angleterre, doit avoir demain, à neuf heures du soir, une entrevue avec une femme du château des Tuileries, employée au service de madame la duchesse de Berry; ce rendez-vous aura lieu rue de la Jussienne, à tel numéro, à tel étage. Il est très important que cet homme soit saisi. Quant à moi, j'espère que si l'avis est bon, le gouvernement ne me laissera pas sans récompense. »

Puis, il donne un nom qu'il dit être le sien, et témoigne le desir qu'il a de s'enrôler dans l'infâme bataillon Decazes.

Au lieu de le faire arrêter, ce ministre lui

promet merveilles et lui glisse dans la main deux billets de mille francs, après que l'on a pris sous sa dictée toutes les notes nécessaires à l'arrestation que ce dénonciateur provoque.

En 1819, surprendre un agent original du *marquis de Buonaparte* n'était pas une bonne fortune ordinaire ; l'émissaire de l'empereur est sans doute Bertrand ou Montholon. Decazes en dit un mot à un grand général (grand pour long), qui veut le bâton de maréchal de France, et qui supplie son très cher de lui faire faire *cette campagne* de la rue de la Jussienne, sous prétexte qu'un homme de *Buonaparte* est capable de résister à d'ignobles agens de police et de se faire tuer ; ce qui couperait court aux révélations.

On prend toutes les précautions imaginables, on choisit l'élite des verdets : ceux-là même qui, déguisés en soldats de la ligne, surveillèrent Ney jusqu'au moment de son supplice. Dès quatre heures, la maison est cernée ; à huit heures précises une voiture de place s'arrête devant la porte de ladite maison ; la voiture entre dans la cour : mais il a des yeux partout. On voit descendre une dame.... Seule ?.... non !.... une soubrette l'accompagne. Une ordonnance est expédiée au lieutenant-général, qui a établi son quartier militaire près de là.

Les dames montent au deuxième étage. Cinq

minutes après, toutes les fenêtres resplendissent, éclairées par une multitude de bougies. Voici venir encore le chef de Chevet, suivi de marmitons; on apporte un souper délicat; on voit passer un dessert friand, des glaces, du vin. Le général espère franche lipée. Neuf heures sonnent, nul ne vient! Un quart d'heure, une demi-heure s'écoulent, pas d'émissaire! Se sera-t-il avisé? a-t-on deviné l'embuscade?... Tout à coup un cabriolet arrive, un piqueur à cheval le précède; du cabriolet descend un monsieur, qui ne peut être que l'émissaire, et qui, avec le piqueur, pénètre dans la maison.—Quel scandale! s'écrie le lieutenant-général, *la débauche est pour les conspirateurs ce qu'est l'aurore pour l'homme vertueux.* Le mot est applaudi, et qui l'a débité ajoute :—Allons, messieurs, l'esprit ne suffit pas; sauvons la monarchie !

On se met en marche. Quarante hommes vont en arrêter quatre, dont deux femmes. La maison est forcée; on monte précipitamment; on entre dans une antichambre; le valet qui l'habite jette un cri, ordonne la retraite, et, voyant qu'on avance toujours, lance provisoirement à la tête du général, chef de l'expédition, tout un fromage à la crème. Mais voilà bien pis ! La porte du salon est à peine ouverte que l'on aperçoit.... Devinez qui? D'abord la comtesse

M...., femme du futur maréchal de France; elle est étendue sur un divan, où de frayeur elle se pâme. Quant à son cavalier, quant à l'émissaire du *marquis de Buonaparte*, ce n'est autre que S. A. R. Monseigneur le duc de Berry en personne, et qui, rouge de colère et furieux contre la police, dont il soupçonne une bévue, tombe à coups de pincettes sur les Grecs et les Troyens, n'épargnant pas même l'importun mari, toujours coiffé.... de crême à la vanille.

Tous les loyaux verdets, déguisés en soldats, M. de Foudras en personne, le comte M..., battu, *coiffé* et content, tout cela se recule, se culbute, gagne l'escalier, poursuivi par le prince, l'aide-de-camp, la comtesse elle-même, l'amie, le valet de pied; jamais oncques ne fut coup de théâtre plus plaisant, plus drôlatique, plus rapide.

Ce qu'il y eut de remarquablement bouffon, c'est que le lieutenant-général, si empressé d'arrêter son ancien frère d'armes, ou Bertrand ou Montholon, ne fut, dans la bagarre, reconnu ni par sa femme ni par le duc; or, les drôles mis en fuite, on recommença le souper; on le paracheva... on *couronna les coupes de fleurs*, on fit l'amour avec acharnement.

Que devint le ministre, lorsque le général lui annonça la déconfiture? Quelle colère! quelle frayeur ! On reprit les notes du dénonciateur. L'insolent avait donné le signalement parfait de Son Altesse Royale... et l'on a pu se laisser jouer ainsi ! Le général conjura, supplia qu'on tût son nom · on le lui promit ; et, le lendemain, Paris et le prince le savaient. Le ministre reçut à huis-clos une verte semonce ; et son désappointement fut complet lorsque, deux jours après, l'administration de la grande aumônerie lui envoya, par la petite poste, le reçu de deux mille francs, versés dans la caisse des pauvres prêtres.

Jamais le ménage du comte M... ne fut plus heureux que depuis ce jour jusqu'au 13 janvier 1820.

CHAPITRE LXXXI.

Police secrète et politique de M. Delaveau. — Affaire de M. de Lorenzo, ambassadeur d'Espagne.

On a vu, par ce qui précède, que l'espionnage politique avait presque exclusivement et assidument occupé M. Delaveau. Pendant tout le temps de son administration, c'était vers ce point qu'il dirigeait principalement la surveillance de ses agens. Le *livre noir*, dont j'ai déjà eu occasion de parler, en a recueilli des preuves qui ne peuvent être révoquées en doute. Les affaires d'Espagne surtout obtenaient le premier rang parmi celles qui donnaient lieu à des recherches et des surveillances : c'est donc dans l'espionnage et les mesures que M. Delaveau ordonna à cet égard qu'on apprendra plus spécialement à connaître la marche qu'on suivait pour parvenir à connaître les intelligences des personnes suspectes, ou au moins que la police regardait comme telles. Je m'arrêterai à ce qui concerne les patriotes réfugiés en France, un des plus importans sujets de sollicitude de la police.

Pour mieux comprendre cette opération de police, je dois rappeler au lecteur que la constitution d'Espagne dite *Constitution des Cortès de 1812*, avait été solennellement acceptée et jurée par le roi Ferdinand VII, que cependant les événemens survenus en Espagne et l'intervention de l'armée française sous le commandement de M. le duc d'Angoulême en 1823, ayant fait changer ce monarque de sentiment, il prescrivit ou prononça des peines rigoureuses contre les Espagnols qui avaient pris part au gouvernement des cortès. Ceux-ci se réfugièrent les uns en France, les autres en Angleterre. Mais dans l'intervalle de temps qui s'était écoulé entre la soumission aux armes françaises et l'établissement du gouvernement constitutionnel, une lutte s'était engagée en Espagne entre une armée dévouée à Ferdinand sous le nom d'*armée de la foi* et l'armée des constitutionnels. Les agens et représentans de ces derniers retirés à l'étranger ou qui y occupaient des places diplomatiques, agissaient secrètement pour procurer des recrues aux constitutionnels d'Espagne. Il paraît que M. le duc de San-Lorenzo, ambassadeur des cortès à Paris, et M. Mochado étaient dans ce dernier cas ; c'est donc pour connaître leur conduite que M. Delaveau établit une surveillance et un espionnage dont les actes assez curieux ont été rapportés dans le *livre noir* de M. Année.

M. Hinaux, chef de la police centrale, en fut chargé spécialement. Voici la suite des notes qu'il a reçues ; la première est du 1er octobre 1822 ; elles sont toutes des agens aux ordres du chef de la police centrale, qui les faisait passer par extrait ou en entier à M. Delaveau pour son édification :

« Les nombreux renseignemens que nous avions obtenus ne pouvaient nous permettre de douter que les Espagnols résidant à Paris, s'occupaient d'embaucher secrètement des officiers de l'ancienne armée française pour grossir l'*armée constitutionnelle* en Espagne. En conséquence, nous introduisîmes d'abord un de nos inspecteurs chez le duc de Berwick, à qui il demanda quels seraient les moyens qu'un ancien officier français pourrait employer pour se rendre à l'armée constitutionnelle d'Espagne; puis il ajouta qu'il se présentait à lui de la part de la princesse Santo Cataldo. M. de Berwick répondit avec beaucoup d'aménité à l'inspecteur : — Je vous entends; je puis faire votre affaire; revenez dans quelques jours, je verrai quelqu'un à cet égard, et vous dirai ce que vous aurez à faire.

« Nous renvoyâmes donc une seconde fois l'inspecteur chez M. le duc de Berwick. Ce dernier, à qui j'ai parlé de l'affaire en question à l'ambassade espagnole, dit : On vous y attend; allez-y sur-le-champ. Demandez de ma part à parler à Viniga, troisième secrétaire; vous vous entendrez ensemble.

« Hier, 30 septembre 1822, l'inspecteur s'est rendu à l'ambassade et a demandé M. Viniga, qui l'a reçu avec beaucoup d'affabilité, puis l'a mystérieusement introduit dans une chambre particulière au troisième, où ils se trouvèrent seuls. Alors, M. Viniga dit à l'inspecteur : —Votre dévouement pour la cause de la liberté est digne d'éloges ; je suis parfaitement informé, ainsi que que M. l'ambassadeur, par M. de Berwick, de vos louables intentions. Je ne vous cacherai point que nous recrutons pour l'armée constitutionnelle d'Espagne : le rendez-vous des recrues est à Perpignan ; c'est sur cette ville que vous vous dirigerez ; mais il faudrait vous occuper de nous procurer secrètement de vos camarades. On leur fournira les fonds et les papiers nécessaires pour arriver à Perpignan, où ils recevront de nouveaux ordres. Je ne puis vous en dire davantage; rendez-vous le 2 octobre au domicile particulier de M. l'ambassadeur, rue de Provence. Il vous attendra, et vous conviendrez de vos faits.

« Puis il ajouta : — Le gouvernement actuel de la France est un fourbe qui recrute pour *l'armée de la foi,* et nous en sommes si bien convaincus, qu'un officier espagnol résidant à Paris a été recruté par ses agens pour aller rejoindre l'armée de la foi ; ils lui ont donné 250 francs pour faire sa route, procuré les papiers nécessaires, remis des lettres de recommandation pour les autorités sur les lieux de passage, et lui ont fait prêter serment de fidélité à l'armée de la foi. Mais aussitôt ce même officier est venu faire part de tout cela à notre ambassadeur, en lui renouvelant le serment de fidélité au système constitutionnel (1).

« Maintenant, que l'inspecteur, pour suivre cette affaire, doit se rendre demain à onze heures chez M. l'ambassadeur d'Espagne, nous avons cru devoir donner cet avis préliminaire, afin que l'autorité ait le temps d'examiner ce dont il s'agit, et de nous faire connaître aujourd'hui quelle est la conduite que nous devons tenir, et le point où nous devons nous arrêter. »

« 3 octobre 1822.

« Ainsi que nous l'avions annoncé par notre rapport du 1er de ce mois, nous avons dirigé, hier, à onze heures du matin, l'inspecteur chez M. San-Laurenzo, nouvel ambassadeur d'Espagne à Paris, rue de Provence. Cet inspecteur a été reçu par son excellence avec une cordialité vraiment étonnante. Il l'a gardé jusqu'à deux heures après midi, heure à laquelle il l'a congédié pour aller se rendre, lui, San-Lorenzo, au ministère des affaires étrangères. »

La suite de cette note, ainsi que plusieurs

---

(1) Il paraît par d'autres pièces relatives à la surveillance politique que le gouvernement français ne donnait pas une approbation réelle à ces recrutemens pour l'armée de la foi, et se bornait à paraître l'ignorer.

autres que j'omets, ne présentant rien d'assez important et montrant seulement l'adresse et l'astuce de l'espion employé dans cette affaire, je passe donc à la note du 9 octobre de la même année 1822.

On y lit : « Ainsi que nous l'avions annoncé dans notre rapport d'hier, l'inspecteur s'est de nouveau présenté aujourd'hui à cinq heures et demie du soir chez M. l'ambassadeur d'Espagne, à Paris, rue de Provence, qui lui a dit, pendant une conversation d'une heure, seul à seul :

« Je ne puis vous remettre aucune lettre, et cela dans vos intérêts mêmes, car le gouvernement français est, je le sais, continuellement aux aguets relativement à ma conduite comme ambassadeur ; si ces lettres, que je désirais pouvoir vous remettre, étaient saisies sur vous, vous seriez perdu. » C'est alors que Son Excellence a présenté à l'inspecteur une feuille de papier sur laquelle il lui a fait apposer la signature suivante : *Francisco Bravo*, et non pas *Alabo*. Nous joignons ici un modèle exact de cette même feuille de papier. M. l'ambassadeur a ajouté :

« La première de ces signatures sera envoyée par moi demain au consul résidant à Perpignan, la deuxième au général Mina, et la troisième me restera. C'est à l'aide de cette signature que vous correspondrez tant avec moi qu'avec le consul de Perpignan et le général Mina, à qui je vais les envoyer afin qu'ils vous reconnaissent, et j'y joindrai les instructions nécessaires. Lorsque vous m'écrirez, vous adresserez vos lettres à madame *Le Roy*, rue de Provence, n° 20 (1). »

« Il est à remarquer que, d'après la vérification faite par nous, il n'existe pas de dame Le Roy dans la maison indiquée; mais que c'est bien là que très incessamment les bureaux de l'ambassadeur d'Espagne doivent être établis. Du reste, M. San-Lorenzo n'a point fait un mystère à l'inspecteur de cette adresse, qu'il motive sur ce que toutes les lettres, qui sont adressées à des employés même subalternes, attachés à l'ambassade, sont décachetées à la poste par ordre du gouvernement français. »

Il paraît dans la note ou rapport qui va suivre que M. San-Lorenzo avait conçu d'autres vues que celles qui faisaient l'objet de la démarche de l'espion; savoir : l'embauchage pour l'armée constitutionnelle, et qu'il voulait employer à surveiller l'armée de la foi en Espagne.

---

(1) Qu'il me soit permis de remarquer ici combien sont inutiles les précautions des ambassadeurs pour cacher leur conduite secrète, lorsque le gouvernement auprès duquel ils résident a grand intérêt à la connaître.

« 11 octobre 1822.

« Aujourd'hui, à six heures du soir, l'inspecteur s'est présenté de nouveau près de M. San-Lorenzo auquel, d'après nos instructions, il a représenté qu'il ne s'était d'abord offert à lui que pour aller rejoindre l'armée constitutionnelle d'Espagne et y combattre franchement l'épée à la main pour la cause de la liberté ; que cependant Son Excellence lui proposait un rôle bien différent, celui d'aller espionner à l'armée de la foi, et pendant le cours du voyage s'enquérir des forces numériques de l'armée française jusqu'aux Pyrénées ; que cependant lui San-Lorenzo ne lui donnait aucune garantie sur son avenir à lui inspecteur. Ce discours, prononcé avec chaleur, a produit l'effet qu'il était raisonnable d'en attendre ; car, à l'instant, M. Lorenzo a offert à l'inspecteur deux poignées de pièces d'or en lui disant : « L'argent ne vous manquera pas : je vous donnerai, et on vous fera donner partout où vous vous trouverez pour la chose dont il s'agit, toutes les sommes que vous désirerez ; mais pour des lettres je ne puis vous en donner. »

« L'inspecteur, conformément à ses instructions, a dû retu... l'or, et persister à ne point vouloir partir, en déclarant formellement à M. l'ambassadeur qu'il ne partirait point sans être nanti de lettres de créance pour un point intermédiaire entre Paris et la frontière d'Espagne; que si, en définitive, cette condition importante ne pouvait convenir à Son Excellence, il exigeait, lui inspecteur, qu'elle lui fasse la remise de la feuille de papier sur laquelle elle lui a fait apposer trois signatures, ainsi conçues : *Francisco Bravo.*

« M. San-Lorenzo a répondu en étreignant affectueusement l'inspecteur : « Je ne puis vous remettre vos signatures, car elles sont parties ainsi que vous et moi étions convenus; mais votre franchise me séduit : je veux vous confier mes lettres, et ne veux pas avec vous faire la chose à demi. Je compte entièrement sur votre dévouement et votre intelligence ; mais j'y mets une condition : mes lettres, je vous les remettrai demain à midi précis, et vous partirez sur-le-champ ; vous prendrez un cabriolet particulier pour vous seul jusqu'à Etampes, et de là vous prendrez la poste. » A quoi l'inspecteur a dû adhérer conformément à ses instructions. Son Excellence a ajouté en lui présentant un carré de papier : Copiez-moi ceci, c'est le chiffre à l'aide duquel nous devrons correspondre ensemble :

1, 2, 3, 4, 5, 6, 7, 8, 9, 0.
c, g, d, m, l, b, i, e, o, a.

« Il est à remarquer que M. Viniga, que l'inspecteur avait déjà *chauffé* le matin, a été présent à tout ce qui vient d'être rapporté; que lui-même a appuyé les réclamations de l'inspecteur.

« Enfin, il paraît certain que demain à midi, lorsque l'inspecteur sera nanti des mystérieuses lettres de l'ambassadeur, les gens de l'ambassade ne le perdront plus de vue jusqu'à son départ qui, aux termes des conventions qu'on vient de lire, doit avoir lieu immédiatement. Il paraît même certain que M. Viniga l'accompagnera jusqu'à Etampes et même plus loin. Il convient donc, toutes affaires cessantes, de faire ses dispositions en conséquence, c'est-à-dire d'avoir une voiture prête pour suivre l'inspecteur et l'accompagner jusqu'à Etampes et même plus loin, afin qu'il puisse remettre furtivement les lettres dont il s'agit pour être soumises le plus promptement possible à l'examen de l'autorité.

« Il faut cependant remarquer que nous ne raisonnons ici que dans l'hypothèse où il lui serait absolument impossible de nous les communiquer avant son départ de Paris, en raison des surveillans dont il sera entouré sitôt qu'il en sera nanti.

« Il faut encore remarquer que dans la lettre ou les lettres que M. San-Lorenzo a formellement promis de remettre demain à midi à l'inspecteur, il le désignera sous le nom de *Denier*, commis-voyageur de *Francisco Bravo*. »

Cette pièce fait connaître les ruses et l'adresse de la police politique; la note suivante est plus détaillée et mérite plus d'attention. Elle se rapporte à l'époque de l'expédition d'Espagne (1), et montre dans quel esprit la police dirigeait ses opérations. Tout commentaire est inutile ici.

« 1ᵉʳ février 1823.

« Dans l'état actuel de la chose publique, nous avons pensé qu'il était utile de *ressasser* autant que possible les dispositions de l'ambassade espagnole à Paris; en conséquence nous avons de nouveau dirigé sur ce point *Francisco Bravo*;

---

(1) Le duc d'Angoulême qui commandait l'expédition arriva à Bayonne le 28 mars 1823. Il y fit connaître dans un ordre du jour sa satisfaction aux troupes et le but de l'expédition. Le 2 avril suivant, il fit une proclamation aux Espagnols où il déclara les intentions de la France dans cette intervention.

(*Note de l'Auteur.*)

toutes les mesures de précaution ont été prises préalablement, mais toutes étaient inutiles, par la raison que M. l'ambassadeur San-Lorenzo, ainsi que ses principaux subordonnés, sont dans la plus parfaite sécurité et la plus parfaite ignorance des erremens que nous suivons à leur sujet, puisque eux-mêmes ont fait prier *Francisco Bravo* de ne faire faute d'aller les trouver.

« *Francisco Bravo* s'est donc rendu hier rue de Provence, n° 20, dans les bureaux de l'ambassade espagnole où il est resté deux heures en pourparler avec le secrétaire d'ambassade, le sieur Viniga, qui l'a reçu avec infiniment d'affabilité et lui a dit que le duc de San-Lorenzo partirait lundi ou mardi prochain pour Londres, et que lui, Viniga, partirait directement avec le reste de la légation pour l'Espagne, en passant par Bayonne. Car il est informé que les *forbans de la foi* chercheront à les faire leurs prisonniers; si quelque chose les rassure, ajoute-t-il, c'est qu'il est convenu que son beau-frère, le général Torryos, se trouvera sur ce point de la frontière avec des forces supérieures pour protéger leur entrée en Espagne ; que si *Francisco Bravo* veut se rendre incessamment à Sarragosse, y rejoindre la légion française, il sera fait colonel en arrivant sur la recommandation de M. San-Lorenzo, légion dans laquelle seront reçus tous les officiers français qui n'ont point servi Louis XVIII; que l'ambassadeur d'Angleterre, résidant à Paris, vient d'annoncer confidentiellement à M. San-Lorenzo qu'il avait des ordres secrets de son gouvernement pour quitter la France aussitôt le commencement des hostilités; que du reste l'Angleterre faisait cause commune avec l'Espagne dans la conjoncture présente; qu'enfin M. Hutchinson, membre du parlement, venait de lui en renouveler l'assurance, et que les officiers anglais résidant à Paris étaient venus en corps offrir leurs services à S. E. M. San-Lorenzo; qu'avant la fin de ce mois l'Espagne aurait organisé une armée de cent quatre-vingt mille hommes destinée à s'opposer à l'incursion des Français, laquelle armée aurait pour avant-garde la légion française qui n'aurait d'autre drapeau que celui tricolore; que cette même légion allait nommer une régence française à la tête de laquelle se trouverait le prince Eugène de Beauharnais; que la France ne s'apercevait pas jusqu'à quel point elle était jouée par l'Angleterre; que la Saxe a protesté contre les dispositions de la France; que le Portugal se range du parti de l'Espagne; que l'on travaille de manière à faire incessamment insurger la Pologne; que l'armée française deviendra la risée de l'Europe et qu'elle ne peut espérer aucun succès étant commandée par un prince comme le duc d'Angoulême (1); par un duc de Bellune qui, sous aucun titre, ne peut jouir de la confiance des vrais Français. Il est bien d'autres maréchaux, ajouta Viniga, mais ceux-là sont pour nous; que le roi d'Espagne, ainsi que tout ce qui est suspect, va être relégué à Cadix; que tous les efforts vont tendre à s'emparer de la personne du duc d'Angoulême pour le fusiller sur-le-champ. Nous ne ferons pas, ajouta Viniga, la sottise qu'a faite Bonaparte en 1815, en lui faisant grâce de la vie (2). C'est ainsi que l'on fait la guerre aux ennemis des nations; guerre à mort à tous les Bourbons. Le premier coup de fusil qui sera tiré sur les Pyrénées sera le signal de la déchéance des Bourbons de France, d'Espagne et de Naples; tel est le vœu, telle est l'espérance des libéraux de tous les pays; que les cortès d'Espagne avaient adressé une proclamation au peuple français pour l'assurer que l'Espagne constitutionnelle lui tend les bras e

---

(1) Il y a dans la note de l'agent de la police des expressions injurieuses à ce prince estimable, qu'il est impossible que le secrétaire de l'ambassade espagnole ait pu proférer.

(*Note de l'Auteur.*)

(2) Il n'est pas possible de croire qu'un secrétaire d'ambassade ait pu proférer des propos aussi atroces; on doit cependant le conserver pour donner une idée des dangereuses absurdités et des mensonges que contenaient les rapports des agens de M. Delavau dans cette *police politique*.

lui offre son appui contre son gouvernement oppressif; mais que ces proclamations ont malheureusement été interceptées par l'armée de la loi; que sitôt que les armées française et espagnole seraient en présence on ferait parvenir à l'armée française des proclamations qui l'éclaireraient sur les véritables intérêts de la France; que les moyens que l'on emploierait étaient bien simples, c'est-à-dire que l'on mettrait une centaine de ces proclamations dans un nombre donné de bouteilles, lesquelles bouteilles seraient adroitement semées çà et là sur la ligne. Viniga a promis de mettre une de ces proclamations à Francisco Bravo, demain 2 février; enfin, Fransisco Bravo, conformément à ses instructions, a proposé à l'énergumène Viniga de rester à Paris pour être le correspondant secret des cortès, à quoi Viniga a répondu qu'il ne pouvait prendre cet arrangement sur son compte, qu'il transmettrait cette proposition à M. San-Lorenzo, et qu'il le priait, lui Francisco Bravo, de revenir à l'ambassade dimanche prochain 2 février, à quoi celui-ci a dû acquiescer.

« Maintenant et pour votre gouverne de demain, il est important que nous sachions si Francisco Bravo doit accepter toutes les propositions que lui fera ou lui fera faire M. San-Lorenzo.

« Ne conviendrait-il pas de suivre à la piste M. l'ambassadeur espagnol, au moins jusqu'au lieu de son embarquement pour l'Angleterre, de même que M. Viniga et le reste de la légation jusqu'aux frontières des Pyrénées? Tout annonce que cette démarche aurait pour résultat, au moins probable, de faire connaître toutes les personnes avec lesquelles ils se mettraient en relation sur les points intermédiaires. »

« 4 février 1823.

« Hier, 3 février, Francisco Bravo s'est de nouveau présenté à l'ambassade d'Espagne où il a été reçu par M. Viniga, secrétaire particulier de M. San-Lorenzo, avec les mêmes témoignages de confiance et de sécurité que précédemment. M. Viniga lui a dit que le 2 de ce mois un individu se disant officier français de l'ancienne armée, s'est présenté à lui, Viniga, et lui a annoncé confidentiellement que la police de France observait rigoureusement les démarches de M. San-Lorenzo et de toutes les personnes attachées à l'ambassade; que l'on devait suivre secrètement M. San-Lorenzo jusqu'à Calais, et M. Viniga et les autres secrétaires de la légation jusqu'aux frontières des Pyrénées. Cet officier proposé à Viniga de partir avec lui pour l'Espagne, y servir la cause constitutionnelle, proposition qu'il a refusée, dit-il, parce qu'il a des raisons de soupçonner et d'être persuadé, sinon convaincu, que cet officier vrai ou prétendu n'est autre chose qu'un employé à la police générale, et chose bien singulière, ajoute Viniga, les mêmes confidences, les mêmes propositions, m'ont été faites le même jour par un autre individu qui se dit officier anglais, et qui cependant, j'en ai la certitude, n'est autre chose que le compère de l'autre mouchard dont je viens de vous parler. Mes soupçons sont d'autant plus fondés, que j'ai fait suivre ces deux individus et que tous deux se sont rendus au ministère de l'intérieur; que M. de San-Lorenzo s'occupe en ce moment de faire traduire en langue française la proclamation des cortès au peuple français, laquelle proclamation va être incessamment et secrètement imprimée à Paris, tirée à un très grand nombre d'exemplaires et distribuée au public immédiatement après le départ de M. San-Lorenzo et de toutes les personnes attachées à son ambassade; que, nonobstant la *légion française* qui s'organise maintenant à Sarragosse, il s'en organise une dans la même ville sous le nom de *légion anglaise;* que ces troupes seront commandées par les généraux Gourgaud, Carnot et Lallemand; que M. le duc de San-Lorenzo ve-

n̂   ider que Francisco Bravo se rendrait
à ?   où il se trouverait avec lui Viniga;
que   aboucheraient avec le consul ; qu'après
cette entrevue, Viniga se rendrait directement
à Vittoria, d'où il correspondrait directement
avec Francisco Bravo, lequel, conformément
à ses instructions, a fait observer que ses affaires particulières ne lui permettaient pas de
partir si promptement; que cependant il pourrait
avoir à faire des communications importantes à
M. San-Lorenzo; qu'ainsi il fallait que M. Viniga
lui dise comment il pourrait les lui faire parvenir,
à qui enfin il devait s'adresser à Paris ; ce à quoi
Viniga a répondu :—Vous pouvez alors entrer en
communication avec le colonel Bourbaki ou Gour-
baki, qui a toute la confiance du gouvernement
espagnol et de M. San-Lorenzo. Du reste, venez
jeudi prochain, nous arrêterons ensemble définitivement notre plan. Je partirai samedi ou dimanche prochain, et M. de San-Lorenzo deux ou
trois jours après ; que M. le duc de San-Lorenzo
était très lié avec M. le duc d'Orléans, chez lequel il devait aller dîner le 2 de ce mois; mais
qu'ayant été prévenu à temps que la police devait
le faire insulter, soit en entrant, soit en sortant
du palais, il avait cru devoir s'abstenir de s'y rendre; qu'il en avait donné avis à M. le duc d'Orléans, qui lui avait fait dire que cette circon-

tance ne devait point l'arrêter, qu'il ne devait pas moins se rendre au dîner, s'armer et avoir es gens de manière a pouvoir châtier de suite la moindre tentative injurieuse; que M. Manuel tait chargé de sonner le tocsin à la chambre les Députés. »

D'après ce qui vient d'être rapporté, il est évi[d]ent que des personnes bien maladroites, sinon nfidèles, se sont ingérées d'explorer les dispo[si]tions de l'ambassade d'Espagne, et cependant, [n]ous en sommes persuadés, personne dans la [si]tuation actuelle des choses ne peut en tirer un [m]eilleur parti que Francisco Bravo (1).

« 16 février 1823.

« Ainsi que nous l'avons annoncé par nos pré[cé]dens rapports sur l'ambassade d'Espagne, le [si]eur Viniga s'est entendu, conformément aux in[te]ntions de M. San-Lorenzo, avec le consul Ma[ch]ado, demeurant rue Saint-Lazare, n. 77, pour [le] mettre en relations d'affaires politiques avec [Fr]ancisco Bravo, le tout dans les intérêts des [ré]volutionnaires d'Espagne.

---

(1) Il paraît que M. l'ambassadeur, commençant à se méfier de [la] sincérité de Francisco Bravo, ne lui remit pas les dépêches que [la] police désirait ardemment de posséder.

(*Note de l'Auteur.*)

« Depuis le 9 de ce mois, jusqu'au 15 inclusivement, nous n'avons cessé d'employer chaque jour tous les moyens possibles de faire arriver Francisco Bravo près de M. Machado, aux fins de pénétrer les dispositions politiques de ce consul, les événemens qu'il suit, et les agens qu'il peut avoir à sa disposition, soit à Paris, soit sur la frontière; enfin, M. Machado a vu, hier seulement, Francisco Bravo. Voici le résultat de cette première entrevue, et l'énumération des moyens que nous proposons d'employer ultérieurement pour atteindre un but :

« Francisco Bravo est chargé de créer des liaisons dans les différens ministères, notamment à celui de la guerre, pour connaître l'effectif de l'armée, la quantité de munitions, de vivres et d'armes que le gouvernement français destine aux Pyrénées, de savoir enfin si l'on se propose de faire une nouvelle levée d'hommes en France.

« Il est resté convenu entre M. Machado et Francisco Bravo que ce dernier fournirait des rapports sur tout ce qu'il pourrait découvrir de relatif à la mission dont il s'agit; lesquels rapports seraient envoyés en originaux à Viniga, qui les recevra à Vittoria, le tout par l'intermédiaire et sous le couvert de Machado; que les réponses de Viniga seront également remises en originaux, à Francisco Bravo, toujours par l'intermédiaire et sous le couvert de Machado.

« Il est à remarquer que ce consul n'a fait aucune offre à Francisco Bravo, en récompense de son zèle et de sa bonne volonté ; toutefois, il lui a insinué que, s'il pouvait trouver quelques hommes dévoués dans les bureaux du ministère de la guerre, l'or ne manquerait pas.

« Maintenant il s'agit donc de lier les commucations. Francisco Bravo va fournir un premier rapport à Viniga, par le canal de Machado ; mais il faut que ce rapport remplisse un double but, l'un, de donner le change aux Espagnols ; l'autre, de les persuader que Francisco Bravo a réellement la volonté et la possibilité de les servir suivant leurs intentions. Il paraît que les révolutionnaires d'Espagne sont en relation avec le général Foy, qui lui-même leur a fourni un plan de campagne, par suite duquel ils doivent se retrancher derrière l'Ebre ; que le général Lamarque, demeurant à Severet, département des Landes, est en correspondance suivie avec Mina ; tels sont du moins les aveux que Machado a laissé échapper dans la conversation qu'il a eue hier, pendant une heure et demie, avec Francisco Bravo.

« Voilà donc la porte du consul Machado qui vous est ouverte ! Il n'est pas douteux que l'autorité n'en retire de grands avantages; mais pour cela il convient de s'abstenir absolument d'y envoyer d'autres explorateurs, car la moindre tentative de ce genre nous priverait sans retour des moyens que nous nous sommes ménagés sur ce point. Du reste, Machado est singulièrement sur ses gardes, car il dit que la police de Paris est d'une activité extraordinaire, et il a recommandé à Francisco Bravo de s'en défier.

« 24 février 1823.

« Par notre rapport du 16 de ce mois, nous avons porté à la connaissance du chef de la police centrale à quels termes nous en étions avec M. Machado, qui demeure rue Saint-Lazare, n. 77.

« De nouveaux renseignemens, obtenus d'une manière convenable, indiquent que, le 11 du mois de janvier dernier, l'épouse du général Lamarque est partie de Bordeaux pour Paris, où elle est arrivée le 15, par la diligence de M. Gevaudan; que cette dame est descendue et a demeuré sept à huit jours chez M. le général Foy, rue de la Chaussée-d'Antin, n. 62, sans que jusqu'à présent nous ayons pu trouver de traces de la direction qu'elle a prise; mais cette dame ne serait-elle pas le discret et officieux Mercure de ces messieurs?... Que, dans le courant du mois dernier, chez le sieur Linguai (1), rédacteur du *Journal de Paris*, demeurant rue Baillot, n. 3, ont eu lieu des réunions secrètes, dont faisaient partie plusieurs anciens généraux, nommément MM. Clausel, Lafayette et Foy ; que là, ont été présentés et discutés plusieurs plans de campagnes pour les révolutionnaires d'Espagne; que celui de ces plans qui en définitive a été adopté par ce conventicule et envoyé en Espagne en double expédition, l'une, par l'intermédiaire de Machado, et l'autre par une *voie inconnue*, avait été préalablement combiné entre Mina et le général Lamarque. Mais cette voie inconnue ne serait-elle pas madame Lamarque elle-même?

« Pour éclairer les soupçons, il convenait de rechercher si le général Lamarque se trouvait à Paris dans le mois de janvier dernier; voici le résultat de nos investigations :

« Lamarque, Louis-Jean-Maximilien, âgé de vingt ans, étudiant en droit, natif de Bayonne, est entré, le 15 juin 1820, rue du Colombier, n. 19; il en est sorti le 20 décembre suivant; il se disait fils du général de ce nom. Lamarque,

---

(1) On a peine à comprendre que M. Linguai, attaché au cabinet particulier de la direction générale de la police, se soit trouvé dans cette réunion, à moins que ce ne fût comme espion, ce qui serait impossible dans sa position et avec son caractère au-dessus d'un pareil rôle.

Isidore, général, né à Douzon (Basses-Pyrénées), est entré, le 8 février 1822, à l'hôtel de Strasbourg, rue de Richelieu, n. 50, et en est sorti le 20 mai suivant. Si donc il est vrai que le général Lamarque n'était point à Paris dans le mois de janvier dernier, il est évident qu'il n'a pu prendre part aux conventicules dont il s'agit que par voie de correspondance; c'est ici le lieu de remarquer la coïncidence qui existe entre la date du voyage de madame Lamarque à Paris et l'époque des réunions qui ont eu lieu chez Linguai.

« Nous nous occupons dans ce moment de nous créer des intelligences dans la maison n. 62, rue de la Chaussée-d'Antin, dans le but de nous assurer, par toutes voies possibles, quelles sont les ramifications qui existent réellement entre MM. Lafayette, Foy, Clausel, Machado, Linguai, Lamarque et son épouse.

« Les démarches faites sur ce point promettent du succès, mais pour cela, il faut de la persistance.

« Telles sont en substance les dispositions préparatoires que nous avons dû faire pour procurer à l'autorité les immenses avantages qu'elle peut retirer dans l'intérêt de notre position actuelle avec le consul d'Espagne. Mais le temps presse, et cependant déjà huit jours se sont écoulés depuis notre rapport du 16, et il est de notre devoir de le dire, un plus long délai nous fermerait sans retour tout accès chez Machado, d'autant plus qu'il était resté convenu entre ce dernier et Francisco Bravo que celui-ci lui fournirait un rapport vers le 20 ou le 21 de ce mois; il s'agit donc actuellement de savoir de quelle nature doivent être les renseignemens qui feront l'objet de ce premier rapport, et c'est de la composition de ces premiers élémens que dépend le succès ou l'insuccès de cette importante affaire. »

« 4 mars 1823.

« Ainsi que nous l'avons annoncé précédemment nous avons fait remettre à Machado la lettre suivante (1).

« Cette lettre a été remise hier 3 mars, à onze heures et demie du matin, par Francisco Bravo au consul Machado qui a dit la devoir communiquer à ses amis. Elle devra partir demain 5, sous le cachet de ce consul à l'adresse de M. San-Lorenzo à Londres, et par suite être envoyée en Espagne. C'est par cette voie que la

---

(1) Cette lettre était relative à ce qu'il paraît aux offres de services relatifs à ce qui se décidait au ministère de la guerre sur l'armée : elle n'est pas au recueil.

correspondance politique de Machado arrive dans la Péninsule, parce que, dit-il, il n'y a plus de sûreté par les Pyrénées.

« Machado, qui croit nos propositions sincères, a accepté avec empressement l'offre que nous lui avons faite de lui communiquer les ordres, plans et correspondances de S. E. le ministre de la guerre ; il y a mis un tel empressement qu'il vient d'arrêter le projet suivant de concert avec Francisco Bravo, lequel projet consiste en ce qui suit : 1º Demain 5, à dix heures du matin, Francisco Bravo procurera à Machado le nom de l'employé du ministère qui est censé avoir été corrompu. Cet employé devra être choisi autant que possible dans les bureaux de M. Coetlosquet, tel est du moins le désir exprimé par Machado. Il a même demandé si l'homme dont on lui parlait ne serait point un sieur M.... qu'il a nommé ; mais, comme nous nous attendions à cette question, la réponse était prête. Francisco Bravo a répondu qu'il ne pouvait donner le nom de son ami, sans au préalable lui en demander et obtenir l'autorisation. 2º Que cet employé, soit qu'il veuille ou non faire connaître son nom à Machado, ne paraîtra point chez le consul; il remettra les pièces qu'il pourra détourner à Francisco Bravo, et celui-ci à son tour les remettra à Machado qui les copiera de suite, de telle manière que ces pièces ne devront jamais rester plus de deux heures hors des mains de l'employé. 3° Que, dans le cas où cette manœuvre viendrait à être découverte, Francisco Bravo, Machado et l'employé partiraient sur-le-champ pour Londres et de là se dirigeraient en Espagne. 4° Que, du moment où les hostilités commenceraient sur les Pyrénées, Machado se rendrait en Espagne en passant par l'Angleterre; Francisco Bravo s'aboucherait avec le colonel Bourbaky et correspondrait directement avec Machado en Espagne. 5° Que, passé l'entrevue de demain, Francisco Bravo ne se rendra plus chez Machado que de nuit, parce que, dit ce dernier, je suis l'objet de la surveillance la plus active de la part de la police; elle est capable de nous arrêter si seulement elle savait que vous venez ici. Je prends à cause d'elle des précautions extraordinaires, surtout depuis que M. San-Lorenzo est parti, et que toutes les affaires roulent sur moi seul.

« D'après ce qui vient d'être rapporté, on voit qu'il est urgent que l'autorité prenne aujourd'hui même un parti sur cette affaire, et sans cela on ne peut la continuer, parce que Francisco Bravo ne pourrait plus se présenter chez Machado. Il s'agit seulement pour le moment de nous faire aboucher ce soir même avec l'employé du ministère de la guerre que l'on nous a choisi.

« Hier, le 5, à midi, Machado disait : « Le mouvement qui doit avoir lieu ce soir sera d'un bon effet; le peuple finira par ouvrir les yeux et secouer le joug. » Machado annonce que les dernières lettres qu'il a reçues d'Angleterre ne lui laissent aucun doute que les Anglais feront cause commune avec eux.

« Nous venons de revoir encore madame Hutchinson; elle dit que son mari lui annonce que la majorité du parlement va sous peu de jours par un acte solennel protester contre la guerre que la France se dispose à faire à l'Espagne; cette dame dit encore que le colonel Fabvier part ou doit partir incessamment pour se rendre à Londres, chargé d'affaires importantes qui doivent avoir des résultats étonnans. Il est à remarquer que ce colonel est très lié avec le général Foy, le consul Machado, M. Hutchinson et M. de San-Lorenzo. »

Cette surveillance politique est une des plus importantes de toutes celles dont la police de M. Delaveau s'occupa. Elle fut confiée à un agent secret nommé Dabasse, homme adroit, zélé et tel qu'il le fallait pour une semblable opération.

Il la suivit avec une constance digne d'un plus noble emploi; il ne l'abandonna que par suite des commencemens de la guerre d'Espagne qui rendaient ce service inutile.

Le chef de la *police centrale*, M. Hinaux, était bien aussi l'homme propre à une pareille police ; c'est à lui que M. Dabasse adressait ses notes, et, suivant l'usage, M. Hinaux les rédigeait pour M. Delaveau.

M. Hinaux, que j'ai déjà fait connaître, était plein de probité et de haine pour le vice et était consumé de la fièvre du royalisme ; personne n'en porta le dévouement plus loin que lui ; on l'a entendu se plaindre le premier mois qu'il fut appelé par M. Delaveau à son emploi de la police centrale, qu'on eût arrêté des conspirateurs (on en voyait partout alors, c'était en février 1822) sans qu'il en sût rien ; qu'il voyait avec indignation que M. le préfet qui, disait-il, lui avait donné un beau traitement (10,000 francs), le ravalât au rôle d'un simple chef d'inspecteurs et aux détails de la police municipale ; de pareilles fonctions ne convenaient guère en effet à l'essor de son zèle, et le rôle qu'il joua depuis dans la police politique, dont on vient de voir un des plus remarquables traits, le mit à même de satisfaire ses goûts, ou pour mieux dire son dévouement à la cause du roi. Il n'était que commissaire de police du quartier Popincourt sous l'administration de M. Anglès, et ce préfet lui avait quelquefois fait ses observations sur l'excès de son zèle; aussi M. Hinaux ne vit-il point sans quelque contentement son éloignement.

Les faits de la police secrète et de l'espionnage sont si propres à offrir des sujets de réflexion et à faire connaître l'esprit qui gouvernait MM. Delaveau, et Franchet, son supérieur, que je ne saurais me refuser à citer encore deux exemples de leur conduite à cet égard; de pareilles révélations offriront toujours de l'intérêt. Il sera d'abord question de l'espionnage sous le nom de surveillance exercée sur M. Ulloa, Espagnol réfugié en France. Voici l'ordre que M. Delaveau adressa pour cette fin au chef de la police centrale.

« 4 avril 1826.

« Je suis informé que Don Maria de Ulloa vient d'obtenir à Calais une passe provisoire pour se rendre à Paris. Cet Espagnol était arrivé en France au mois d'octobre 1824 avec le titre de consul espagnol à Nantes; sa nomination a été révoquée plus tard, et il annonça qu'il venait d'être nommé secrétaire de légation à Londres; mais dans son passeport, délivré le 22 mars dernier, on ne lui donne pas cette qualité. J'invite

M. Hinaux à faire vérifier secrètement quelle est aujourd'hui la situation de M. Ulloa. »

« *Le Préfet de police.* »

Une seconde prescription de M. Delaveau, en date du 15 avril 1826, porte de nouveau :

« J'invite M. Hinaux à ne rien négliger pour vérifier si le sieur Ulloa est chargé, par les agens de l'Amérique du Sud ou par le comité des révolutionnaires réfugiés en Angleterre, de quelques manœuvres secrètes relatives à l'Espagne et à l'île de Cuba.

« *Le Préfet de police.* »

Réponse. « Don José-Maria de Ulloa occupe un appartement de cent quarante francs par mois. Deux ou trois jours après son arrivée, l'ambassadeur espagnol résidant à Paris est venu lui rendre visite (1). On remarque que le sieur Ulloa, lorsqu'en octobre 1825, il habitait rue d'Artois ne possédait, du moins en apparence, que des moyens de fortune excessivement exigus, tandis qu'actuellement tout annonce qu'il est dans l'opulence. Cet étranger, né en Espagne, domicilié

---

(1) C'était alors le comte de la Puebla del Maestre.
(*Note de l'Auteur.*)

à Madrid, âgé de quarante-deux ans, venait d'Angleterre lorsqu'en dernier lieu il arriva à Paris, et, bien qu'Espagnol, il est très communicatif. Il raconte, et les renseignemens confirment que, dans les premiers jours d'avril dernier, il perdit son portefeuille qui contenait dix billets de mille francs chacun, payables chez le banquier Rotschild et qui lui avaient été fournis à lui, Ulloa, par le sieur Aguado, son compatriote; déclaration de cet accident aurait été faite à la police, mais infructueusement, le portefeuille est resté perdu.

« Le sieur Ulloa prétend que quelqu'un l'a calomnié auprès du gouvernement français; qu'il fut mardi, le 26 avril dernier, chez l'ambassadeur d'Espagne (avec qui il paraît être fort lié), qui lui confia que par une note du ministère français on l'informait que lui, Ulloa, était fortement soupçonné d'avoir mission comme agent de l'Amérique du Sud. Il proteste qu'il n'en est rien, puis ajoute bien connaître son calomniateur et que sa présence à Paris n'a pour objet que de le démasquer, après quoi il se propose de se rendre en Italie.

« Cet étranger prétend encore n'avoir quitté ses fonctions publiques en Espagne que par suite des malheurs domestiques qu'il y avait éprouvés, c'est-à-dire la mort simultanée de sa mère et de sa sœur, dont les portraits sont constamment placés sur sa table et font toute sa consolation. Il a la manie du jeu et fréquente les maisons de ce genre ; il y a perdu, jusqu'à 20,000 francs en une soirée. Il ne reçoit absolument personne chez lui ; il passe la plus grande partie de son temps à l'ambassade espagnole. Ses hôtes assurent qu'assez souvent on l'entend pleurer et interroger les portraits de sa mère et de sa sœur ; qu'alors il est tellement préoccupé qu'on le dirait dans un état d'aliénation mentale. »

Un des moyens que la police emploie pour avoir des renseignemens sur les étrangers, qui, presque tous logent en hôtel garni, est de s'informer auprès de ceux qui tiennent ces maisons des habitudes et des personnes que fréquentent leurs locataires. C'est par ce moyen que le sieur Chabanety obtint les détails assez insignifians qu'il transmet ici à M. Hinaux (1).

Mais la police n'était pas toujours bien informée par les donneurs d'avis ; on a plusieurs exemples, parmi lesquels je recueillerai seulement les suivans :

---

(1) Extrait du Livre noir publié par M. Année.
(*Note de l'Auteur.*)

« 13 septembre 1823.

« On me donne avis qu'une réunion nombreuse a lieu dans l'*allée des Veuves*, chez le sieur Giraudeau, et au tir du sieur Granet, situé allée d'Antin, n. 15. On assure que cette réunion se compose de plus de cinquante officiers à demi-solde (1), ou jeunes étudians, et qu'elle est présidée par deux anciens secrétaires de M. Lavalette, dont l'un demeure à Chaillot. On prétend que cette société cherche à faire des prosélytes et que le nombre des affidés se porte jusqu'à près de quatre cents.

« *Le Préfet de police.* »

Réponse. « Nous avons surveillé les lieux à diverses reprises; hier encore, nous y avons séjourné, depuis deux heures de l'après-midi jusqu'à dix heures du soir, et nous pouvons assurer qu'il n'y a pas même la plus légère apparence de réunion du genre de celle dont il s'agit.

« D'abord, le sieur Giraudeau, allée des Veu-

---

(1) Les officiers à demi-solde ont été long-temps l'épouvantail chimérique du gouvernement et le pain quotidien des dénonciateurs et espions de police; M. Delaveau en voyait partout, c'est-à-dire qu'on lui en faisait voir comme ici.

res, n. 27, chez qui, suivant la note, s'assemblait cette société, composée de quatre cents personnes, est un pauvre débitant d'eau-de-vie, dont tout l'établissement est une cahute de quinze pieds de long sur huit de large, et dix de hauteur. Cet homme est un ancien garçon du café de Foi, au Palais-Royal; il paie 80 fr. de loyer par an. On lit au-dessus de sa porte : *Café de Foi, cité de Londres.*

« Quant au sieur Gosset, et non Granet, son établissement aux Champs-Elysées, allée d'Antin, n. 15, est un tir au pistolet, où le public indistinctement est admis tous les jours, depuis huit heures du matin jusqu'à la nuit, moyennant une rétribution de 75 cent. Nous nous y sommes rendus à diverses reprises; nous n'y avons jamais remarqué plus de huit personnes à la fois, et toutes absolument inconnues les unes des autres.

« Nous pouvons affirmer que, pas plus chez Gosset que chez Giraudeau, on ne trouve le moindre indice d'une réunion nombreuse et clandestine, de quoi il faut conclure que les renseignemens sont au moins erronés; qu'enfin il n'y a pas lieu à s'occuper davantage de cette affaire.

Le fameux mamelouck de Bonaparte paraît avoir donné aussi de l'inquiétude à la police; du moins, M. Delaveau voulut-il le faire espionner pour savoir ce qu'il faisait et comment il vivait. Voici l'ordre et la recherche pour cet objet:

Cabinet particulier, n° 11858.

« 13 mai 1825.

« Le sieur Roustan-Raza, ancien mamelouck de Bonaparte, récemment débarqué à Calais, venant d'Angleterre, doit se rendre à Paris (1).

« *Le Préfet de police.* »

Réponse. « Le sieur Roustan-Raza demeure, depuis environ quinze mois, avec son épouse, rue Saint-Martin, n. 238. Cet homme jouit d'une certaine aisance, qu'il tient de la générosité de Bonaparte : cependant on assure qu'il a refusé de le suivre à l'Ile-d'Elbe (2).

« Il est bien vrai que le sieur Roustan-Raza a fait, il y a environ deux mois, un voyage en Angleterre, qui a duré une quinzaine de jours; il donne pour motif à ce voyage des affaires d'intérêt particulier. Cet homme est tout-à-fait

---

(1) La nouvelle de l'arrivée dans un port ou à la frontière d'un individu marquant, était transmise à la police, et l'est encore, par le télégraphe.

(2) Le mamelouck Roustan ne refusa de suivre son maître que par la considération de le servir lui et les siens, autant que possible, pendant leur absence ; c'est ce que ne dit pas la réponse de l'agent de M. Delaveau.

inabordable ; il mène une vie retirée, du moins en apparence ; tout en lui annonce la plus grande défiance ; c'est un caractère froid et peu commercial ; on ne lui connaît aucune accointance ; il paie un loyer de 428 fr. ; il est à peine connu de ses voisins, même les plus rapprochés. »

Cette conduite, au reste, qui a attiré tant de reproches mérités à M. Delaveau et à son supérieur, M. Franchet, ne leur était pas particulière et de leur création ; elle n'était qu'une intimation, un peu renforcée et plus vexatoire, de ce qui 'sétait fait sous les précédens préfets de police et directeurs-généraux ; mais on peut dire cependant que les deux derniers ont outré la mesure et donné à l'espionnage politique, aux investigations des agens de police un développement et une inquisition qui ont dépassé tout ce qu'on avait vu dans ce genre.

Cette partie de l'administration de M. Delaveau ne lui est donc pas particulière ; il est d'autres faits où sa responsabilité s'est trouvée compromise, et qu'il est utile de faire connaître ; tels sont ceux du 19 au 20 novembre 1827, qui ont excité tant d'irritation et de mécontentement, sinon sur une apparence de complicité, au moins une très grande négligence de ses devoirs de la part de ce préfet de police. Je m'arrêterai donc à ce fait de police ; et, pour ne point en charger le tableau ou en diminuer l'effet, je ferai usage des pièces officielles émanées de la Cour royale et insérées au *Moniteur* du 5 avril 1828.

« Dans les soirées du 19 et 20 novembre dernier 1827, des rassemblemens tumultueux ont eu lieu dans plusieurs quartiers de Paris; des cris séditieux ont été proférés, des vitres cassées, des barricades établies, des pierres, des pièces d'artifice et autres objets lancés sur la troupe, qui a fait feu. Par suite des décharges de mousqueterie, qui ont eu lieu le 19 novembre, deux personnes ont été tuées; le mardi, 20 novembre, quatre ont été tuées, et une cinquième, mortellement blessée, est décédée, quelques jours après, à l'Hôtel-Dieu. Ces deux jours, beaucoup plus d'individus ont été blessés plus ou moins grièvement. Des militaires, soit de la troupe de ligne, soit de la gendarmerie, ont été aussi blessés : plusieurs d'une manière grave. »

La Cour royale a évoqué à elle la connaissance de ces faits et la recherche de leurs auteurs. Il en résulte que le peuple de Paris, les bourgeois surtout, enchantés que le parti libéral ait eu le dessus dans les élections de la veille, se disposèrent à faire des illuminations en réjouissance de cet événement.

On ne sait pourquoi M. Franchet, dont

parlé tout à l'heure, se mit en tête que ces réjouissances produiraient des désordres qu'il fallait comprimer par la force armée ; tout annonçait de la joie, mais rien ne faisait craindre des projets dangereux, à moins qu'on ne les eût préposés pour avoir une raison de crier à *l'anarchie* et de sévir contre la population de Paris. Quoi qu'il en soit, M. Franchet, de haineuse mémoire, écrivit à M. Delaveau la lettre suivante, le lundi 19 :

« Monsieur le préfet, comme il serait possible que le mouvement imprimé par les révolutionnaires allât plus loin qu'on aurait cru le prévoir, je vous invite à vous tenir en mesure de réprimer tout désordre. En l'absence de M. le comte Coutard et de M. le comte de Wals, le service de la place de Paris, se trouvant confié à M. de Montgardé, qui n'est point habitué à ce commandement, je suis convenu avec M. le major de la garde royale que trois cents hommes de cavalerie resteraient consignés pour être disponibles à la première réquisition, et je m'empresse de vous en donner avis.

« *Signé* FRANCHET DESPEREY. »

En vertu de cette lettre, écrite le 19 dans la matinée, M. Delaveau fit quelques dispositions, mais insignifiantes, pour prévenir le désordre que prophétisait M. Franchet, et que lui-même provoquait par son étalage de dispositions militaires et de mesures acerbes. Voici ce qui arriva (1) :

À la chute du jour, des illuminations eurent lieu, le lundi 19, particulièrement dans la rue Saint-Denis et la rue Saint-Martin; une foule considérable y circulait; on y tirait, en contravention aux réglemens de police, des pétards et d'autres pièces d'artifice; on proférait, sur quelques points, des cris divers, même les plus contradictoires, tels que *vive le roi! vive l'empereur!*

Bientôt des bandes et des groupes se formèrent, criant d'illuminer et jetant des pierres dans les fenêtres qui ne l'étaient pas.

Une de ces bandes, dont le point de départ paraît avoir été la cour Saint-Martin, suivit les rues Grenetat et Saint-Denis, gagna la place Vendôme, du côté de la rue Saint-Honoré.

---

(1) Les groupes ou rassemblemens de gamins de quinze à vingt ans se rendaient, dès six à sept heures du soir, des faubourgs et quartiers éloignés de la ville au centre; ils y formaient des attroupemens tumultueux et contraires à l'ordre. Rien n'aurait été plus aisé et plus naturel que de les dissiper à mesure qu'ils passaient dans les rues; mais il paraît qu'on était bien aise qu'il y eût quelque désordre, qu'on ne croyait cependant pas devoir être si grand. Il y eut, ce jour-là, au moins, défaut de soins et de précautions de la part de M. Delaveau qui ne se mouvait que par les inspirations de M. Franchet.

Réunies à la place Vendôme, ces bandes furent cernées par la troupe du poste de l'état-major; plus de cent trente attroupés furent arrêtés et conduits à ce poste.

Pendant que ceci se passait à la place Vendôme, le désordre devenait grave dans la rue Saint-Denis; aucun agent de l'autorité, aucune force publique ne se présenta dès l'origine pour le faire cesser. On y lançait des pierres dans les vitres de ceux qui n'illuminaient pas leurs fenêtres.

Vers les neuf heures du soir, sur l'invitation du préfet de police, un chef d'escadron, commandant, en l'absence du colonel, la gendarmerie de Paris, se porta avec cinquante gendarmes à cheval, de la préfecture de police, où il était, à la rue Mauconseil, pour dégager le poste qui s'y trouve et qui avait été cerné par un nombreux rassemblement de peuple.

La gendarmerie, maltraitée par le peuple, quitta la rue Mauconseil et vint se mettre en bataille sur la place du Châtelet. Cependant le tumulte s'accroissait dans la rue Saint-Denis, qui devint le théâtre de fâcheux événemens. On y forma des barricades. Des individus, qu'on n'a pu signaler, après avoir mis sur la chaussée des pavés, qui étaient près des maisons pour les réparations d'entretien, se portèrent vers deux bâtimens en construction, arrachèrent les clôtures, prirent les échelles, les planches, les cordes, les outils qui s'y trouvaient et établirent deux barricades dans toute la largeur de la rue Saint-Denis ; tout se fit sans opposition de la part d'un public nombreux, et avec une sécurité si grande, que l'on a dit que cela se faisait comme un travail à l'entreprise (1).

On envoya cependant dans la soirée plusieurs corps de troupes et de gendarmerie pour détruire les barricades et rétablir l'ordre. C'est dans cette lutte que plusieurs personnes perdirent la vie et qu'un plus grand nombre furent blessés. Ce n'est pas sans raison qu'on a reproché à la gendarmerie et à la troupe d'avoir dans cette occasion commis des actes de violence et de férocité qui n'auraient pas dû rester impunis.

Vers une heure après minuit les officiers de l'état-major de la place se rendirent chez M. Delaveau, pour lui faire part de ce qui s'était passé, et l'inviter à faire murer les maisons en construction qui avaient servi de refuge aux pertur-

---

(1) Cette circonstance, jointe à ce que ceux qui avaient fait les barricades se sont retirés par des rues qui n'étaient pas interceptées, a donné lieu de penser qu'il y avait dans ce fait quelque connaissance de la part de l'autorité; sans doute, entraînée par de misérables suggestions contre le parti libéral, et pour avoir une raison de l'accuser de désordres.

bateurs, et à faire enlever les planches et autres matériaux qui avaient servi à établir les barricades.

Dans la conversation le préfet de police dit aux officiers : « Cette fois, messieurs, on ne dira pas que c'est la police ou bien vous qui avez tout fait. » Il entendait sans doute les meurtres et les violences qui avaient été commis par les gendarmes et les troupes que la prudence et le devoir de M. le préfet étaient de prévenir ; mais ce n'était pas ce que voulait M. Franchet apparemment, puisqu'on n'y pensa qu'après que le mal fut parvenu à l'excès.

Le lendemain les mêmes désordres recommencèrent et peut-être encore avec plus de violence. Le peuple parut plus irrité que la veille, et un plus grand nombre de personnes furent atteintes des coups de feu qui partaient des détachemens militaires.

La Cour royale ayant évoqué connaissance de ces événemens, la poursuite de la procédure fut longue, mais l'issue fut telle qu'on l'avait prévue; aucun de ceux qui paraissaient avoir laissé le désordre se former, ou avoir illégalement fait emploi des armes, les agens de la police ou de la force armée, ne furent déclarés ni coupables, ni blâmés; on punit quelques malheureux de ce que l'on aurait dû les empêcher de faire ou peut-être même de ce qu'on les avait insidieusement entraînés à commettre.

La cour royale, dans le long préambule de son arrêt du 3 avril 1828, n'explique pas ce mystère; on croit cependant y démêler une véritable improbation de la conduite de l'autorité; mais elle n'osa pas, dans le prononcé, sévir contre ceux qu'on regardait comme coupables d'un manque de prévoyance ou de complicité dans les événemens de ces deux journées (1).

Ceux qui pouvaient encourir des peines étaient attachés à la police ou chefs de la police eux-mêmes, tels que M. Franchet, M. Delaveau; un sieur Duplessis, secrétaire intime du préfet, espèce de despote imberbe, agent ridicule mais dangereux de la faction qui dominait alors; un sieur comte de Pins, chef de division à la préfecture de police, fanatique agent du pouvoir; M. Hinaux, *chef de la police centrale*, homme honnête, intègre, droit dans la vie privée, mais dur, mais violent, mais impassible dans les actes de l'autorité. Les chefs de la gendarmerie ont montré de la dureté, de la rudesse, du mépris pour le public, du moins on le leur a reproché; cet événement est donc un de ceux qui signa-

---

(1) Voir dans le *Moniteur* du samedi 5 avril 1828, la procédure de la Cour royale et l'arrêt qu'elle a prononcé.

lent de la manière la plus fâcheuse la préfecture de M. Delaveau.

J'en ai rapporté les détails avec quelque confusion ; la marche de son administration, les affaires politiques et les intrigues dans lesquelles il se laissa entraîner, quoiqu'il eût tout le talent nécessaire pour être un administrateur distingué, ont en quelque sorte guidé ma plume et expliquent le manque d'ordre dans le récit des faits que l'on vient de lire.

Il serait injuste cependant de penser qu'il négligea d'une manière blâmable les fonctions de sa place, il n'oublia jamais qu'il était magistrat et chef de la police municipale ; certains actes émanés de lui, de nombreuses ordonnances le prouvent ; j'en citerai plusieurs.

L'ordre public avait été troublé par des coalitions d'ouvriers, tendant à faire cesser les travaux de la charpente dans le but de se procurer par cette manœuvre coupable, une augmentation de salaire. Il fallait remédier à ce désordre et rappeler l'exécution des réglemens sur la police des ouvriers ; c'est ce que fit M. Delaveau par son ordonnance du 18 juin 1822, concernant les ouvriers ; elle fit cesser l'anarchie qui commençait à s'introduire dans cette classe d'hommes utiles, et prévint les abus que les maîtres auraient pu faire de leur avantage sur eux.

Malgré les diverses mesures prises pour prévenir les inconvéniens des étalages sur la voie publique, on continuait à s'en plaindre ; le préfet de police, par une circulaire détaillée et fort bien faite du 22 août 1822, rappela aux commissaires les anciennes ordonnances à cet égard et leur enjoignit d'y tenir la main. On vit en peu de temps cesser beaucoup des sujets de plaintes portées et la voie publique rendue plus sûre et plus libre.

Il porta aussi son attention sur les bouquinistes, vendeurs de livres en étalage sur les quais, sur les ponts et dans certaines rues ; plusieurs de ces étalagistes mettaient en vente des livres obscènes ou contraires à la religion et au gouvernement ; ils les assujettit à prendre une autorisation de la police et leur interdit la vente de livres qu'on vient de nommer, sous peine de voir leur autorisation retirée ou suspendue suivant les cas. (Ordonnance du 31 octobre 1822.)

Les porteurs d'eau à tonneau exercent à Paris une industrie qui donne lieu à une circulation considérable de voitures, et qui, par cela, exige des précautions pour prévenir les accidens et connaître ceux qui peuvent les avoir produits ; il faut une permission pour avoir un tonneau. Par son ordonnance du 30 août 1823, M. Delaveau enjoignit à ceux qui en avaient de les renou-

...eler, et prescrivit des règles à suivre pour ceux qui les auraient obtenues.

Il régla aussi par une autre ordonnance du juin 1823, la police des étaux de boucherie et de charcuterie dans les marchés de Saint-Germain, des Carmes et des Blancs-Manteaux; une autre du 18 juin 1823 concernant les tarifs du droit d'abri sous les halles aux beurres, aux œufs et aux fromages; ce droit d'abri est surveillé par la préfecture et perçu au profit de la ville par un réglement spécial du 18 juin 1823. Il organisa la vente et le commerce des beurres, œufs et fromages dans la halle nouvellement construite pour cet objet. Sans déroger à l'ordonnance du 4 mai 1813, il en fit une nouvelle sur les cabriolets, où entre autres dispositions utiles on trouve celle d'obliger les cochers d'avoir deux lanternes adaptées à chaque côté de la caisse, et de les tenir allumées dès qu'il fait nuit; précaution utile à laquelle depuis ce moment on a tenu assez rigoureusement la main. Une ordonnance du 2 octobre 1823 règle la vente des fruits au quai des Miramionnes, la confusion et les abus qui y régnaient avant demandaient ce soin de la part de la police.

Quoique M. Delaveau n'ait peut-être pas présidé deux fois le *conseil de salubrité*, cependant il connaissait tout le mérite de cet établissement. Il fit répandre avec profusion et afficher une in-

struction fort importante de ce conseil, datée du 13 octobre 1823, *sur les dangers auxquels exposent les vapeurs de la braise.* On doit aussi à M. Delaveau un réglement sur la police du marché aux chevaux, 12 décembre 1823; mais une ordonnance plus importante, et qu'on désirait depuis long-temps, est celle qu'il avait rendue le 20 mai 1822, « concernant les mesures d'ordre
« et de précaution à prendre pour garantir la
« sûreté de la circulation dans le cas de dépôts
« de matériaux, de réparations ou de démoli-
« tions de bâtimens et de travaux à faire au sol
« de la voie publique. » Depuis cette ordonnance, dont les nombreuses dispositions sont fort sages, on a vu régner un meilleur ordre et plus de sûreté dans cette partie de la police. Par une *instruction* du 26 mars 1822, il avait prescrit des précautions et des mesures de sûreté pour la surveillance de la rivière, des chantiers de bois de chauffage et des places de vente du charbon de bois; quiconque connaît l'importance des objets qui font l'objet de cette ordonnance, doit sentir l'utilité et l'importance de celle-ci. Il renouvela par celle du 30 avril 1822, toutes les mesures plus ou moins arbitraires, révolutionnaires ou inutiles aujourd'hui, que M. Anglès avait déjà rappelées dans celle qui a pour objet les *étrangers à la ville de Paris*. J'ai parlé fort au long de cette matière dans le chapitre de ces mé-

moires où il est question de la police révolutionnaire. Au reste, personne ne devait mettre plus d'empressement que M. Delaveau à remettre en activité cette surveillance vis-à-vis des étrangers qui viennent ou résident à Paris, puisqu'elle lui fournissait l'occasion d'étendre ses recherches aussi loin à peu près qu'il pouvait le désirer. On a applaudi aux mesures qu'il prescrivit par son ordonnance du 24 juin 1822, « concernant les conducteurs et propriétaires de voitures traînées par des chiens. » Il n'est personne qui ne se rappelle les embarras et les désagrémens que causaient ces animaux ainsi changés en chevaux; l'ordonnance s'est exécutée avec exactitude et modération par les propriétaires. L'ordonnance du 25 juillet 1822 sur l'établissement des vacheries a éprouvé quelques changemens depuis qu'elle a paru. Le conseil de salubrité a reconnu que ces établissemens n'étaient point contraires à la salubrité et ne viciaient pas l'air.

Si ces divers réglemens d'administration n'émanaient pas du cabinet dirigé par MM. Duplessis, de Pins et Brunel, s'ils étaient le fruit des travaux ordinaires du bureau, on n'en doit pas moins les regarder comme l'ouvrage de M. Delaveau, car ils eurent au moins son approbation, et c'est tout ce qu'on exige quelquefois d'un ministre ou d'un administrateur. Ils montrent aussi que le soin de la police municipale n'était pas entièrement omis, malgré la grande importance qu'on mettait à la surveillance politique et à tout ce que j'en ai dit plus haut. Il faut aussi approuver une innovation apportée par M. Delaveau dans la police des filles publiques; on sait qu'il prescrivit aux agens de cette attribution d'en réprimer les désordres et le scandale, et qu'il défendit d'admettre des filles sur le rôle des prostituées autorisées, au-dessous de seize ans. Avant cet arrêté de M. Delaveau, on les recevait dès l'âge le plus tendre. On a prétendu que cette disposition avait favorisé la propagation de la contagion dont ces femmes répandent le venin, parce que les jeunes filles au-dessous de seize ans qu'on refusait d'admettre au dispensaire ne s'en livraient pas moins à la prostitution, affranchies de toute surveillance sanitaire.

Je termine ici ce que j'avais à dire de M. Delaveau, dont l'administration fut fort orageuse, et qui, avec un caractère d'honnête homme et des principes religieux, ne s'en acquit pas moins une haine qui ne s'est pas encore éteinte, et dont M. Franchet, son supérieur, partagea la plus grande partie.

Sorti de fonction au 6 janvier 1828, il fut remplacé par M. de Belleyme dont je vais parler.

FIN DU CINQUIÈME VOLUME.

www.ingramcontent.com/pod-product-compliance
Lightning Source LLC
Chambersburg PA
CBHW060617170426
43201CB00009B/1055